Markus Wolf
Geheimnisse der russischen Küche

Markus Wolf

Geheimnisse der russischen Küche

Mit Illustrationen von Detlef Beck

Rotbuch Verlag

Die Deutsche Bibliothek – CIP-Einheitsaufnahme

Wolf, Markus:
Geheimnisse der russischen Küche / Markus Wolf.
Mit Ill. von Detlef Beck.
– Hamburg : Rotbuch-Verl. 1995
ISBN 3-88022-459-5

©1995 Rotbuch Verlag, Hamburg
Umschlaggestaltung und Illustrationen von Detlef Beck
(Titel: ТАИНА, russ. Geheimnis)
Foto: Nicolai Ignatiew
Herstellung: Das Herstellungsbüro, Hamburg
Satz und Layout: Christian Henjes
Druck und Bindung: Fuldaer Verlagsanstalt
Printed in Germany
Alle Rechte vorbehalten
ISBN 3-88022-459-5

Inhalt

EINLEITUNG *9*
    Von der Wolfschen zur russischen Küche *12*

ÜBER DIE KÜCHE *17*
    Nürnberger Sakuska *22*

ÜBER SAKUSKA *29*
    Keine Sakuska ohne Hering *34*
    Das Geheimnis der Kühlschränke *36*
    Oktoberrevolution an der Donau *41*
    Perestroika mit Trinksprüchen *49*
    Diplomatie und Sülze *53*
    Über weibliche Güte und Fisch in Aspik *57*
    Abschied von der Moskwa und der Donau *62*

ALLES DER REIHE NACH *67*
    Schlangen nach Wodka *69*
    Über das Brot *72*
    Rosinen statt Gold und Silber *76*

ÜBER DREIFACHE UCHA UND ANDERE SUPPEN *83*
    Wassili und das Geheimnis der Ucha *85*
    Mit Vater Moses in Sibirien *88*
    Aufklärung mit Ucha *96*
    Über den Nutzen von Kohl und Stschi *106*
    Der Wolfsche Borstsch *110*

ÜBER PELMENI *117*
    Siegesfeier mit Pelmeni *121*
    Pelmeni auf Alaska *124*
    Über die »wunderbare Fülle« *126*

ÜBER »ANDRIETTEN«, PLOW UND SANSIBAR *137*
    Vom Vegetarier zum Schaschlyk *140*
    Über Plow *143*
    Auf Suaheli Pilaw *144*
    »Wodka do dna« oder »It's time for whisky« *151*
    Über den Markt und Lenin *153*
    »Kascha ist unsere Mutter« *157*
    Courtoisie unter Palmen *159*

ÜBER DIE PILZE *171*
    Über den nützlichen Fliegenpilz *177*

ÜBER »WIENERWALD«, ANDERE HÄHNCHEN UND HÜHNCHEN *181*
    Diplomatie und Fisch *185*

ÜBER FESTE, WIE SIE KOMMEN *195*
    1000 Schritte oder 48 Tage fasten *200*
    Bliny sind wie Sonne im Frühling *208*

VOM SABANTUI ZUM TEE *215*
    Über Kwas in Plastiktüten *222*
    Tschai – der Tee *229*

VERZEICHNIS DER REZEPTE *239*

Einleitung

Kochkunst und Nachrichtendienst teilen ihr Alter mit dem des Menschengeschlechts. Gelehrte mögen darüber streiten, bei welchem Gewerbe Noah oder Moses der geistige Vater war. Wer will ihr Alter bestimmen und wer will entscheiden, ob der Erfolg mehr von handwerklichem Können oder von schöpferischer Inspiration abhängt? Wer kann uns sagen, wo das eine endet und das andere beginnt?

Der Erfolg des Kochs hängt jedenfalls nicht vom Kaviar ab, auch nicht von anderen, besonders teuren Zutaten, selbst wenn man darauf nicht verzichtet, so man sie hat. Die Frauen und Männer im Nachrichtendienst (die eigenen nannten wir »Kundschafter«, die der anderen Seite abwertend »Spione«), haben mit den Filmhelden vom Schlage eines 007 genausowenig zu tun wie ihre Ausrüstung mit der ausgeklügelten Technik eines James Bond. Die normale Spionage ist eher mit dem täglichen Brot oder den Kartoffeln der normalen Küche zu vergleichen. Frischgebackenes Brot oder frischgepellte heiße Kartoffeln schmecken mit Salz und Butter übrigens besser und sind bekömmlicher als ausgeklügelte Gerichte. Doch: »Der Mensch lebt nicht vom Brot allein...«

Vielleicht gab der Roman mit dem berühmten Titel *Es muß nicht immer Kaviar sein* den Anstoß zu diesem Buch. Ich warne aber den Leser, von mir ähnliches zu erwarten! Sollte er dieses Buch gekauft haben, weil er sich für die russische Küche interessiert, so wird er interessante Rezepte von verschiedenartigen Gerichten finden, die ich nicht nur einmal selbst erprobt und zubereitet habe. Bei ihnen fürchte ich nicht einmal die Konkurrenz erfahrener Berufsköche aus bekannten Restaurants in Moskau oder St. Petersburg. Auch den Leser hoffe ich nicht zu enttäuschen, der etwas mehr über den Autor erfahren möchte, dem die Medien lange Zeit das Image eines »Mannes ohne Gesicht« angehängt haben. Oft werde ich nach meinen Erfolgsrezepten befragt. Wer hört nicht gern Komplimente? Ich habe mich daran gewöhnt, sie von Gästen zu hören, die von meinem Borstsch oder meinen Pelmeni kosten durften. Was die »Spionageküche« angeht, darf ich das Urteil getrost meinen ehemaligen Gegnern überlassen. Allerdings war die Würdigung durch den Generalbundesanwalt und die Richter in meinem Strafprozeß, so schmeichelhaft sie auch ausgefallen ist, nicht gerade die von mir angestrebte Form der Anerkennung. Dieses Urteil wollen wir lieber vergessen.

Daß Kochen und Kunst miteinander zu tun haben, wird kaum bestritten. Man braucht sich dazu nicht unbedingt auf Brillat-Savarin, jenen klassischen Theoretiker kulinarischer Kultur, zu berufen, der die Kochkunst zur »ältesten aller Künste« erklärte. Den Nachrichtendienst einer der Musen zuzuordnen, würde wohl zu weit gehen.

Wie dem auch sei, zum Geheimnis des Erfolgs auf beiden Gebieten gehört Kreativität. Ihr Geheimnis zu lüften, ist nicht einfach. In Geheimdiensten gibt es überall erfahrene Profis, die trotz größter Anstrengungen nie auch nur in die Nähe auszuspähender Geheimnisse gelangen. Genauso gibt es Abertausende gelernte Maitres de cuisine oder Hobby-Köche, deren Gebrutzel keinen Gast in Verzückung geraten läßt. Die Inspiration eines Meisters beider Küchen hängt selbstverständlich mit seiner Persönlichkeit zusammen. Vor allem aber hängt sie von der Fähigkeit ab, mit anderen Menschen zu kommunizieren, sich selbst von anderen Menschen inspirieren zu lassen oder sie in den Bann eigener Inspiration zu ziehen.

Es waren Begegnungen mit russischen Frauen und Männern und solchen, die wie ich viele Jahre mit Russen

EINLEITUNG

»Brot und Salz« geteilt haben, die mich zu dem Wagnis inspiriert haben, meine Liebe zur russischen Küche hier festzuschreiben. Dieser Wunsch ist vermutlich schon vorher in mir gewesen und sehr lange herangereift. Zuerst waren es die elf Jahre der Emigration in der Sowjetunion, als meine Eltern mit meinem Bruder Konrad (Koni) und mir in Moskau Asyl fanden. Dann waren es die Nachkriegsjahre, als es mich nach der Rückkehr in den Osten des zweigeteilten Deutschland in kürzeren oder längeren Abständen immer wieder in das Land zog, das uns zur zweiten Heimat geworden war. Dabei lernte ich Land und Leute noch besser kennen. Dreimal durchquerte ich Sibirien, bereiste den Fernen Osten von der koreanischen und chinesischen Grenze bis Kamtschatka. Unter dem Eindruck der sprichwörtlichen russischen Gastfreundschaft, die ohne gutes Essen und reichliches Trinken nicht vorstellbar ist, erhielten meine Gedanken über ein Buch zur russischen Küche stets neue Nahrung. Durfte ich das Wissen um die an mich weitergegebenen kulinarischen Geheimnisse für mich behalten?

Diese Gedanken und das weitere Perfektionieren der liebgewonnenen Rezepte wurden zu dem Hobby, das mir half, mit dem Streß der nicht gerade nervenschonenden anderen Küche fertig zu werden. Es ist sicher kein Zufall, daß besonders einseitigem Streß ausgesetzte Männer sehr häufig den Ausgleich am Kochherd, Grillplatz oder Lagerfeuer suchen. Psychologen haben sicher auch für dieses seltsame Phänomen eine Theorie.

Von der Wolfschen zur russischen Küche

Manchmal habe ich bedauert, daß mein Vater, der selbst leidlich Geige spielte, mich nicht dazu angehalten hat, ein Musikinstrument zu beherrschen. Über wenig ausdauernde Versuche mit der Okarina und der Blockflöte kam ich nicht hinaus. Meine Teilnahme am Tambourchor der deutschen Karl-Liebknecht-Schule in Moskau beschränkte sich auf das Improvisieren des Spiels auf der Querflöte. Dieser in Rußland unbekannte Klangkörper erregte zwar bei den Vorbeimärschen auf dem Roten Platz mehr durch Lärm als Musikalität größeres Aufsehen, ich schreckte aber dennoch davor zurück, den Eindruck durch falsche Töne meines Spiels zu beeinträchtigen. Denn andere Töne hätte ich dem Instrument beim besten Willen nicht entlockt.

Auch beim Zeichnen und Malen hatte ich kein Glück. Alle künstlerische Begabung meiner Eltern hatte mein jüngerer Bruder Koni geerbt, der künftige Regisseur, der diese Anlagen in seinen Filmen verwirklichen konnte. Was blieb also mir?

Vermutlich war der Gerechtigkeitssinn unserer Mutter, eine ihrer herausragenden Charaktereigenschaften, der Grund dafür, daß sie die kulinarische Begabung gerecht auf beide Söhne verteilte. Sie war eine begnadete Köchin und beherrschte die hohe Kunst, auch aus Wenigem köstliche Mahlzeiten zu bereiten. Und irgendwann, viel später, verspürten wir beide, Koni und ich, etwas vom Erbe der Mutter, die wir Meni nannten, wie übrigens alle, die ihr nahestanden. Wir begannen annähernd gleichzeitig zu kochen, zu dünsten, zu braten.

Bemerkenswert war nur, daß dieses Erbe Menis bei uns in russischer Gestalt daherkam. Während unserer Moskauer Zeit hatte sie selbst wenig aus der russischen Küche übernommen. So gut es ging, pflegte sie die *Wolfsche Küche*. Diese war eine Synthese aus Speisen ihrer rheinisch-bergischen Heimat mit vegetarischen Rezepten, denen sie sich durch den Einfluß unseres Vaters widmete. Als Mediziner hatte er sich gerade zur Zeit ihres Kennenlernens der gesunden und natürlichen Lebensweise zugewandt. Menis *Reibekuchen* waren die Krönung. Sie werden in anderen deutschen Landen in Gestalt profaner Kartoffelpuffer vergeblich nachgeahmt. Ihre vegetarischen Rezepte sind in dem Mitte der zwanziger Jahre in Stuttgart mit großem Erfolg verlegten Buch des Vaters *Die Natur als Arzt und Helfer* wiedergegeben. Ein Heft mit handgeschriebenen Rezepten der Mutter bewahre ich als wertvolles Andenken auf.

Manche dieser Schöpfungen leben in meiner Familie und in denen meiner Kinder fort. Unvergleichlich sind die *Ölkartoffeln* als Hauptgericht. Im Sommer werden sie mit frischem Salat oder Gemüse serviert! Vielleicht sollte man in unserer Zeit, in der wir nicht nur unseren Planeten, sondern durch ungesunde Ernährung auch unsere Gesundheit zerstören, auf solche Rezepte zurückgreifen.

Die fast fundamentalistische Strenge, mit der unser Vater bis zu unserer Vertreibung aus Deutschland 1933 über die Einhaltung der vegetarischen Regeln wachte, löste allerdings bei uns Kindern eine gegenläufige Reaktion aus. Wie beneideten wir in den Schulpausen unsere Klassenkameraden um die mit Wurst und Schinken belegten Brote! Manchmal konnten wir mit ihnen tauschen. Doch nur manchmal. Seit dieser Zeit wird meinem Bruder der Satz zugeschrieben: »Wenn ich groß bin, esse ich einen ganzen Ochsen!« Die russische Küche hat später geholfen, diesen Vorsatz zu erfüllen. Und dennoch ist vom Einfluß der Eltern eine ganze Menge in unseren Gewohnheiten erhalten geblieben: neben der Vorliebe für Salate, Gemüse und Obst auch der Drang nach körperlicher Arbeit und die Liebe zur Natur.

Auch in Moskau war unsere Meni trotz dauernder Versorgungsschwierigkeiten lange bemüht, an der *Wolfschen Küche* festzuhalten. Noch bevor der Vater 1937 nach Frankreich ausgereist war, um am Spanischen Bürgerkrieg gegen General Franco teilzunehmen, war ihm als Mitglied des Schriftstellerverbands in der Umgebung von Moskau ein Grundstück zugewiesen worden. Peredjelkino, wo unser Sommerhaus, die Datscha, entstand, wurde als Schriftstellersiedlung bekannt. Um die Familie möglichst fleischlos und abwechslungsreich bekochen zu können, legte Meni dort einen Gemüsegarten an, um den uns alle Nachbarn beneideten. In den Sommermonaten gediehen die prächtigsten Tomaten und Gurken. Bohnen, Erbsen und Möhren standen ihnen nicht nach, und natürlich fehlte kaum eines der bekannten Kräuter. Die für die Reibekuchen unentbehrlichen Kartoffeln hatten ihr eigenes kleines Beet. Für das Gießen mußten wir Jungen sorgen. Dafür hatten wir einen eigenen Ziehbrunnen, aus dessen Tiefe das Wasser mit dem an einem langen Strick befestigten Eimer hochgezogen wurde. Mit einer laut quietschenden Kurbel wurde der Strick mit Hilfe einer Rolle auf- oder abgewickelt. Aus dem hochgezogenen Eimer wurde das Wasser dann in einem Faß gesammelt, aus dem die Gießkanne gefüllt wurde. Der Lohn dieser Mühen war nicht nur der wohlgedeihende Gemüsegarten; es blühten auch die schönsten Blumen. Und wie herrlich schmeckten die Erdbeeren, Himbeeren, Stachelbeeren, rote und schwarze Johannisbeeren zur frischen oder sauren Milch vom Bauern, auch zum Kefir aus dem nahe gelegenen Laden.

Damals war die Umgebung von Moskau noch nicht mit häßlichen, mehrstöckigen Wohnsilos verschandelt. Der Wald rundum versorgte die Besucher mit seinen Gaben. Ohne große Mühe brachten wir eine reiche Ernte Walderdbeeren, Blaubeeren und vor allem Pilze nach Hause, für die Mutter eine willkommene Bereicherung ihrer Küche. Rund um unser Grundstück verbreitete sich dann der betörende Duft ihrer *Eierkuchen* oder *Pilzaufläufe*. Die Pilze! Zu ihnen werden wir unbedingt zurückkehren müssen, sobald wir uns mit den Geheimnissen der russischen Küche näher befassen werden.

EINLEITUNG

Anfang der vierziger Jahre, als wir in den Ferien im Umfeld unserer Datscha Pilze sammelten, studierte ich in Moskau Flugzeugbau. Der Krieg setzte meinem Berufswunsch ein jähes Ende, die berühmte Moskauer Hochschule für Flugzeugbau behalte ich dennoch in guter Erinnerung. Das Ingenieurstudium förderte vermutlich meine Neigung zum rationellen Denken. Diese kam wiederum, wie ich meine, den Anforderungen zugute, die mich an der Spitze des Nachrichtendienstes der DDR erwarteten. Vielleicht gibt die Kombination von rationellem Pragmatismus und schöpferischem Denken, strategischer Planung und taktischer Beweglichkeit eine Antwort auf die Frage nach den Geheimnissen des Erfolgs. Dafür gibt es keine Rezepte. Aber denen der russischen Küche wollen wir uns nun nähern.

КУ́ХНЯ

Über die Küche

Wer in die Geheimnisse der russischen Küche eindringen möchte, muß zunächst eine Vorstellung von der Küche selbst, das heißt dem Ort haben, an dem Essen zubereitet wird. Die Russen sagen: »Das Haus beginnt in der Küche und die Küche am Ofen.« Ein Sprichwort lautet: »Erst die Piroggen sind die Zierde eines Hauses.« Woher aber kommen die knusprigen Piroggen? Aus dem Ofen. »Vom Ofen her beginnt der Tanz«, besagt darum ein anderer Spruch. Die Beschreibung der Küche muß also beim Ofen beginnen.

Der alte russische Ofen ist ein wahres Wunder an Vielgestaltigkeit und Vielseitigkeit. In ihm wird Brot gebacken, werden Stschi und Kascha gekocht, Bier und Kwas gebraut, werden Lebensmittel, aber auch die Kleidung getrocknet. Am Ofen kann man sich wärmen, den Alten tut das besonders gut. Ja, er ersetzt sogar den Arzt. Bist du erkältet, dann klettere auf die obere Ofenbank. Dieser wichtigste Teil der *Isba*, des Hauses, läßt sich sogar in ein Dampfbad verwandeln und man kann darin schwitzen, wenn er groß genug ist. Nach einem Schwitzbad und durchschlafener Nacht ist jede Krankheit wie weggeblasen.

Nicht von ungefähr steht der russische Ofen im Mittelpunkt vieler russischer Märchen. Er ersetzt das deutsche »Tischlein, deck dich«, bäckt ganz allein Piroggen, fährt wie ein Wagen über Felder und Auen oder zieht am Himmel entlang, gleich dem fliegenden Teppich. Zu einem solchen Ofen, wie er nur noch in Museen, in abgelegenen Dörfern Sibiriens oder im Norden Rußlands zu finden ist, gehört natürlich besonderes Kochgeschirr: die bauchigen Steintöpfe und die dazu passende Topfgabel.

Bei einem Besuch in Susdal, einer der am »Goldenen Ring« um Moskau gelegenen historischen Städte mit den vielen Kirchen, wurde auf meinen Wunsch so lange eine Isba mit einem solchen Ofen gesucht, bis er gefunden war. Dieser war allerdings nicht mehr in Betrieb und durch eine Etagenheizung ersetzt. Die Sakuska, die Bewirtung mit den Früchten aus dem eigenen Garten der Wirtsleute und einigen Gläschen Selbstgebranntem, schmeckte aber in der einfachen Isba anders und besser als die ausgefallenen Speisen am Vortage in einem besonders ausgewählten Restaurant.

Zuerst verschwanden diese Öfen in den Städten, dann in den Dörfern. Ersetzt wurden sie durch den Herd. Geheizt wurde erst mit Holz, später mit Kohle, Gas und Strom. Der Keramiktopf hat glücklicherweise diese Entwicklung überlebt, ihn gibt es noch. So können die Stschi, die Buchweizen- oder Hirsekascha oder auch ein Braten beinahe noch auf alte Weise zubereitet werden. Darauf kommen wir bei den Rezepten der russischen Küche noch zurück.

Auch in der modernen Küche muß wie in der alten alles seinen festen Platz haben. Außer dem Eßgeschirr natürlich das Geschirr, in dem die Speisen den Weg von der Zubereitung bis auf den Tisch finden. Das ist zwar in manchen Familien schwer einzuhalten, aber sonst kein großes Geheimnis.

Das Küchenzubehör kann die Küche auf besondere Weise schmücken. Dafür geben alte Gerätschaften in Rußland einiges her. Wichtig ist, daß der Koch davon Gebrauch macht und wie er dies tut. Die Art und Weise, wie der Tischler oder der Schmied ihr Werkzeug führen, bestimmen weitgehend ihren Ruf. Der Koch muß sein Werkzeug kennen, erst dann wird er die Geheimnisse der Zubereitung beherrschen.

Für jede Küche gilt, daß viele Köche den Brei verderben. In der russischen Küche herrscht meistens das Matriarchat. Das Patriarchat beginnt erst am gedeckten Tisch. Sofern russische Familien glückliche Bewohner einer eigenen Wohnung und Besitzer einer eigenen Küche mit elektrischem Herd oder Gasherd sind, können sie sich wieder um den Herd versammeln. Und zwar unter bequemeren Bedingungen. In der Küche kann man essen und trinken, das Essen braucht nicht weit getragen zu werden, der Herd ist nebenan. Das schmutzige Geschirr verschwindet im Handumdrehen in der Geschirrspüle. Dazu läuft das Radio oder gar ein Fernseher. Alles ist sauber, der Herd raucht und qualmt nicht, die Abzugshaube schützt vor unangenehmem Geruch.

Als wir 1934 in Moskau ankamen, war unserem Vater vom Schriftstellerverband eine gerade fertiggestellte Zweiraumwohnung mit eigener Küche und Bad nahe dem Arbat zugewiesen worden. Das war damals ein riesiges Privileg. Denn in den unteren Stockwerken unseres Hauses hingen neben den Eingangstüren fünf bis sechs Namensschilder der Familien, die sich eine Einfamilienwohnung teilen mußten. *Kommunalka*, kommunale Wohnungen, wurden diese für das damalige Leben in Moskau charakteristischen Massenquartiere genannt. Ein Klo für sechs Familien, eine Herdplatte für sechs Hausfrauen. Das Warten am Herd konnte nur durch die auf dem Küchentisch aufgereihten *Kerosinkas*, die Petroleumkocher, verkürzt oder umgangen werden. Kochte die Suppe auf dem Herd, mußte die Kascha auf dem Kocher gar werden. Nur so konnte ein Witz wie dieser geboren werden: Müde von der Arbeit nach Hause gekommen, löffelt der Ehemann seine Suppe. »Schmeckt die Suppe irgendwie nach Petroleum?« fragt er seine Frau. »Sicher hat die Manja Petroleum in den Topf gekippt«, antwortet die Frau. »Dann schütte ihr doch unsere Suppe in das Petroleum...«

Blöder Witz. Aber was soll's? So wurden sie in den Kommunalkas erzählt. Natürlich konnten dort Nachbarn auch völlig normal zusammenleben. Dann wurde die gemeinsame Küche zu einer Hohen Schule der Gemeinschaft. In ihr erholte man sich von der Enge der Wohnstuben und dem damit verbundenen Ärger, ja selbst Feiertage wurden dort gemeinsam begangen. Jeder trug Speisen und Getränke bei. Der eine holte sein bestes goldumrandetes Geschirr, der andere einen raffiniert gemischten Salat, der dritte brachte vielleicht seine Zimmertür, damit in der Küche eine richtige Festtagstafel angerichtet werden konnte. Wenn dabei Menschen unterschiedlicher Nationalität aufeinandertrafen, kam es zum Austausch von Erfahrungen, einer Voraussetzung der Meisterschaft beim Kochen. Auf diese Weise konnten in die russische Küche der ukrainische *Borstsch*, jiddisches *Zimmes*, bjelorussische *Dranniki* (Kartoffelpuffer), usbekischer *Plow* oder der kaukasische *Schaschlyk* eindringen.

Für den, der es sehr genau nimmt: Das Wort Schaschlyk kommt nicht aus dem Kaukasus. In Aserbaidschan heißt das Fleisch am Spieß *Kebab*, wie bei den meisten türkischen und arabischen Völkern. Die Georgier, denen das Gericht meist zugeschrieben wird, nennen es *Mzwadi*, die Armenier *Chorowz*. Das Wort Schaschlyk haben russische Soldaten von den Krim-Feldzügen im 18. Jahrhundert mitgebracht. Bei den Krim-Tataren gibt es das Wort *Schisch* für den Bratspieß. Schaschlyk wird also am Spieß gebraten.

Die Küche kann als Inbegriff kulinarischer Kunst eine französische, deutsche, jüdische, ukrainische oder eine beliebig andere sein. In noch weiterem Sinne kann unter dem Begriff »Küche« alles nur Mögliche verstanden werden: Man kann sehr schnell in Teufels Küche geraten, nicht zuletzt durch die politische Küche, was ich aus eigener Erfahrung bestätigen kann. Wenn irgendwo etwas Schlimmes eingebrockt worden ist, dann heißt es im Russischen, es sei »eine Kascha am Kochen«, die nicht einfach auszulöffeln ist. Die »russische Küche« hat es in diesem Sinne auch in jüngster Zeit zu wahrer Meisterschaft gebracht.

Gerade deshalb entbrennt in mancher Küche nicht nur Streit über Rezepte, etwa darüber, ob die Pelmeni mit oder ohne »Öhrchen« die wahren sind, ob der

Selbstgebrannte besser aus Kartoffeln, Zucker, Weintrauben oder Fallobst gebraut wird, sondern auch über die letzten politischen Neuigkeiten. So ist es im Kreis der Familie, alter oder neuer Freunde. Ähnlich und doch wiederum anders erlebte ich es auch auf meinen Ferienreisen in den Weiten Rußlands. Die »russische Seele«, im Westen seit Dostojewski geheimnisumwoben, öffnete sich mir mit neuen Seiten. Während meiner Moskauer Jugendjahre hatte ich das Wesen russischer Menschen auf ganz normale Weise, unbewußt, kennengelernt und manche Eigenschaft, gute und weniger gute, selbst angenommen. Aus größerer Ferne und mit zunehmendem Alter wuchs ein anderes, bewußteres Interesse. Da war ich zur tieferen Ergründung der »russischen Seele« auch mit Erfahrungen aller Arten der Jagd ganz gut gerüstet.

Bei meinen Reisen von Brest bis Wladiwostok, vom Schwarzen Meer bis zur Beringstraße am Pazifik hatte ich den Vorteil, auf keine Sprachbarriere zu stoßen. Russisch ist meine zweite Muttersprache. Da ich mich dabei nicht als »Mann ohne Gesicht« fühlte, die Geselligkeit liebe und suche, hatte ich nie Schwierigkeiten, mit russischen Menschen warm zu werden. Natürlich spielten die Freude an gutem Essen und die Fähigkeit, beim Trinken mitzuhalten, keine geringe Rolle. Genau das ist eines der Hauptgeheimnisse nicht nur der »russischen Seele«, sondern auch der russischen Küche. Bei vielen Menschen in Westeuropa und Amerika herrschte über die russischen Sitten lange Zeit hingegen eine ähnliche Ahnungslosigkeit wie über die Russen überhaupt.

Nürnberger Sakuska

September 1945. Mit zwei russischen Offizieren fahre ich als Korrespondent des *Berliner Rundfunks* und der *Berliner Zeitung* nach Nürnberg zum Kriegsverbrecherprozeß. Oberst Bespalow vertritt das Sowjetische Nachrichtenbüro, Major Bergelsohn die *Tägliche Rundschau*, beides Einrichtungen der Sowjetischen Militäradministration mit Sitz in Berlin. Trotz aller Eile verpassen wir die Eröffnungssitzung des Internationalen Militärtribunals. Zu dicht war der Nebel, dazu die Umleitung wegen der gesprengten Autobahnbrücke bei Hirschberg. Erst am späten Abend erreichen wir im Vorort Stein das von den Amerikanern zum Internationalen Pressecamp umfunktionierte Schloß des Bleistiftfabrikanten Faber. Bei der Anmeldung merke ich, daß ich als Deutscher keine Aussicht auf Einlaß habe. Die US-Army praktizierte damals konsequent eine »non-fraternisation policy«. Kurzerhand gab ich mich mit meinem ungültig gewordenen sowjetischen Inlandspaß als Russe aus. Auf diese zugegeben etwas hochstaplerische Weise wurde ich glücklicher Besitzer eines blauen Ausweises, der mir nicht nur den privilegierten Platz eines alliierten Journalisten im Gerichtssaal sicherte, sondern auch unschätzbare Vergünstigungen, wie die PX-Ration der Amerikaner mit lebenswichtigen Versorgungsgütern oder das Recht, in Restaurants und Snackbars zu speisen, die den Alliierten vorbehalten waren. Eigentlich hätte mir wie allen deutschen Korrespondenten nur der gelbe Ausweis zugestanden. Damit hätte ich irgendwo ein Privatquartier suchen, auf Lebensmittelkarten außerhalb des Gerichtsgebäudes essen und für eine Zigarette auf dem Schwarzmarkt mehr als eine Mark ausgeben müssen.

Als wir drei schließlich in einem Seitenflügel des Faberschlosses einquartiert waren und mit einem Riesenhunger im Speisesaal erschienen, war das Abendbrot längst beendet. Wir waren aber die ersten Russen in Stein. Und so erhielten wir vom Oberkellner Plätze an einem der langen Tische zugewiesen. Er bestellte den Koch, der sich nach unseren Wünschen erkundigte. Mit dem ersten Gang erschien ein zweiter Koch, dann ein dritter, bis schließlich das ganze Küchenpersonal um uns

versammelt war. Wir waren die Sensation des Tages! Russen, die wie ganz normale Menschen mit Messer und Gabel essen, nicht einmal schmatzen! Keiner der Offiziere hatte einen Löffel aus dem Stiefelschaft gezogen, um ihn abzulecken und damit geräuschvoll zu essen, so wahr auch ein deutsches Sprichwort bestätigt: »Mit eigenem Löffel ißt sich's am besten«. In jenen Jahren sah ich amerikanische Filme, in denen russische Offiziere am Zarenhof mit Löffeln in Stiefeln auf dem Tisch tanzen und Wodkaflaschen umstoßen, um schließlich unterm Tisch zu landen. Dabei steht fest, daß Etikette und Regeln des Protokolls nirgendwo strenger eingehalten wurden als am Zarenhof oder in russischen Adelshäusern überhaupt. Das Auftreten der nicht geringen Zahl von Russen in Nürnberg dürfte bei manchen Deutschen und Amerikanern derartige Vorstellungen korrigiert haben.

Das kurzfristige Gastspiel einiger prominenter russischer Schriftsteller paßte allerdings in das Hollywood-Klischee. Dazu gehörte der Auftritt unseres Hausnachbarn Wsewolod Wischnewski aus der Moskauer Zeit. Dieser kannte sicher die Regeln der Etikette, doch hielt er sich nicht an die von seinem römischen Dichterkollegen Ovid schon zu Beginn unseres Zeitalters in folgendem Vers festgehaltene: »Halte beim Trinken das Maß, daß Herr deiner Sinne du bleibst, Tafel und Wein, heitere Freuden sollt ihr bereiten!« Maßhalten ist nicht unbedingt eine herausragende Eigenschaft der russischen Küche. Da ich Wischnewski gut kannte, begleitete ich ihn nach einem Verhandlungstag abends in das den Inhabern blauer Ausweise vorbehaltene Grand Hotel. Dort gab es besseres Essen als im Pressecamp oder in den Snackbars im Gerichtsgebäude. Bei den Speisen schien dort kein Fraternisierungsverbot zu herrschen: kein Bacon und Mais aus Konserven »Made in USA«, alles Gemüse, auch die Kartoffeln waren frisch zubereitet und schmeckten. Im Grand Hotel konnte man sich von dem Standardessen der amerikanischen Küchen erholen, das Angebot an Getränken war reichhaltig und zur Freude des russischen Gastes nicht limitiert. Fest in mein Gedächtnis eingeprägt haben sich der Schlager über die Capri-Fischer, noch mehr die Abend für Abend tanzenden Mädchen des Balletts. Diese wirkten so abgemagert und verfroren, daß sie jeden Gedanken an Sonne und schöne Frauen vergessen ließen und ich ihnen am liebsten unsere Mäntel umgehängt hätte. Dennoch wurde es ein langer Abend und ich hatte Mühe, den prominenten Gast nach einem mißlungenen Tanzsolo bis zu seinem Bett zu geleiten. Am nächsten Tag wurde er vorfristig nach Moskau ausgeflogen.

Nur selten gelang es mir in dieser Zeit, die Familie in Berlin zu besuchen. Auf der Rückfahrt konnte ich einmal im zwölfzylindrigen Maibach der sowjetischen Anklagevertretung mitfahren. Der letzte Chef der Nazi-Luftwaffe, Generalfeldmarschall Milch, habe diesen Wagen gefahren, wurde mir gesagt. Offenbar hingen den neuen Nutzern die amerikanische Konservenkost samt dem an Watte erinnernden Weißbrot in Nürnberg auch zum Halse heraus. So kam es, daß ich im Fond des pompösen Maibach zwischen Säcken mit herrlich duftendem Schwarzbrot und Fässern mit Salzgurken und Heringen eingezwängt saß.

Im Juni 1946 wurde mein ältester Sohn geboren, und ich durfte einige Tage nach Berlin fahren. An meiner Statt übernahm der eigens angereiste Leiter der Nachrichtenabteilung des Berliner Rundfunks, Arthur Mannbar, die tägliche Berichterstattung. Als deutschem Korrespondenten stand ihm der gelbe Ausweis zu. Um ihm bei der angestrengten Arbeit das leibliche Wohlergehen zu erleichtern, überließ ich ihm meinen blauen Ausweis, damals noch ohne Lichtbild. Kaum hatte mein Sohn das Licht der Welt erblickt, wurde ich nach Karlshorst, dem Berliner Sitz der Sowjetischen Militärverwaltung, bestellt. Mannbar sei mit einer sowjetischen Kuriermaschine in Berlin gelandet, und ich solle mich sofort nach Nürnberg in Marsch setzen, um die Berichterstattung wieder aufzunehmen. Mein Ausweis sei nicht verfügbar.

Was war geschehen? Ein deutscher Journalist hatte gleich anderen einen blauen Ausweis gekauft und zur Beschaffung der auf dem schwarzen Markt begehrten Waren mißbraucht. Dabei war er von den Amerikanern verhaftet worden und hatte bei seiner Vernehmung Mannbar denunziert. Der wurde ebenfalls festgenommen und zum CIC, der amerikanischen Abwehr, gebracht. Nachdem bei ihm mein Ausweis gefunden war, blieb ihm nur, die Wahrheit zu sagen. Ohne diesen Zusammenhang zu kennen, mußte ich, in Nürnberg angekommen, zum Passierscheinbüro, um das Gerichtsgebäude betreten zu dürfen. Nach längerem Warten wurde ich von zwei GIs mit Stahlhelm geholt und in ein Zimmer des CIC eskortiert. Mehrfach zur Aussage und Unterzeichnung eines Vernehmungsprotokolls ermahnt, beharrte ich darauf, nur im Beisein eines Vertreters der sowjetischen Delegation aussagen zu wollen. Hatte mir jemand so etwas beigebracht? Ich glaube nicht.

Die Reaktion der amerikanischen Abwehrleute: »Nun gut, wir haben Zeit, überlegen Sie es sich gut.« Weg waren sie, der Schlüssel drehte sich im Türschloß. Beim Anblick des auf dem Schreibtisch stehenden Telefons fiel mir nur ein: Irgendwie muß ich hier raus und der Versuch kostet ja nichts. Also wählte ich die Nummer des sowjetischen Presseraums. Ich muß gestehen, daß mir weniger die Drohgebärden der Amerikaner als die nach meiner Befreiung mögliche Begegnung mit der *SMERSCH* Sorge bereitete. Das war die während des Krieges eingeführte Bezeichnung für die sowjetische Militärabwehr: Tod den Spionen. Schon der Gedanke an eine Vernehmung bei *SMERSCH* über mein Erlebnis mit dem amerikanischen Geheimdienst ließ in der Magengegend ein ungutes Gefühl entstehen. Hinzu kam, daß ich den ganzen Tag nichts gegessen hatte. Der langen Rede kurzer Sinn: nach etwa einer Stunde kamen die beiden Amerikaner in Begleitung des sowjetischen Anklagevertreters, Oberst Pokrowski, und ließen mich gehen. Auch der Oberst ließ mich wortlos laufen. Nie zuvor und nie danach hat mir der lieblose Fraß in der Snackbar besser geschmeckt als an jenem Tag. Zwei Tage später hatte ich wieder einen blauen Ausweis, diesmal mit Lichtbild.

Eines der nicht gelösten Geheimnisse bleibt, wie ich, vermutlich nicht ohne sowjetischen Segen, dreiunddreißig Jahre lang der Leiter des Nachrichtendienstes eines verbündeten Staates sein konnte, obwohl ich, noch dazu Halbjude, in die Fänge des Klassenfeinds geraten war. Auf den Seiten dieses Buchs kann ich nicht über Nürnberg schreiben, ohne an die Sakuska in dem Zimmer im Seitenflügel des Pressecamps zu denken, das ich mit vier sowjetischen Kollegen teilte. Manchen feuchtfröhlich geselligen Abend haben wir dort verbracht. Hin und wieder lasen meine Zimmergenossen Boris Polewoi, Sergej Kruschinski und Juri Korolkow, die sich als Schriftsteller einen Namen machten, aus ihren neuen Manuskripten vor. Manchmal wetteiferten sie im Beisein der reizenden Dolmetscherin Nina untereinander wie die Sänger auf der Wartburg. Irgend etwas, das sich für Sakuska verwerten ließ, war immer vorrätig: eine Hartwurst, ein Glas mit Gurken oder eingelegten Pilzen, und wenn es auch nur ein Stück Brot und eine Zwiebel waren. So auch an dem Abend, als ich nach der Geburt des Sohnes und dem Abenteuer beim CIC zu später Stunde bei den Freunden eintraf. Natürlich waren diesem Anlaß weder Whisky noch Gin, sondern, zur Sakuska, nur Moskauer Wodka angemessen, den ein Zimmergenosse aus seiner stillen Reserve opferte. Und es blieb nicht bei der einen Flasche Moskowskaja.

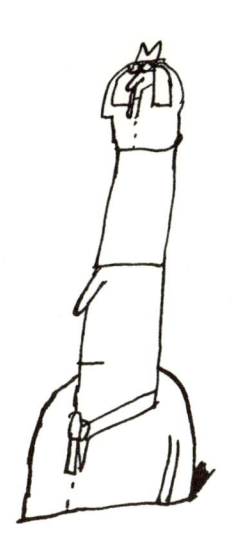

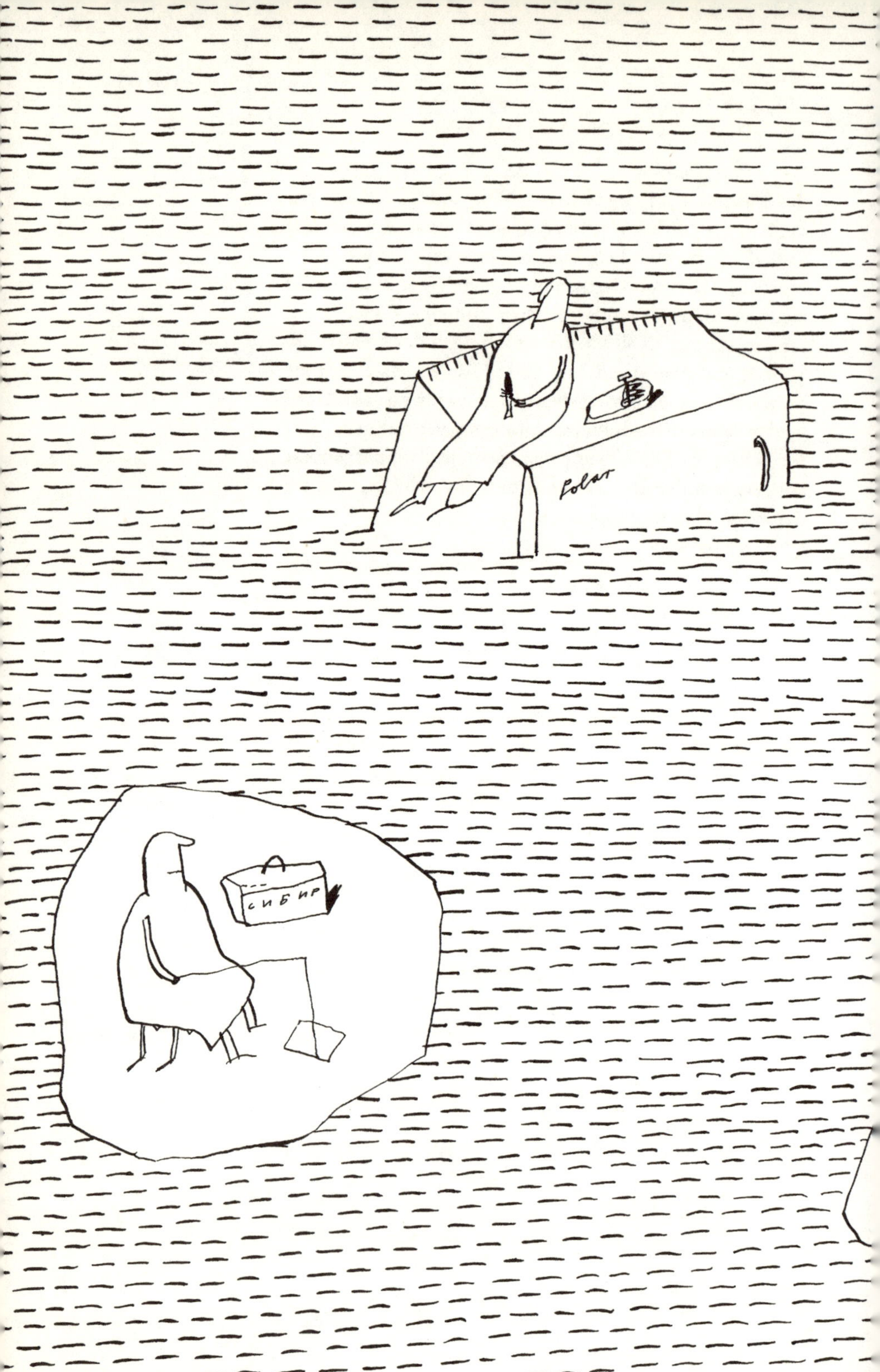
Polar
СИБИР
В З С

Über Sakuska

Sakuska müssen wir als russisches Wort einfach unverändert übernehmen und uns merken. Im Wörterbuch wird es mit Imbiß, Vorspeise, Gabelfrühstück oder Nachspeise übersetzt. Sakuska kann jedes davon sein, nimmt aber in der russischen Küche einen Sonderplatz ein, so daß wir dieses russische Wort, wie der Leser gleich verstehen wird, eigentlich gar nicht übertragen können. Ganz ähnlich ergeht es uns mit den russischen Wörtern für Trinken, die zur Sakuska gehören wie das Wasser zum Fisch. Für die gängigste Form des Trinkens zur Sakuska gibt es das russische Wort *Wypiwka*. Es bezeichnet in etwa eine Handlung zwischen dem maßvollen Genuß alkoholischer Getränke und einer extremen Zecherei, der *Pjanka*. Das Besondere des Wortes Wypiwka besteht aber darin, daß seine Herkunft nicht nur mit Trinken zu tun hat, denn Brühe, Kompott oder Kissel, zu dem wir noch kommen werden, zählen zum Essen. Sogar Tee wurde im altrussischen Sprachgebrauch »gegessen«. Ich selbst hörte von älteren Leuten: *Otkuschaite, poshaluista, tschaju* – »Essen Sie doch bitte etwas Tee«. In Mittelasien oder Sibirien gibt es die verbreitete Redensart: »Trinkst du keinen Tee, hast du keine Kraft. Trinkst du Tee, kommt die Kraft.« Deshalb darf man den Samowar nicht nur wegen seiner besonderen Form und Größe nicht mit dem Teekessel gleichsetzen. *Samowar* heißt wörtlich »Selbstkocher«. In ihm wurden früher bestimmte Speisen bereitet, nicht nur das Wasser für den Tee zum Kochen gebracht. Mancherorts ist auch heute der Tee gewissermaßen Sakuska vor der Sakuska. So taucht in Sibirien, im Norden Rußlands oder in Mittelasien häufig der Tee als erster

Gang der Mahlzeit auf. Danach erst die anderen »Sakuskas«.

Das klingt etwas kompliziert, ist in der Praxis aber nicht so schwer, sobald alles erst einmal vorbereitet ist. Dann kann es mit Sakuska und ihrem eigentlichen Zweck losgehen, nämlich Appetit zu machen. Und das zu einer Zeit, in der die meisten russischen Frauen zwei Hauptprobleme haben: zu wissen, wo etwas zu besorgen ist und wie sie ihr überflüssiges Gewicht loswerden. Das sind in der Praxis des Alltags tatsächlich schwer zu lösende Geheimnisse.

Kein Geheimnis ist, daß die Sakuska in der Regel anderen Gerichten vorausgeht. In jedem Fall gehören zu jeder Sakuska Trinksprüche und Getränke. Getränke zum Trinken und solche zum Nachtrinken. An der russischen Tafel oder auch am einfachen Tisch werden vorwiegend starke Getränke geboten: angefangen bei reinem Alkohol, natürlich und vor allem Wodka, bis zu den verschiedenen Sorten Selbstgebranntem aus Zucker, Äpfeln, Pflaumen und anderem Fallobst. So vorhanden, auch Portwein, der nicht gerade mein Fall ist. Wer es sich leisten kann, trinkt ersatzweise Kognak oder in jüngster Zeit auch Whisky, Gin und ähnliche Hochprozentige. Sekt und andere Weine spielen auf dem russischen Tisch für die Männer in der Regel keine Rolle. Sie bleiben den Frauen vorbehalten. Das Bier dient ebenso wie Kwas, Limonaden und Mineralwasser eher zum Nachtrinken. Es kann am Tag nach einer ordentlichen »Wypiwka« auch Alkaseltzer als Medizin ersetzen.

Zur Begrüßung muß unbedingt ein Toast ausgebracht werden. Eine *Wypiwka* ohne Trinksprüche gilt in Rußland als *Pjanka*, als Sauferei. Mit Trinksprüchen wurde sie in meiner Moskauer Zeit zu einer »ideologischen Maßnahme«. Bei offiziellen Anlässen werden Trinksprüche zum Sekt oder Champagner ausgetauscht. Im Kreis russischer Familien geht es anders zu. Sobald die Gläser gefüllt sind, ist ein Toast obligatorisch. Einfach »Prost« oder »Zum Wohle« sagen, gehört sich nicht. Die

Anzahl der anwesenden Trinkenden bestimmt die Zahl der Trinksprüche. Mehr dürfen es sein, weniger nicht.
Die Gläser sind gefüllt, Brot und Salz stehen bereit. Der erste Trinkspruch könnte also lauten: »Wir sind zusammengekommen, um zu trinken. Dann laßt uns darauf trinken, daß wir zusammengekommen sind!« Man muß nicht austrinken, doch es ist üblich. Dann kann mit der einfachsten Sakuska begonnen werden: Man nimmt von dem mit Salz bestreuten Brot einen Bissen. Die Sakuska-Arten der russischen Küche sind kaum überschaubar, kalte und warme sind darunter, doch »Brot und Salz« ist die wichtigste von allen. Aus beiden ist ein Wort entstanden: *Chlebosolstwo*, das gleichbedeutend mit Gastfreundschaft ist. Der Gast wird in Rußland mit Brot und Salz begrüßt. In der Provinz kann beides die Ehrenwache ersetzen, wenn hochgestellte Persönlichkeiten anreisen. Diese Zeremonie, die keines Rezepts bedarf, kann von Zeit zu Zeit im Fernsehen betrachtet werden.
   Als nächstes in der Rangfolge kann das *Butterrbrod* der Sakuska zugerechnet werden. Das hier phonetisch wiedergegebene Wort stammt tatsächlich vom deutschen »Butterbrot«. Es hat aber, wie dies nicht selten mit Fremdworten geschieht, seinen Inhalt etwas verändert. Sie können in Rußland an einem Buffet ein belegtes Brot mit Wurst, Käse, aber auch mit Butter verlangen. Letzteres heißt dann *Butterrbrod s maslom*, übersetzt: Butterbrot mit Butter. Das klingt für den Deutschen etwa so, wie für den Russen die Forderung von Marschall Leonid Breschnew: »Die Wirtschaft muß wirtschaftlich sein«. Oder wie für den Griechen das Wort »Volksdemokratien«, das nach dem Krieg die später »sozialistisch« genannten Länder bezeichnete. Nun haben wir eine weitere Sakuska vorgestellt, also muß ein neuer Trinkspruch her: »Jedes geleerte Glas ist ein Nagel in unserem Sarg. So laßt uns so viel trinken, daß unser Sarg gut zusammenhält!«
   Das russische *Butterrbrod* ist universell verwendbar. Deutscher Abstammung, wurde es zum festen Bestand-

teil russischer Sakuskas, besonders auf Reisen. Mit dem deutschen Butterbrot, in Berlin Klappstulle genannt, darf es allerdings nicht verwechselt werden. Das wäre im Neurussischen, in dem andere Einflüsse ebenfalls überhand genommen haben, ein »Sandwich«. Die russische Brotvariante wird seltener mit Butter, meist mit etwas anderem darauf gegessen, etwa mit Wurst, Schinken, Fisch, Käse, Speck, Zwiebel. Es darf auch Kaviar sein! Der teure, oft unerreichbare schwarze oder rote Fischkaviar (vom Stör, Beluga und von den verschiedenen Lachsarten), russisch *Ikra*, wird nicht selten durch Gemüseikra, die aus Roter Beete, Auberginen, Kürbis, Paprikaschoten und anderem hergestellt wird, ersetzt.

Da fällt mir ein sehr einfaches und gutes Sakuska-Rezept ein:

IKRA AUS EIERFRÜCHTEN (AUBERGINEN-KAVIAR)

Zutaten:
600 g Auberginen (Eierfrüchte),
2 mittelgroße Zwiebeln,
Schnittlauch, Öl,
2 El Tomatenmark,
2 Knoblauchzehen,
Essig, Pfeffer, Salz.

Die Auberginen nach Entfernung des Fruchtstiels im Backofen garen. Nach Abkühlung schälen und das Fruchtfleisch kleinhacken. Die kleingehackte Zwiebel in Öl dünsten, Tomatenmark und das Fruchtfleisch dazugeben und unter Rühren so lange reduzieren, bis die Masse gebunden ist. Dann mit dem ausgepreßten Knoblauch, Salz, Pfeffer und etwas Öl abschmecken. In einer kleinen Schale anrichten und mit Schnittlauch bestreuen.

Gut erinnere ich mich an die erste Zugreise zum Schwarzen Meer 1936. Ich war dreizehn Jahre alt. Speisewagen gab es nicht, gegessen wurde im Coupé. Bei jedem Halt wurden die verschiedensten Speisen auf den Bahnsteigen feilgeboten, gekauft und danach pausenlos verzehrt. Einmal waren es heiße Kartoffeln, dann ein gekochtes oder gebratenes Huhn, Stockfisch, ein paar Stationen weiter gab es Salzgurken und heißgekochten Mais, den ich zum ersten Mal kostete, dazu Obst, etwa Äpfel, Birnen und Kirschen, weiter im Süden die schönsten Wasser- und Zuckermelonen. Bei längerem Halt wurde auf größeren Stationen direkt auf dem Bahnsteig ein komplettes Essen angeboten ... Die Wassermelone heißt auf russisch *Arbus*. Das Wort hat unserem Vater bei seinem ersten Besuch in Rußland 1931 so gefallen, daß er nach seiner Rückkehr unser Faltboot »Arbus« taufte. Es hat uns bei unserer Flucht vom schwäbischen Neckar bis zur Kanalküste in der Bretagne begleitet.

Die jetzt in den Zügen üblichen Geräte für kochendes Wasser oder Tee gab es damals noch nicht. Deshalb rannten die Passagiere an den Bahnstationen nach Wasser. Auch heute kann man noch an manchen Bahnhöfen Schilder mit der Aufschrift »Kipjatok« entdecken, nur daß dort keine Leute mehr mit Teekannen, Kesseln oder Thermosflaschen nach kochendem Wasser anstehen.

Vieles ist in der Versenkung der Jahre verschwunden. Manches wird weiter verschwinden. Die Menschheit wird mehr fliegen und unterwegs weniger essen. Aber das belegte Brot in seiner deutschen, russischen, dänischen oder sonstigen Gestalt wird bleiben, weil Russen wie andere wißbegierige Menschen auch immer reisen werden.

Die Spielarten der Sakuska erschöpfen sich selbstverständlich nicht beim »Butterrbrod«. Schon gar nicht, wenn die russische Hausfrau oder der Herr des Hauses einem lieben Gast nicht im fahrenden Zug, sondern zu Hause mit »Brot und Salz« ihre Vorstellung geben. Anlässe zur Vorstellung von Sakuska-Rezepten der russischen Kochkunst gibt es viel mehr, als dieses Buch Platz bietet.

Wie überall in der Christenwelt werden in Rußland Weihnachten und Ostern gefeiert. Es gibt aber die Besonderheit, daß Christus nach dem orthodoxen Kalender zwei Wochen später als nach dem Glauben der anderen Christen geboren wurde. Sollten also Leser unmittelbar nach unserer Weihnacht Rußland besuchen, können sie zweimal Christi Geburt feiern. Außerdem gibt es einfach freie Tage, die Wochenenden, an denen man Gäste zum Essen einlädt.

Keine Sakuska ohne Hering

Wenn ich bei mir in Deutschland einen Gast aus Rußland empfange und ihm beweisen will, daß ich nicht nur fließend Russisch sprechen, sondern ihn auch auf Moskauer Art bewirten kann, so erscheint auf meinem Tisch mindestens folgende Sakuska: ein ausreichendes Sortiment an Getränken (auch wenn der Gast keinen Alkohol trinkt oder eine Frau ist); Hering mit heißen Kartoffeln, Salzgurken (mir schmecken Gewürzgurken zwar besser, doch die gesalzenen sind echter), Sauerkraut, eingelegte Pilze (auch da sind eingesalzene die echteren), ein wenig

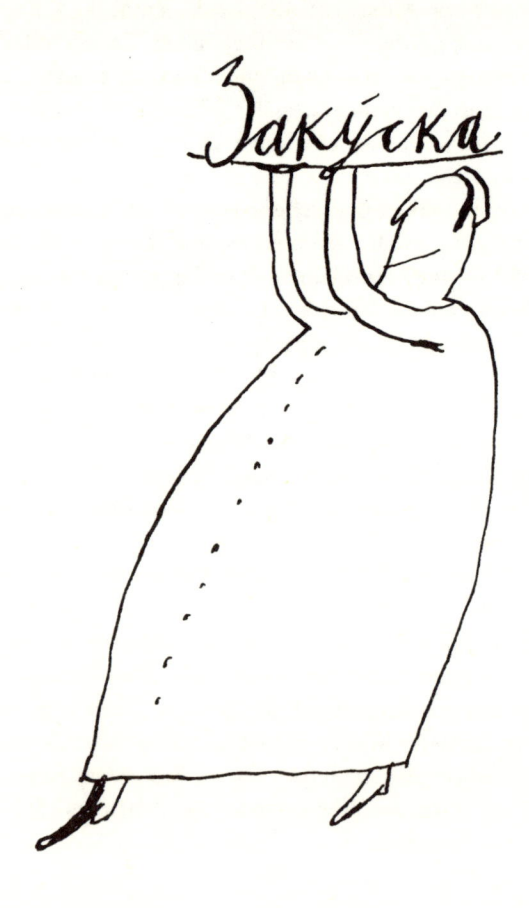

Aufschnitt mit Wurst, Räucher- oder Kochschinken und unbedingt einige Salate. Kaviar, Lachs, Krabben usw., in natura oder auf kleinen Toastbrotschnitten (Kanapees) vorbereitet, können, müssen aber nicht gereicht werden. Mit solchen Delikatessen würden Sie – auch das ist eines der Geheimnisse – keinen Russen überraschen. Dafür müßte schon ein von Ihnen selbst kreiertes Gericht herhalten (beispielsweise mein Wildschweinrücken!), oder eine besondere exotische Überraschung, eingesalzener Arbus! Ein solcher könnte Ihnen bei einem Besuch am Don oder an der unteren Wolga gereicht werden. Dort reifen die in ganz Rußland gerühmten Wassermelonen. Eingesalzen werden sie übrigens wie Gurken, nur verwendet man keinen Knoblauch. Auch mit Sauerkraut oder Äpfeln können sie eingelegt werden. Ich habe dies selbst nie versucht, doch Sie könnten es ruhig probieren!

Nun möchte ich einige Sakuska-Rezepte vorstellen, mit denen ich bei meinen Gästen Erfolg habe.

RUSSISCHER HERING MIT KARTOFFELN

Vom Hering Haut und Gräten entfernen. Danach in mundgerechte Stücke schneiden (3 – 5 cm) und wieder mit Kopf und Schwanz (zur Verzierung) als Fisch geformt auf die Heringsplatte legen. Die in Scheiben geschnittene Zwiebel auf und um den Hering legen. Einen Eßlöffel Essig und zwei Eßlöffel Öl darübergießen. 15 – 20 Minuten einziehen lassen. Die frischgekochten Pellkartoffeln schälen, mit kleingeschnittenem Dill bestreuen und heiß servieren. Dazu die Butter im Stück reichen.

Zutaten:
4 mittelgroße Salzheringe,
15 Pellkartoffeln,
2 mittelgroße Zwiebeln,
Wein- oder Kräuteressig,
Sonnenblumen- oder Olivenöl,
Dill,
100 g Butter.

Dieses Heringsgericht ist in der russischen Küche unverzichtbar. In einer Männergesellschaft aus Junggesellen oder Strohwitwern reicht es als Sakuska aus, weitere brauchen nicht folgen. Hier noch ein anderes Heringsgericht für festliche Anlässe, das jede Delikatesse zu ersetzen vermag:

FORSCHMAK
(GEHACKTER HERING)

Zutaten:
3 mittelgroße, nicht zu salzige Heringe,
3 hartgekochte Eier,
1 – 2 trockene Weißbrotscheiben oder Brötchen,
1 mittlere Zwiebel,
1 großen geschälten und entkernten Apfel,
1/2 Tl Essig,
50 g zerlassene Butter.

Das Brot (ohne Rinde) in Wasser einweichen und mit den von Haut und Gräten befreiten Heringsfilets, der Zwiebel und dem Apfel durch den Fleischwolf drehen (oder im Mixer zerkleinern). Die Eier grob zerkleinern und mit der zerlassenen Butter, Essig und Zucker nach Belieben zur Farce geben und gut mischen. Den gehackten Hering auf die Heringsplatte legen und mit Kräutern garnieren.

Ist der Hering auf dem Tisch, ist die Zeit für einen neuen Trinkspruch gekommen:
»Es ist Nacht, kein Geräusch stört die Ruhe, der Mond scheint ... Er und sie. Er fragt: – Ja?
Sie sagt: Nein.
Viele Jahre gehen ins Land. Wieder eine Nacht, die Ruhe, der Mond. Wieder er und sie. Sie sagt: Ja. Er sagt: Ja. Doch mit den Jahren war alles vergangen.
So laßt uns darauf trinken, daß alles im Leben zur rechten Zeit geschieht!«

Das Geheimnis der Kühlschränke

Die ewigen Sorgen mit der Beschaffung der einen oder anderen Zutat, die ständigen Versorgungsschwierigkeiten, die unentwegt steigenden Preise haben den Erfindergeist der russischen Hausfrauen ungemein entwickelt. In dieser Hinsicht haben sie schon lange ihre Großmütter überflügelt. Diese wußten zwar, wie man mit vorhandenen Lebensmitteln sparsam umgehen, aber nicht, wie man ohne sie auskommen kann. Solange man aus dem Vollen schöpft und im Laden oder auf dem Markt alles angeboten wird, läßt sich leicht kochen. Gibt es auch an wichtigen Zutaten das meiste überhaupt

ÜBER SAKUSKA

nicht oder nur zu unerschwinglichen Preisen, ist der Tisch trotz alledem phantastisch gedeckt und bricht unter einem Dutzend verschiedener, herrlich anzusehender und ebenso gut schmeckender Salate fast zusammen.
Unter diesen Voraussetzungen ist es schwer, ja fast unmöglich, in die Geheimnisse der russischen Küche einzudringen. Die Auflösung ist nicht in der Küche, sondern bei der Hausfrau zu finden. Wird sie befragt, setzt sie aber nur das geheimnisvolle Lächeln der Mona Lisa auf. Mehr vielleicht als anderswo in der Welt mußte und muß sich die russische Hausfrau zwischen den vielen Verpflichtungen einer Frau aufreiben: physisch im Beruf und im Haushalt, mit Witz und Verstand vor allem in den Schlangen an und in den Geschäften, schließlich mit Herz in der Familie. Von der versprochenen lichten Zukunft wurde und wird immer noch geträumt. Salate spielen auf der russischen Tafel eine bedeutende Rolle. In unserem Buch sind nun einige der vielen Salate an der Reihe, die ich mir zu verschiedenen Zeiten bei russischen Frauen angeeignet habe.

MOSKAUER SALAT

Die Kartoffeln kochen, pellen und in mittelgroße Würfel schneiden. Alles andere in kleine Stücke schneiden oder zerteilen und gut vermischen. Kräuter, Pfeffer und Salz nach Geschmack zugeben.
Mit Mayonnaise und saurer Sahne vor dem Servieren anrichten. Die von russischen Hausfrauen sehr gern und reichlich genommene Mayonnaise unterscheidet sich im Geschmack von den meisten deutschen Sorten. Ich gehe damit sparsam um. Verzichte ich ganz darauf, nehme ich statt dessen die entsprechende Menge saurer Sahne, möglichst solche, in welcher der Löffel steht, also Schmand. Zum Schlankbleiben eignen sich nur einige der russischen Salate, zum Schlankwerden kaum einer.

Man nehme, so steht es in Großmutters Kochbuch,
5 – 6 mittelgroße Kartoffeln,
2 Handvoll Sauerkraut,
2 Salzgurken,
3 – 4 El Zuckererbsen (Konserve),
100 g mageres Kochfleisch oder Kochwurst,
3 El Mayonnaise,
1 El saure Sahne,
Dill, Petersilie,
Pfeffer, Salz.

ÜBER SAKUSKA

EIERSALAT

Zutaten:
12 hartgekochte Eier,
2 große Zwiebeln,
3 El Mayonnaise,
3 El saure Sahne oder Schmand,
50 g Butter,
Dill, Pfeffer, Salz.

Zehn Eier grob zerkleinern. Die klein geschnittenen Zwiebeln in der Butter goldgelb dünsten. Die zerkleinerten Eier mit den Zwiebeln vermengen und kleingehackten Dill dazugeben. Salz und Pfeffer nach Geschmack. Mit Mayonnaise und saurer Sahne vor dem Servieren anrichten (siehe dazu die Anmerkung zum Moskauer Salat). Das ganze mit Eierscheiben oder zu Blüten geformten geteilten Eierscheiben garnieren und mit Dill bestreuen.

RETTICH MIT SCHMALZ

Zutaten:
1 großer weißer Rettich, 2 mittlere Zwiebeln,
3 El Gänse- oder Schweineschmalz,
Salz, Pfeffer.

Den Rettich schälen und grob reiben. Die kleingeschnittenen Zwiebeln im Fett goldgelb dünsten. Beides gut vermengen und mit Salz und Pfeffer abschmecken. In einer kleinen Salatschüssel oder einem Schälchen servieren.

GERIEBENER RETTICH MIT KWAS

Zutaten:
1 – 2 weiße Rettiche,
1/3 Glas nicht gesüßten Kwas
(siehe unter Kwas),
2 El Öl,
4 Schnitten Roggenbrot,
Salz.

Das Schwarzbrot ohne Rinde in Würfel schneiden, Öl in eine Pfanne geben, salzen und die Brotwürfel gut rösten. Den Rettich fein raspeln, Kwas dazugeben und in einer kleinen Salatschüssel anrichten. Fein geschnittenen Schnittlauch darüberstreuen. Die Brotwürfel am Rand verteilen. (Der Kwas kann evtl. durch 2 Löffel Essig ersetzt werden.)

Zum Rettich muß vermerkt werden, daß die verschiedenen Sorten ganz unterschiedlich verwendet werden. Der ab Mai reifende weiße Rettich wird im Sommer bevorzugt, der schwarze runde tut im Winter hervorragend seinen Dienst. Der aus Asien stammende grüne Rettich kann genauso zubereitet werden, eignet sich aber besonder gut zum Plow. Dann wird er in Scheiben geschnitten und einige Zeit in Salzwasser gelegt. Jeder Rettich eignet sich gut zur Sakuska, grob geraspelt in Smetana (saurer Sahne), in Sonnenblumen- oder

Olivenöl, mit Grieben und in Schmalz gedünsteten Zwiebeln. (Es kann Schweine- oder Gänseschmalz sein, oder beides vermischt.)

Die Nähe zum Wesen der Russen weckte in mir bei jeder Sakuska die zunehmende Neugier, über sämtliche Geheimnisse der russischen Küche noch mehr zu erfahren. So auch das Geheimnis des Auffüllens russischer Kühlschränke zu einer Zeit, da es in den Geschäften so gut wie nichts gab und die Preise auf den Bauernmärkten astronomische Höhen erreichten. »In Rußland ist alles anders als in Frankreich«, bemerkte einmal eine französische Bekannte. »In den Pariser Geschäften findest du alles, bei Bekannten auf dem Eßtisch – nichts. In Moskau sind die Geschäfte leer, aber beim Besuch von Familien kann man sich vor Bewirtung kaum retten.«

Dieses Geheimnis, russischer Gastfreundschaft, bleibt selbst mir, dem erfahrenen Aufklärer, dem nachgesagt wird, ein halber Russe zu sein, immer noch ein Rätsel. Ich kann mich übrigens an keine Zeit ohne Versorgungsschwierigkeiten erinnern: Als wir 1934 in Moskau ankamen, gab es Lebensmittelkarten. 1935 wurden sie abgeschafft. Danach schien zumindest für die Moskauer für kurze Zeit der Wohlstand ausgebrochen zu sein. In den Geschäften konnte man viele, auch erlesene Lebensmittel zu Preisen kaufen, von denen die Russen heute nur träumen können. Doch schon während des Russisch-Finnischen Krieges 1939/40 lernte ich die riesigen Schlangen vor den Lebensmittelgeschäften kennen, dann während des Hitlerkrieges, dazu Hunger und Lebensmittelkarten bis in die Nachkriegszeit. Mit Abschaffung der Lebensmittelkarten wurden nach kurzer Erholungspause die Lebensmittel wieder knapper. Nun gab es, und besonders zu Leonid Breschnews Zeiten, wieder viele Witze darüber.

Es war während eines etwas längeren Aufenthalts in Moskau. Ein Studienfreund ließ sich trotz eindringlicher Bitten nicht davon abhalten, meine Frau und mich in seiner kleinen Wohnung mit einer Bewirtung zu empfangen, die an das Wunder des Märchens vom »Tischlein, deck dich« glauben lassen mußte. Wir ließen uns die wiederbelebte Freundschaft schmecken und leerten nicht wenige Gläser nach Trinksprüchen, mit denen der Freund nicht geizte. Seine Erklärung zu meinen Fragen über das Geheimnis der Kühlschränke erinnerte mich daran, daß wir als Studenten selbst zu Stalins Zeiten unsere Zunge oft nicht im Zaum hielten:

Auf einem Parteitag wird Breschnew ein Zettel folgenden Inhalts gereicht: »Leonid Iljitsch! Warum gibt es in den Geschäften kein Fleisch?« Breschnew antwortet: »Genossen! Mit Siebenmeilenstiefeln schreiten wir dem Kommunismus entgegen. Mit diesem Tempo kann das Rindvieh nicht Schritt halten.«

Von der Hausfrau habe ich mir ein paar Rezepte aufschreiben lassen, die ein wenig das Geheimnis lüften, wie auch mit einfachen Zutaten eine reich gedeckte Sakuska-Tafel gezaubert werden kann.

GEFÜLLTE TOMATEN

Zutaten:
4 mittelgroße Tomaten,
80 – 100 g marinierte Pilze,
1 Zwiebel,
1 El saure Sahne,
1 El Mayonnaise,
Schnittlauch,
Dill, Salz, Pfeffer.

Die Tomaten reinigen, den Fruchtboden abschneiden und aufbewahren. Mit einem Teelöffel das weiche Fleisch mit den Samenkörnern entfernen. Pilze, Zwiebel und Dill zerkleinern, salzen und mit Mayonnaise (saurer Sahne) vermengen. Die Tomaten mit dieser Mischung füllen und mit den abgeschnittenen Böden zudecken. Ebenso können die Tomaten mit einer Füllung aus kleingehacktem Hering, zerkleinerten Eiern und Zwiebeln angerichtet werden.

SALZGURKEN AUF BAUERNART

Zutaten:
4 mittelgroße Salzgurken,
1 Zwiebel, Öl, Dill,
Petersilie, Pfeffer.

Die Salzgurken von harter Schale und Körnern befreien, gut abtropfen lassen und in kleine Streifen schneiden. Mit kleingehackter Zwiebel, Dill und Petersilie vermengen, Pfeffer und Öl nach Geschmack dazugeben.

SALAT AUS ROTER BETE

Die Rüben ungeschält kochen, danach aus der Schale drücken und nach Abkühlung auf grober Reibe raspeln. Die kleingehackten Zwiebeln in Butter goldbraun dünsten und mit den feingehackten Knoblauchzehen und Walnüssen dazugeben, mit Dill, Pfeffer und Salz abschmecken. Die Mayonnaise und die saure Sahne unterziehen. Mit Dill und Petersilie garniert in einer Schale servieren.

Zutaten:
4 mittlere rote Rüben,
2 mittlere Zwiebeln,
2 Knoblauchzehen,
5 Walnüsse,
4 El Mayonnaise,
4 El saure Sahne,
50 g Butter,
Dill, Pfeffer, Salz.

MÖHRENSALAT

Möhren und Äpfel auf grober Reibe raspeln. Mayonnaise, saure Sahne, Rosinen und Zucker dazugeben. In einer hübschen Schüssel anrichten und mit Mandarinen- oder Apfelsinenfilets garnieren.

Zutaten:
6 mittlere Möhren,
2 geschälte und vom Kerngehäuse befreite Äpfel,
1/2 Glas (100 g) eingeweichte, sorgfältig gewaschene Rosinen,
2 Tl Zucker,
3 El Mayonnaise,
3 El saure Sahne.

Beim Preisen der russischen Gastfreundschaft habe ich mich auf unsere französische Freundin Mara berufen. Leider läßt sich das große Lob meines Lieblingsdichters Heinrich Heine nicht auf Rußland übertragen: »Laßt uns die Franzosen preisen! Sie sorgten für die zwei größten Bedürfnisse der menschlichen Gesellschaft, für gutes Essen und bürgerliche Gleichheit; in der Kochkunst und in der Freiheit haben sie die größten Fortschritte gemacht.«

Oktoberrevolution an der Donau

Auch bei Tisch macht das Gedächtnis die seltsamsten Sprünge. Oft zieht es uns – manchmal mehr, ein anderes Mal weniger – in Gegenden, wo wir einstmals waren. In jungen Jahren verspürte ich häufiger das Bedürfnis, Landschaften wiederzusehen, mit denen Erinnerungen an bestimmte Lebensabschnitte oder besondere Erlebnisse verbunden sind. Es gibt neben der Trägheit des Alters nur einen triftigen Grund, eine solche Rückkehr zu scheuen: die Furcht. Diese Furcht kann ganz unterschiedlich motiviert sein. So war beispielsweise der Besuch unseres früheren Sommergrundstücks in Peredjelkino bei Moskau einige Jahrzehnte nach unserer Abreise ein echter Schock. Obwohl unsere von den neuen Bewohnern völlig umgebaute Datscha noch stand, erinnerte nichts mehr an das romantische Fleckchen Erde, das sich dem Gedächtnis eingeprägt hatte. Ich wäre besser nicht mehr zurückgekehrt.

1990, unmittelbar vor der Vereinigung beider deutscher Staaten, war es eine ganz andere Furcht, die mich umtrieb und zögern ließ, auf Reisen zu gehen. Am 3. Oktober um Mitternacht sollten Kriminalbeamte an unserer Berliner Wohnungstür läuten, um mich zur Vollstreckung des Haftbefehls abzuführen. Die Stimmung war aufgeputscht, Fotografen der Boulevardpresse hielten bereits nach den besten Plätzen Ausschau, um die schlagzeilenträchtige Sensation vor unserem Haus nicht zu verpassen. Es wurde ungemütlich. Freunde und Anwälte empfahlen mir dringend, die Hektik erst einmal vorüberziehen zu lassen und an dem Spektakel nicht teilzunehmen. Also abreisen. Doch wohin?

Nach Moskau wollte ich aus verschiedenen Gründen nicht. Aus Jerusalem wurde mir mitgeteilt, die vorliegende Einladung nach Israel müsse für einige Zeit zurückgestellt werden.

Das Abwägen aller Umstände führte meine Frau und mich in den letzten Septembertagen nach Österreich, wo wir einen guten Monat zuvor unseren Hochzeitstag gefeiert hatten. Das Alpenland kannte ich auch von anderen Reisen, die mit meiner früheren Tätigkeit zu tun hatten. Doch dieses Mal war alles anders. Kein Dienst stand hinter mir, der alle Etappen, jede Bewegung des Chefs, sorgfältig geplant und vorbereitet hätte, kein in der Praxis des Handwerks geschulter Mitarbeiter nahm die vielen notwendigen Vorkehrungen für den sicheren Aufenthalt ab. Plötzlich hatte der Generaloberst a.D. an alles selbst zu denken, nur Andrea, die geliebte Frau an der

Seite, treu und zuverlässig, aber in diesen Dingen völlig unerfahren.
 Gleich nach dem 3. Oktober erschien mein Konterfei fast täglich im Fernsehen und in den Zeitungen. Unter diesen Umständen mußten jeder Schritt, jeder Kontakt genau durchdacht sein. Wir empfanden beide dieses Abenteuer unterschiedlich. Andrea konnte die Fahrten durch das ihr bis dahin unbekannte Österreich, dessen Sehenswürdigkeiten ich ihr zeigen wollte, überhaupt nicht genießen. Sie hatte einfach Angst um mich. Ich fürchtete mehr die scheinbare Normalität, in der die Wachsamkeit und die Aufmerksamkeit für jedes Detail nachlassen. Dann kann eine Situation eintreten, in der es auch dem Profi kalt über den Rücken läuft.
 An einer bestimmten Stelle der Alpen erinnerte ich mich der Begegnung mit einer wichtigen Quelle. Es war ein stets umsichtiger, in nachrichtendienstlichen Belangen erfahrener und erfindungsreicher Mann. Er hatte ein eigenes, originelles System zur Übermittlung chiffrierter Nachrichten über den »heißen Draht«, d.h. das Telefon, ausgearbeitet, über das beraten werden mußte. Dazu sollte das in Österreich vorgesehene Treffen dienen. Eine etwas abgelegene Alm war ausgesucht, der Weg der Quelle dorthin bis in die letzte Einzelheit durchgecheckt, der letzte Teil unter Kontrolle des zuständigen Mitarbeiters festgelegt. Als der Treffpartner im Taxi eintraf, war klar, daß ihm keine Beobachtung gefolgt war. Nachdem, wie üblich, zur Begrüßung ein Gläschen geleert und das einleitende »Wie geht's, wie steht's?« beendet war, sollte das Gespräch »zur Sache« übergehen. Doch da kam der Schreck, bei dem einem die Haare zu Berge stehen. Gut haben es da nur die Kahlköpfigen, denen das nicht passieren kann. Die Gelenktasche unseres Mannes war verschwunden. Und mit ihr sämtliche, auf kleinen Zetteln notierte Informationen und Stichworte mit der Erläuterung des von ihm erdachten Verbindungssystems. In Moskau hätte jeder gedacht: geklaut. Aber in Österreich? Am schnellsten konnte der Jüngste

ÜBER SAKUSKA

in diesem Kreis wieder einen klaren Gedanken fassen. Er rief bei der Taxizentrale an, und nach zwei Stunden bangen Wartens war das brisante Corpus delicti wieder in den Händen seines Besitzers.

Ich weiß nicht warum, doch an dieses Vorkommnis mußte ich denken, als ich meinen Wagen mit der Berliner Nummer über die Serpentinen der Großglockner-

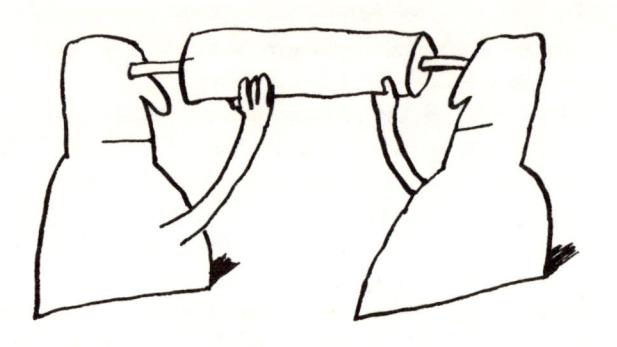

Straße steuerte. Uns ging es darum, uns zu bewegen, in der Hoffnung, die Hektik um meine Person werde sich mit der gewonnenen Zeit allmählich legen. Auf dieser Odyssee kreuzten wir in der Nähe von Salzburg die Kreise von Helmut Kohl, der sich in St. Gilgen am Wolfgangsee aufhielt. Als wir dort im Café am Mozartplatz eine Rast einlegten, entdeckten wir ein Foto des Kanzlers mit einer Widmung für den Wirt jüngsten Datums. Meinen Einfall, von dort eine Ansichtskarte nach Bonn zu schicken, fand meine Frau allerdings nicht witzig.

In Wien erwarteten uns die guten Freunde Otto und Soja. Er ging auf die achtzig zu. Sein bewegtes Leben würde einen Roman hergeben. Würde dieses Buch auch die Wiener Küche einbeziehen, wäre Otto als Führer durch die interessantesten Lokale mit ihren Spezialitäten der richtige Mann. Obwohl es für mich nicht ratsam war, in der Öffentlichkeit zu erscheinen, ließen wir es uns nicht nehmen, die besten Haxen zu probieren und abends den Heurigen in einem Lokal zu verkosten, das Touristen nicht finden und in dem die echten Wiener verkehren. Soja, mit der ihn die Nachkriegszeit zusammenführte, als viele Sowjetrussen in Österreich arbeiteten, ist eine jener typischen russischen Frauen, die ich in der Sowjetunion kennengelernt habe. Uns hat mein Buch *Die Troika* während meiner ersten gemeinsamen Wienreise mit Andrea eigentlich mehr zufällig, aber irgendwie doch folgerichtig bekannt gemacht. Otto wußte schon vieles über meine Familie, kannte Bücher des Vater, die meisten Filme des Bruders. Obwohl unsere Ansichten über Gorbatschow und die Perestroika damals weit auseinanderlagen – seine schienen mir zu radikal und zu ablehnend zu sein –, sprang zwischen uns von Anfang an der Funke über, der Vertrauen voraussetzt und schafft. Noch eines der schwer zu erklärenden Geheimnisse, das wohl mit jenen Kräften der Seele zu tun hat, an die auch Atheisten glauben.

Mit diesem Vertrauen hatte es zu tun, daß Andrea und ich, der gesuchte Spionagechef, trotz aller sonst eingehaltenen Vorsichtsmaßnahmen und Regeln der Konspiration, Ottos und Sojas Vorschlag annahmen, den Jahrestag der Russischen Oktoberrevolution am 7. November in ihrer Wohnung zu feiern. Wir stimmten auch zu, daß an der Feier noch ein weiteres Paar teilnahm. Rosi kannte ich aus der Moskauer Zeit, ihr Mann ist ein ehemaliger Kämpfer der Internationalen Brigaden im Spanischen Bürgerkrieg.

Otto hatte alles rührend und ganz nach seiner Art vorbereitet: Akkurat waren an jedem Platz in der kalligraphischen Handschrift des gelernten Graveurs Kärtchen mit unseren Namen aufgestellt, daneben für jeden als Souvenir ein liebevoll eingepacktes kleines Büchlein, dem Anlaß entsprechend. Auch die Vase mit dem leuchtend-farbigen Herbststrauß hatte einen sorgfältig gewählten Platz. Es gab russische Sakuska, keine so üppige, wie wir sie von Moskau kennen, dafür aber mit echtem schwarzen Malossol-Kaviar! Und das in Wien! Aber plötzlich wurde mir klar, daß ich etwas vermisse – den Salat Vinaigrette! Aus der Küche zog der Duft von Sojas Borstsch, ich aber spürte den Geruch der Vinaigrette ...

An diesem Abend wurde mir bewußt, daß das Gedächtnis mit Gerüchen ganz bestimmte Lebenssituationen festhält und assoziiert. Für Moskau ist es neben dem Geruch in der Metro ausgerechnet der Geruch dieses Salats, der neben der Salzgurke und den eingesalzenen oder eingelegten Pilzen auf jede Tafel mit Sakuska gehört.

Möge mir Soja verzeihen, die sicher auch ein gutes Rezept hat, wenn ich nun, ausgerechnet durch das Fehlen auf ihrem Tisch daran erinnert, mein Rezept anpreise:

SALAT VINAIGRETTE

Zutaten:
Gekochte rote Bete,
gekochte Möhren,
gekochte Kartoffeln,
Salzgurken,
Sauerkraut,
alles in gleicher Menge,
etwas weniger
Möhren, Zwiebeln
oder Schnittlauch.
Die Menge wird
entsprechend der Zahl
der gewünschten
Portionen nach der
Faustregel bestimmt:
1 Kartoffel pro
Portion.
Kräuter- oder
Weinessig, möglichst
Sonnenblumenöl
(sonst Olivenöl),
Salz, Pfeffer.

Das Gemüse in grobe Würfel schneiden oder anders grob zerkleinern. Die Zwiebel und saure Gurken etwas kleiner. Alles miteinander vermischen.

Für die Sauce Vinaigrette Salz, Pfeffer, Öl und Essig gut verrühren und mit dem Gemüse vermengen.

Es ist schwierig das genaue Mengenverhältnis anzugeben. Es ist eine Frage der Inspiration, der gelungene Salat Vinaigrette – ein Kunstwerk.

Sobald wir beim meinem Borschtsch angelangt sind, den es zu Mittag gibt und der sich durch aus vielen roten Rüben hergestellten Extrakt auszeichnet, werden wir einen Überschuß gekochter Rüben haben. Diese benutze ich meist, um gleich für den Abend oder den nächsten Tag einen Salat Vinaigrette vorzubereiten.

Die aus dem Norden stammende klassische russische Vinaigrette wird analog hergestellt, aber mit in Milch gelegten kleinen Heringstücken ergänzt. In diesem Fall wird kein Sauerkraut genommen, dafür aber die Menge an Kartoffeln und Zwiebeln erhöht.

Vor nicht allzu langer Zeit habe ich eine weitere Sakuska in ähnlicher, an den russischen Winter erinnernder Geschmacksrichtung kennengelernt. Versuchen Sie es einmal, es lohnt sich:

SELJODKA POD SCHUBOI
(HERING UNTERM PELZ)

Essig über die in Ringe geschnittenen Zwiebeln gießen und 30 Minuten ziehen lassen.
Kartoffeln, Rüben, Möhren getrennt auf einer groben Reibe raspeln. Etwas salzen. Die Filets vom Salzhering in mundgerechte Stücke schneiden (sollte er zu salzig sein, vorher in Milch legen). Er soll Ihrem Geschmack oder vielleicht auch dem Ihres Ehegatten entsprechen. Die Zwiebelringe auf einer Platte, die der Größe des Endprodukts entspricht, ausbreiten. Darauf die Heringsstücke verteilen, darüber die geriebenen Kartoffeln, über die Kartoffelschicht die rote Bete, darauf die Möhren. Das Ganze mit reichlich Mayonnaise und saurer Sahne begießen.
Danach in gleicher Reihenfolge das Ganze noch einmal: Zwiebel, Hering, Kartoffeln, rote Bete, Möhren, saure Sahne, Mayonnaise.
Der »Pelz« wird obendrauf mit kleingehackten Eiern bedeckt.

Zutaten (für 8 Personen): 4 mittlere Salzheringe, 10 mittelgroße gekochte Kartoffeln, 2 mittelgroße gekochte rote Rüben und 2 größere Möhren, 2 größere Zwiebeln, 2 hartgekochte Eier, 6 El Mayonnaise, 6 El saure Sahne, Essig, Salz.

Trotz des Fehlens von Vinaigrette und »Hering unterm Pelz« war es eine gelungene Feier.

In Wien wurde es dennoch ungemütlich. Immer wieder tauchten Berichte mit meinem Foto und Gerüchte über den Fluchtort in deutschen Zeitungen auf, die in Österreich in jedem Zeitungsladen erhältlich sind. In den angrenzenden, ehemals sozialistischen Ländern war es nicht viel anders. *Wanted in West and East* wurde mir als Titel für mein bis dahin noch unveröffentliches zweites Buchmanuskript über die Ereignisse des Jahres 1989 vorgeschlagen. Wir suchten nach einem ruhigeren Ort zum Ausweichen und Ausruhen. Das mir von früher gut bekannte und etwas abgelegene Thermalbad Heviz in Ungarn schien dafür noch am besten geeignet zu sein. Wir hatten gerade die Reise dorthin gebucht, als in der größten deutschen Boulevardzeitung auf der ersten Seite zu lesen war: »Markus Wolf hält sich in Heviz auf«. Also änderten wir den Plan und fuhren mit Otto über Bratislava nach Pistian in der Slowakei. Das alte, noch aus der k.u.k.-Zeit stammende Kurhaus und einige Neubauten liegen auf einer kleinen Insel inmitten des dort zweigeteilten Vah und bieten ähnlichen Schlamm und Thermalwasser wie Heviz.

Ich blieb auf dem Parkplatz im Auto und schickte Andrea und Otto, um die Lage auszukundschaften. Bei ihrer »Mission« entdeckten sie auf dem Tisch der Rezeption zwei Exemplare der neuesten Ausgabe eines der größten Wochenmagazine mit einem ganzseitigen Foto des Flüchtlings. Andrea kaufte das eine, Otto das andere Exemplar. Doch die höfliche Dame an der Rezeption holte unter dem Tisch fünf weitere hervor ...

Die Kur mußte in Erwartung besserer Zeiten verschoben werden. Von Österreich mußten wir uns aber fortbewegen. In Israel war ich noch immer nicht willkommen. Blieb also der alte Plan, unsere guten Freunde in Bulgarien zu besuchen, um dort eine Besserung der Großwetterlage abzuwarten. Trotz der Katastrophenmeldungen aus Jugoslawien, sie betrafen vor allem Kroatien, hatte ich für die Autofahrt eine besonders schöne und lange Route durch Slowenien und von dort entlang der Adriaküste bis Mazedonien ausgewählt. Ich wollte Andrea einiges von der Schönheit dieser Länder zeigen und wieder Zeit gewinnen. Wir hatten mehr Zeit, als uns lieb war. Unsere Koffer waren gepackt, jugoslawische Dinar in einer Wiener Bank eingetauscht, doch immer gibt es ein neues Aber oder wie die Engländer sagen: *But there is a but.*

Als ich unseren Freund Jäcki am Morgen der geplanten Abreise in Sofia anrief, um alles klarzumachen, sagte er: »Mischa, Du kannst jetzt nicht kommen. Für Deine

Sicherheit ist es besser, Du bleibst weg ...« Unsere Gefühle entsprachen etwa denen der Fluggäste in dem uralten Witz mit der Ansage:
Schauen Sie nach links – die linke Tragfläche brennt.
Schauen Sie nach rechts – der rechte Flügel steht in Flammen.
Sehen Sie unten die weißen Punkte. Das ist die Mannschaft, die gerade das Flugzeug verlassen hat und Ihnen, meine Damen und Herren, einen guten Flug wünscht.
Hätte ich gewußt, wohin wir fallen würden, »hätte ich Stroh darunter gelegt«, wie die Russen sagen.

Perestroika mit Trinksprüchen

Nach Moskau wollte ich nicht. Doch nun blieb kaum etwas anderes übrig. Hinzu kam ein guter Anlaß: die Einladung des Verlags zur Buchpremiere der russischen Ausgabe meiner *Troika*. So endete der »Fall« zunächst in Moskau. Der Aufenthalt dort dauerte wesentlich länger, als er gedacht war.

Moskau ähnelte zu jener Zeit nicht mehr der Stadt, die ich einmal gut kannte. Alles war zwar noch auf seinem alten Platz, der Kreml war unverändert da, Lenin lag im Mausoleum auf dem Roten Platz, die Ehrenwache wurde zur feststehenden Stunde im Stechschritt ausgewechselt, im Bolschoi wurden die bekannten Opern und Ballettvorstellungen gegeben, aber sonst lieferte die Perestroika den Gesprächsstoff. Der Blick zurück gab keinen Orientierungspunkt. Zwei, drei Jahre können vieles bis zur Unkenntlichkeit verändern.

Man mußte nicht wie Noah Tauben fliegen lassen, um festzustellen, ob das Wasser vom Berg Ararat gewichen ist. Man mußte auch nicht gleich Moses kühne Kundschafter in das Land Kanaan entsenden. Es genügte, Augen zu haben, um zu sehen, und Ohren, um zu hören. Die eigenen Augen und Ohren reichten, um festzustellen, daß die Perestroika in eine tiefe Krise geraten war. Otto hatte vermutlich recht behalten. Die Wirklichkeit widersetzte sich ihrem Ziel. In diesem Buch ist nicht die Gelegenheit, die Ursachen gründlich zu analysieren, hier geht es in erster Linie um die Geheimnisse der anderen Küche. Dennoch: Weit vor den dringend nötigen Wirtschaftsreformen »fegte« das Phänomen »Glasnost« jedes behutsame Denken hinweg. Auf der Jagd nach Wahrheit, die nicht immer eine war, löste eine Sensation die andere ab, die Enthüllung eines Geheimnisses, das auch oft keines war, die andere. Jeder wußte doch, daß in der Wirtschaft nichts mehr stimmte, die Schwerindustrie dringend modernisiert und vor allem die Leichtindustrie gefördert werden mußte, um verkaufsfähige Waren herzustellen. Die enthüllten »Geheimnisse« kannte fast jeder ausländische Besucher.

Ich wußte viel und erinnerte mich an vieles. War es denn so neu, daß es Verfolgungen und Gulag, Angst im Großen und Angst vor den kleinen Größen gegeben hatte? Sicher hatte Glasnost, die öffentliche Wahrheit, die seit dem ersten Anlauf der Enthüllungen nach dem Tode Stalins wieder zurückgedrängt war, eine Wiederbelebung erfahren, die ich für richtig hielt. Vor allem aber waren Taten gefragt. Davon war nichts zu spüren.

Ist überhaupt ein Abgrund in zwei Sprüngen zu bezwingen? Mir schien Rußland im Winter 1990/91 mitten im Sprung in der Luft erstarrt zu sein. Noch war alles durch alte Befehle und Vorschriften geregelt: Arbeitszeit und Verdienst, die Quadratmeterzahl der Wohnfläche, die jeder einzelne beanspruchen darf, die Höhe des Wohnraums und der Standard für die Laube auf dem zugewiesenen Gartengrundstück. Es gab noch geschlossene und halbgeschlossene Versorgungssysteme, in denen Mitarbeiter privilegierter Institutionen Waren beziehen konnten, die es in den Geschäften nicht oder nur selten und nach endlosem Schlangestehen gab. Schon tauchten für besser betuchte und zahlungskräftige Kunden die ersten privaten »Cafés« und Restaurants auf. Heute beherrscht die seitdem in forschem Tempo fortgeschrittene, eher kriminelle russische Marktwirtschaft bereits den Handel und Wandel. Für viel Geld ist in den Geschäften und auf dem freien Markt so gut wie alles zu haben.

Damals wurden die Geschäfte immer leerer, die Schlangen davor von Tag zu Tag länger. Um die Verteilung der knappen Lebensmittel wenigstens einigermaßen gerecht zu regeln, wurden »Visitenkarten« eingeführt. Die hatten tatsächlich die Größe und Form von Visitenkarten, waren aber mit dem Lichtbild des Inhabers versehen und dienten zum rationierten Einkauf in einem bestimmten Geschäft. Meine Schwester bewahrt eine solche Karte auf, die ganz meinem blauen Ausweis vom Nürnberger Prozeß ähnelt. Brot gab es noch unrationiert, manchmal konnten Frühaufsteher auch Milchprodukte ergattern.

Auf der Suche nach einem Geschenk betraten wir eines Tages ein Geschäft für Glas und Porzellan. Gähnende Leere. Drei Verkäuferinnen vor leeren Regalen, die Kassiererin in einen Roman vertieft. Arbeitslosigkeit gab es noch nicht. Entsprechend die Bedienung. Gefällt es nicht, dann brauchst du nichts; brauchst du was, dann beschaffe es. Kaufen ist eine Sache – Beschaffen eine ganz andere.

Wir brauchten keine Not zu leiden. Erstens funktionierten noch alte Beziehungen aus der Zeit davor, und ich profitierte von einem für uns anonymen Versorgungssystem. Zweitens hatten wir Devisen, nicht viel, aber immerhin. Sie wirkten in dem knappen Jahr unseres Aufenthalts wie ein Zaubermittel.

Außerdem schienen sich sämtliche Moskauer Freunde in den Kopf gesetzt zu haben, daß wir Verfolgte nicht nur moralische, sondern auch leibliche Unterstützung dringend benötigten. Also klingelte bei meiner Schwester laufend das Telefon, und wir wurden zu Besuchen eingeladen.

Wir rufen zurück und machen aus: »Nur für ein Stündchen, mehr Zeit haben wir nicht. Bitte kein Essen, höchstens eine Tasse Tee.«

»Ausgemacht, nur Tee. Wir freuen uns.«

Angekommen, stellen wir jedes Mal dasselbe fest: auf dem Tisch eine üppige Sakuska und alles, was dazu gehört.

»Sagt mal«, fragen wir schon fast aus Gewohnheit, »habt ihr einen dehnbaren Kühlschrank? Die Geschäfte sind doch leer!«

»Mischa, rede nicht so dummes Zeug. Das Kühlschrankproblem ist unseres. Euer Problem ist, wie man in Odessa sagt, zu essen und nicht zu fragen ...«

Was konnten wir anderes tun, als am Tisch Platz zu nehmen und zu essen?

»Mit diesem kleinen Glas, aber um so mehr Gefühl«, begann unser Gastgeber, »laßt uns auf das Wohl derer trinken, die Gott in unser Haus geführt hat. Der liebe Gott weiß, was wohlgetan ist. So auch, als sich ein sterbender Alter an ihn wendet:

Herrgott, laß mich nur noch ein kleines Weilchen am Leben.

Wie lange möchtest du denn, fragt Gott.

So lange, wie Blätter an diesem Apfelbaum sind.

Das ist zuviel.

Nun, dann so viel, wie Äpfel an dem Baum hängen.

Das sind auch zu viele. Ich lasse dich so viele Jahre am Leben, wie du Freunde hast.

Nein, Freunde habe ich keine, sagt der Alte traurig.

So laßt uns auf die Freunde trinken und darauf, daß es mehr als die Blätter an jenem Baum sein mögen!«

Was blieb uns nach diesem Trinkspruch übrig, als anzustoßen und uns wohl oder übel der Sakuska zu widmen.

»Ein Weiser sagte einmal«, antwortete ich, »daß jedes Gebäude ohne ein solides Fundament zusammenbrechen muß. Jedes Haus muß ohne gute Hausherren auseinanderfallen. Auf unsere liebe Hausfrau, den Hausherren und ihre ganze gastfreundliche Familie!«

Diplomatie und Sülze

Essen, Trinken und Erinnerungen zogen sich an solchen Abenden lange hin. Es war einmal ... Was bedeuten für die Geschichte schon drei oder vier Jahrzehnte? So lange ist es her, daß ich Erster Rat der diplomatischen Vertretung der DDR in Moskau war. Es war der Beginn der Vertretung, die sich »Mission« nannte. Wochenlang war ich der einzige Mitarbeiter, als solcher »Charge d'affair«, Geschäftsträger, gleichzeitig aber Sekretärin, Bote und Kraftfahrer in einer Person. Wie in der Geschichte vom jüdischen Schneider, der sagte:
»Wenn ich der König wäre, würde ich reicher sein als der König.« »Wieso?« fragt man ihn. »Weil ich noch ein wenig nähen würde!« Mir Multifunktionär wurde allerdings das Gehalt damals nicht aufgebessert.

Morgens setzte ich meine alte Schirmmütze auf und fuhr die von mir mit zwei Fingern getippten Noten und Briefe zu den Botschaften, mit denen die DDR bereits diplomatische Beziehungen unterhielt. Zum Glück waren es nur wenige. Am Abend erschien ich dann im schwarzen Mantel und Homburg zur protokollarischen Visite. An freien Abenden besuchte ich Freunde.

Der damalige Moskauaufenthalt war nicht ohne Folgen für mein Körpergewicht. Damals wohnten wir zunächst im Hotel »Metropol«, in dem auch die Diensträume der Vertretung waren. An dem schräg gegenüber dem Bolschoi-Theater gelegenen früheren Nobelhotel mit den wunderbaren Fayencefresken des Malers Wrubel an der Außenfassade im Jugendstil hatte der Zahn der Zeit schon mächtig genagt. Die schweren Möbel standen zwar unter Denkmalschutz, waren aber ebenso wie die samtenen Portieren mächtig verstaubt. Doch es atmete noch die vergangene Pracht. So auch das Restaurant mit seinen Decken, Wandmalereien und dem Springbrunnen in der Mitte, auf das ich noch zurückkommen werde. Es pflegte die Traditionen der alten russischen Küche des Adels und der Kaufleute. Das Essen war zu gut, und später, als wir eine Wohnung hatten, verwöhnte uns Matrjona Dmitrijewna, die nur das Beste vom Besten auf dem Markt besorgte.

Lilly, die Schwester meiner ersten Frau, arbeitete als Sekretärin in der DDR-Vertretung und wohnte im selben Hotel. Des öfteren telefonierte sie mit Berlin, wo Viktor als Telefonist seinen Militärdienst bei einer sowjetischen Einheit versah. Wie beide über den Draht zusammenfanden und worüber sie redeten, das bleibt ihr Geheimnis. Eines habe ich aber von ihnen erfahren: das Geheimnis der Sülze, gleichzeitig eines der Geheimnisse der Kühlschränke.

»Du willst es wissen?« fragt der ehemalige Armeetelefonist Viktor, der inzwischen der Pensionär Viktor Iwanowitsch Iwanow ist, verheiratet mit Lilly Franzewna Iwanowa. »Also, ich gehe zu meinem Fleischladen. Dort kenne ich Wasja, den Fleischer. Ich zu ihm: Wasja, ich brauche ganz dringend und unbedingt ein paar Spitzbeine für Sülze, Verwandte aus Germanien sind zu Besuch da. Mir wäre es schrecklich peinlich, sie nicht gebührend zu bewirten. Wasja zu mir: Viktor Iwa-

nowitsch, seien Sie unbesorgt. Morgen mit einem Fläschchen, bitte ich gnädigst.«
Ein »Fläschchen« bedeutet natürlich Wodka. Sollte ich nur Portwein haben, komme ich mit einer Flasche nicht davon. Dann brauche ich zwei. Kurzum, am nächsten Tag erscheine ich im Laden, zahle den ordentlichen Preis an der Kasse, alles ist schon eingepackt, Wasja erhält seinen Obolus. Zu Hause angekommen, packe ich die Einholtasche aus, der Rest kommt aus dem Kühlschrank, und dann wird mit Lilly gezaubert:

SÜLZE NACH ART DER IWANOWS

Die Spitzbeine, das Rindfleisch, die geschälten Zwiebeln und die Möhren ganz in einen größeren Topf legen (den Knochen vorher zerhacken), 5 Pfefferkörner, 4 Lorbeerblätter, Salz und die Petersilie dazugeben. Mit kaltem Wasser 6 – 7 cm über den sonstigen Inhalt auffüllen. Auf schwacher Flamme garkochen, dabei den Schaum abschöpfen.
Die entstandene Brühe durch ein Sieb seihen. Das Fleisch vom Knochen lösen, kleinschneiden und zur Brühe geben, dazu den kleingehackten oder ausgepreßten Knoblauch und die restlichen Gewürze. 15 Minuten kochen. Bei Bedarf salzen und mit gemahlenem Pfeffer abschmecken.
Das Fleisch gleichmäßig in flache Schüsseln verteilen, mit Eierscheiben und verschieden ausgeschnittenen Möhrenscheiben verzieren. Die Brühe darübergießen und abkühlen lassen. Die Sülze muß (auch ohne Gelatine) fest werden. Mit Meerrettich oder Senf servieren.

Zutaten:
3 Spitzbeine,
1 kg Rindfleisch,
4 hartgekochte Eier,
2 mittelgroße Möhren,
2 mittelgroße Zwiebeln,
1 ganze Petersilie (mit Wurzel),
6 Lorbeerblätter,
3 Knoblauchzehen,
10 – 12 schwarze Pfefferkörner,
gemahlener Pfeffer und Salz nach Geschmack.

Männer können sich auch bei den Iwanows ungestört am besten in der Küche unterhalten.
»Mischa, weißt Du, was Champagner auf Hausmacherart ist?« fragt mich Viktor bevor das Essen aufgetragen wird.
» ...?«

»Das wäre, wenn wir beide Wodka trinken und unsere Frauen zischen ...«

Wie Verschwörer stoßen wir bei Tisch an, naschen schnell etwas vom Hering und den eingelegten Pilzen, bevor Lilly mit der Sülze erscheint, dem ersten kulinarischen Höhepunkt des Abends. Dieses bei den Iwanows gezauberte Gericht, ein echtes Stilleben, muß bewundert werden, bevor es in einzelne Portionen zerlegt wird. Jeder Gast erhält unbedingt ein Stück mit einer kleinen Sonne aus Ei und einer Möhrensommersprosse.

Man kann viel über das Essen reden, die gekonnte Zubereitung ist aber etwas ganz anderes. Fast jeder kann schnell irgend etwas zum Essen brutzeln, ohne dabei Qualen des Schöpfertums zu erleiden. Derartige Speisen sind aber niemals mit unserem Mahl zu vergleichen, das mit einer echten Sakuska beginnt.

Der für Gäste gedeckte russische Tisch ist stets ein festlicher! Und wenn der teure Gast, bereits gesättigt von der Sakuska, tief durchatmet und »Endlich geschafft!« seufzt, beginnt erst das eigentliche Essen: Die Suppe wird aufgetragen, dann das erste Hauptgericht, danach das zweite. Schließlich tritt eine Pause zur Entspannung ein, in der Erinnerungen gründlich ausgetauscht werden können, bis der Tee kocht und der Abend in seine letzte geruhsamere Phase tritt.

Jede Stadt hat tausend Gesichter und tausend Geheimnisse. Das gilt für New York ebenso wie für Moskau, Berlin oder Wien ... Für den Neuankömmling sind sie schwer zu entschlüsseln. Um diese Rätsel zu entschlüsseln, braucht er Freunde. Und nicht irgendwelche Freunde, die auf die Schnelle aus Neugier oder eines Vorteils wegen zugewachsen sind. Bei echten Freunden wird er sich nie als Ausländer fühlen, selbst wenn der Besucher ihre Sprache nicht beherrscht. Wohlgemeinte Aufrichtigkeit bedarf keiner Dolmetscher.

Über weibliche Güte und Fisch in Aspik

Andrea hatte Glück. Mit ihrem sehr schnell für sie einnehmenden Wesen fand sie in Moskau viele, gewissermaßen von mir geerbte Freunde vor. Haben Sie schon einmal das Gespräch zweier »Sprachloser« beobachtet? Diese schauen sich etwas ratlos an, lächeln sich vielsagend zu, Männer klopfen sich vielleicht auf die Schulter oder beide radebrechen sehr laut in der Annahme, der andere werde so die Wortbrocken besser verstehen. Die Unglücklichen werden sich nicht verstehen, wenn der innere Funke fehlt!

Ich habe die Zwiegespräche zwischen Andrea und Lena Sacharowa beobachten können, die uns übrigens drei wunderbare Sakuska-Rezepte preisgegeben hat: den Rote-Rüben-Salat, den Möhrensalat und den Eiersalat. Andrea spricht ein bißchen Russisch, Lena ein paar Worte Deutsch. Doch beide verstanden sich hervorragend! In allen Fragen, von den reinen Frauenthemen (um nicht zu sagen: Weiberklatsch) bis zur großen Politik. Und wieso? Weil in beiden Güte ist. Es ist ein Axiom, daß eine solche Nähe der Herzen unüberwindlich scheinende Hindernisse zu überwinden vermag!

Wir wollten in Moskau natürlich möglichst alle guten Freunde sehen. Aber ... Da war erstens der uns seit unserer Eheschließung ständig begleitende Faktor Zeit. Immer gab es Umstände, die uns daran hinderten, das zu tun, wozu wir eigentlich gerade Lust gehabt hätten. Und zweitens hätten uns die notwendigen Besuche auch wegen der nicht endenden Geheimnisse der russischen Kühlschränke überfordert. Jede Ablehnung einer Einladung hätte eine Kränkung bedeutet.

Andreas Geburtstag brachte die Rettung. Wir riefen unsere Moskauer Freunde an und alle, die wir erreicht hatten, waren am 25. Februar 1991 um die reich gedeckte Tafel eines kleinen Lokals versammelt, das »Theaterrestaurant« hieß, auch wenn eigentlich kein Theater in der Nähe war. Einlaß erhielt man nur nach Anmeldung und Klingelzeichen. Dieses spezielle Geheimnis der sich entwickelnden Marktwirtschaft hatte uns ein Filmemacher offenbart. Für Musik war gesorgt, Moskauer Sinti besangen die »Schwarzen Augen«, für Stimmung sorgten unsere Gäste.

Als Sakuska gab es außer schon bekannten Spezialitäten, darunter Lachs und Kaviar, auch zwei hervorragende Fischgerichte, deren Rezept ich mir vom Koch natürlich geben ließ:

FISCH IN MARINADE

Zutaten:
Für die Marinade:
1 l Fischsud,
3 Möhren,
Petersilienwurzel
oder Sellerie,
2 Zwiebeln,
300 g Tomatenmark,
Öl, Essig, 2 Tl Zucker,
1 Pfefferkorn,
1 Lorbeerblatt,
1 Nelke, Zimt, Salz.
Zum Garnieren
Schnittlauch,
evtl. Oliven.
600 g Fischfilet
portioniert, mehliert
und gewürzt
(ich nehme am
liebsten Zander).

Wurzelwerk und Möhren für die Marinade kleinschneiden, die Zwiebeln in ganze oder halbe Ringe. Im Öl dünsten, Tomatenmark dazugeben und weitere 10 – 15 Minuten dünsten. Dann den Essig, den Fischsud, Zucker, Salz, Lorbeerblatt, Pfefferkorn, Nelke und Zimt hinzufügen und 15 – 20 Minuten kochen. Die Marinade abkühlen lassen.

Die vorbereiteten Fischfilets in Öl braten und abkühlen lassen. Danach in einem Keramikgefäß oder Topf einlegen, mit der Marinade übergießen und kaltstellen.

Vor dem Servieren mit Schnittlauch bestreuen, evtl. mit Oliven garnieren.

Die Marinade kann ebenso für gekochten Fisch verwendet werden.

FISCH IN ASPIK

Die Fischreste gründlich in kaltem Wasser waschen, danach mit Wurzelwerk und den Gewürzen in kaltem Wasser ansetzen und 1,5 – 2 Stunden auf kleiner Flamme auskochen. Danach den Sud durchseihen. Die Hälfte von dem Eiweiß mit der fünffachen Menge kalten Suds zum Klären gründlich vermengen und mit dem restlichen Sud sowie den Gewürzen zum Kochen bringen. Danach das restliche Eiweiß dazugeben

ÜBER SAKUSKA

und wieder zum Kochen bringen. 15 – 20 Minuten stehen lassen, danach durch einen sehr feinen Durchschlag, ein Passiertuch oder doppelt gelegten Mull seihen. Hat man beispielsweise an der Wolga die Möglichkeit, Kaviar mit Löffeln zu essen, kann anstatt Eiweiß schwarzer Kaviar genommen werden, der sehr gründlich in Wasser mit Zwiebel verrieben und dann dem Sud wie das Eiweiß zugegeben wird. Dies dürfte allerdings nur in Ausnahmefällen für meine Leser in Frage kommen. Die vorbereiteten Filets in Abständen auf eine oder in mehrere flache Schalen legen. Das Ganze dünn mit dem Sud übergießen und die einzelnen Stücke mit Scheiben frischer Gurken oder gekochter Möhren garnieren. Zur Garnierung können auch frischer Dill, Petersilie, Zitronenscheiben oder Krevetten verwendet werden. Diese wiederum mit etwas Sud übergießen. Nach Abkühlung nochmals mit Sud auffüllen.

Ähnlich kann Fisch in Aspik von vornherein in geeigneten Aspikformen zubereitet werden. Dazu den noch nicht ganz gelierten Sud in die Formen gießen. Diese kurz in ein Gefäß mit Eis stellen, bis sich etwa 1 cm Gallerte an den Wänden gebildet hat. Den flüssigen Rest des Suds abgießen und die Form wieder in das Eis stellen. Danach in Sud getauchte Garnierung (s.o.) einbringen, dazu kleinere Stücke Fisch. Schließlich die Form mit dem Rest des noch nicht gelierten Suds auffüllen. Nach 2 – 3,5 Stunden die Form kurz in heißes Wasser tauchen und auf einen Teller oder eine Untertasse stülpen.

Vorschlag des Moskauer Kochs: Dazu mit Essig angerichteten Meerettich servieren.

Zutaten:
Für die Gallerte (Sud):
2 kg Fischköpfe,
-schwänze, -gräten,
-haut,
1 Möhre,
1 Zwiebel,
Petersilienwurzel,
Sellerie,
Essig,
Eiweiß von 5 Eiern,
1 Lorbeerblatt,
1 Nelke,
3 Pfefferkörner,
Salz,
1/2 l Wasser.
400 g gekochte und portionierte Weißfischfilets.

FISCHSALAT

Eine beliebige Fischkonserve (nicht in Öl) oder Krevetten (Krabben).
Den Fisch (Krabben) kleinschneiden. Eine Tasse Reis kochen (der Reis muß feinkörnig sein, darf nicht pappen).

Alles gut vermischen, kleingehackte Petersilie und Dill dazugeben. Mit Mayonnaise nach Geschmack anrichten. (Statt Mayonnaise nehme ich auch dafür lieber saure Sahne, mit ein wenig Tomatenmark oder Ketchup verrührt.)

Je mehr der Geburtstagsabend fortschritt, um so häufiger machte unser Tisch den Musikern mit Gesang Konkurrenz, angeführt von Meistersinger und Stimmungskanone Jascha. Es wurde viel gelacht, und das tat uns gut. Wenn erst einmal der Humor verloren geht ... Den habe ich eigentlich nie verloren. Diese Geburtstagsfeier in schwieriger Zeit werden wir nicht vergessen, so gut hat es geschmeckt, so herzlich und fröhlich waren wir, trotz alledem.

Dazu Jaschas kaukasischer Trinkspruch:

»Eine junge Maid geht mit einem Krug zum Bach, um frisches Quellwasser zu schöpfen. Sie schreitet in den Bach, das Wasser umnetzt ihre Füße. Es tut ihr gut; auch dem Bach ist es angenehm. Sie geht weiter in den Bach, der ihre Fesseln benetzt. Auch dies ist für beide schön. Bei den nächsten Schritten umspült der Bach die Waden des Mädchens. Für sie, aber auch für den Bach ein prickelndes Gefühl. Noch mehr, als das Wasser die Knie und schließlich die Schenkel in einer Höhe erreicht, daß die Maid ihren Rock hochraffen muß. Darum laßt uns auf die Perspektive trinken!«

Andrea und ich wollten unsere Perspektive selbst im Blick behalten. Es war aber schwierig, von Moskau aus Einfluß zu nehmen. Mein zweites Buch sollte in Deutschland erscheinen; dies gab den Anlaß für ein Fernsehinterview. Ein gewisser Journalismus scheint mit den Geheimdiensten bei der Anwendung schmutziger Tricks in Konkurrenz zu liegen. Da ich aber nicht nur schlechte Erfahrungen gemacht und als ehemaliger Rundfunkreporter auch kollegiales Verständnis habe, zudem in unserer Lage Honorare unverzichtbar waren, kurzum, der Not gehorchend, stand ich eines Tages vor einer Fernsehkamera auf dem Dzierschinski-Platz in Moskau, der jetzt wieder Lubjanka heißt. Der eiserne Feliks, über den ich einmal Vorträge gehalten habe, stand noch auf seinem Sockel – aber nicht mehr lange. Neben dem Stein, der an die Opfer der Stalinschen Repressionen erinnert, antwortete ich auf die teilweise nicht leicht zu beantwortenden Frage des Reporters aus Berlin. Natürlich waren diese Stelle und die Einstellung mit dem Blick über den Platz zu dem Gebäude des KGB, in dem ich noch fünf Jahre zuvor verkehrte, nicht zufällig gewählt. »Markus Wolf vor der Lubjanka«, das konnte die Einschaltquote schon erhöhen. Natürlich verkniff ich mir die jedem alten Moskauer geläufige Redensart: »Die Lubjanka ist das höchste Gebäude der Stadt. Von hier aus kann man ganz Sibirien sehen.« Bei meinen Antworten dachte ich vielmehr an meine ehemaligen Mitarbeiter, die sich von ihrem Chef im Stich gelassen fühlen mußten. Ich hatte ja keine Gelegenheit, ihnen die Motive für diesen Schritt zu erklären, der mir nicht leichtgefallen war und letztlich nicht das brachte, was ich erhofft hatte. Zu den Enttäuschungen zählte auch das Ergebnis meiner direkten Interventionen beim damals ersten Mann der Sowjetunion.

Ein Moskauer Freund sagte darauf zu mir: »Fürchte Dich nicht vor den Feinden. Die können Dich höchstens umbringen. Fürchte Dich nicht vor den Freunden. Die können Dich schlimmstenfalls verraten. Füchte dich vor den Gleichgültigen, denn mit deren schweigender Duldung gibt es Verrat und Mord in der Welt.«

Kurz danach antwortete ich auf eine entsprechende Frage in einem deutschen Wochenmagazin: »Meine Zeit in Moskau geht zu Ende.« Da war die Entscheidung in Wahrheit schon gefallen. Den Ausschlag hatten die nicht mehr absehbare Länge der Abwesenheit aus Deutschland, die quälenden Gedanken über die Familie in Berlin und nicht zuletzt das immer offensichtlichere Scheitern der Perestroika in der Sowjetunion gegeben. Wie sehr hatte ich mein Hoffen und Bangen um die Geschicke des eigenen Landes mit dieser Veränderung beim »großen Bruder« verbunden. Nun erfaßten meine Zweifel bereits die ganze Wirklichkeit. Würde das große Menschheitsideal, an das zu glauben wir trotz der enttäuschenden Realität nie aufgehört haben, würde die Idee des Sozialismus dieses Chaos überdauern? Kann eine Idee überleben, wenn die Menschen ihre elementarsten Bedürfnisse nicht mehr befriedigen können? Wird dieses Riesenland überleben, an dem sich Hitler die Zähne ausgebissen hatte, das nun aber auseinanderbrach und im Bürgerkrieg zu versinken drohte? Sicher werden sich wiederum jene täuschen, die für Rußland schon die Totenmesse einzuläuten begannen. Wie oft ist dieses Land selbst mit zerschlagenen Knochen wiederauferstanden. Auch dies bleibt eines seiner Geheimnisse.

Mein Entschluß, nach Deutschland zurückzukehren, stand fest. Die Moskauer Freunde konnte ich nicht um Rat angehen. Sie hatten ihre eigenen Sorgen und konnten meine Lage nicht beurteilen. Die Anwälte unterstützten meine Meinung und besprachen die Preliminarien der Rückkehr mit den deutschen Behörden.

Abschied von der Moskwa und der Donau

»Otto, wann und wo wollen wir uns treffen?«
»Vielleicht Weihnachten?«
»Und was hältst Du von heute?«
»... wie heute? Bist Du denn in Wien?« wunderte sich der Freund.

Wir waren tatsächlich in Wien gelandet. Wie schon bei der Hinfahrt schien alles gut zu gehen. Unbemerkt waren wir eingereist und gut untergekommen. Doch nach einer offiziellen Verlautbarung in Moskau, Markus Wolf sei nach Wien abgeflogen, war der Teufel los. Jeden Tag Schlagzeilen in der österreichischen und deutschen

Presse, Spitzenmeldungen in den elektronischen Medien. Wir legten uns, wie die U-Boot-Fahrer sagen, auf Grund, in der Erwartung, der Sturm würde vorüberziehen, und warteten auf das Zeichen der Anwälte zur Heimkehr. Innerlich war ich darauf vorbereitet, daß mich dort keine Ehreneskorte, sondern mit großer Wahrscheinlichkeit zunächst der Staatsanwalt und der Gang in die Gefängniszelle erwarten würden. Doch für wie lange?

Das österreichische Intermezzo war so nicht geplant. Die Freunde hatten wieder für eine sichere Unterkunft gesorgt. Dort hätten wir unter anderen Umständen einen angenehmen Urlaub verbringen können. Nicht weit von dem Städtchen lag der Ort, an dem der Zwischenfall mit der im Taxi vergessenen Tasche passiert war. Alles fließt, alles verändert sich, daran haben wir uns gewöhnt. Die Weltgeschichte bewegt sich vorwärts, gerade oder in Spiralen, die kleinen Geschichten können sich aber wiederholen. Wir lebten zurückgezogen. Andrea achtete streng darauf, daß ich mich nicht ohne Grund draußen zeigte. Die Zeitungen gaben nicht auf, brachten immer wieder ein Foto von mir und boshafte Karikaturen über die Staatspolizei, die nicht in der Lage war, den gefährlichen Spionagechef zu finden und dingfest zu machen. Wir verließen das Haus gemeinsam nur, um von abgelegenen Telefonzellen aus die Anwälte oder die Kinder in Berlin anzurufen, denen die Zeit ohne uns schon zu lange geworden war.

»Die Regel«, sagen die Russen, »ist wie ein Telegrafenmast. Man kann ihn nicht überspringen, aber umgehen.« Besser, beides nicht zu tun, wenn man Unannehmlichkeiten vermeiden will. Das Unglück überfiel uns überraschend an der Telefonzelle. Mit dem Gedanken an die zum Telefonieren erforderlichen 10-Schilling-Münzen durchfuhr mich ein Schreck. Die Gelenktasche! ... Dieses verfluchte Ding, an das ich mich nie gewöhnen kann, enthielt neben dem Geld meine gesamten Papiere, die Telefonnummern und Adressen sowie

ÜBER SAKUSKA

wichtige Notizen. Die Folgen waren nicht auszudenken.
Wo? Wann? Oder gar wer? Es brauchte einige Zeit und gutes Zureden von Andrea, bis der Superspion wieder einen klaren Gedanken fassen konnte. Zurück ins Quartier, alles durchsucht, vergeblich. »Laß uns noch einmal der Reihe nach gründlich überlegen«, sagte Andrea. »Gestern war die Tasche noch da ... Als wir heute aufstanden, glaube ich sie auf dem Schränkchen neben der Liege gesehen zu haben. Dann haben wir gefrühstückt, ich habe abgewaschen, du hast die Mülltüte nach

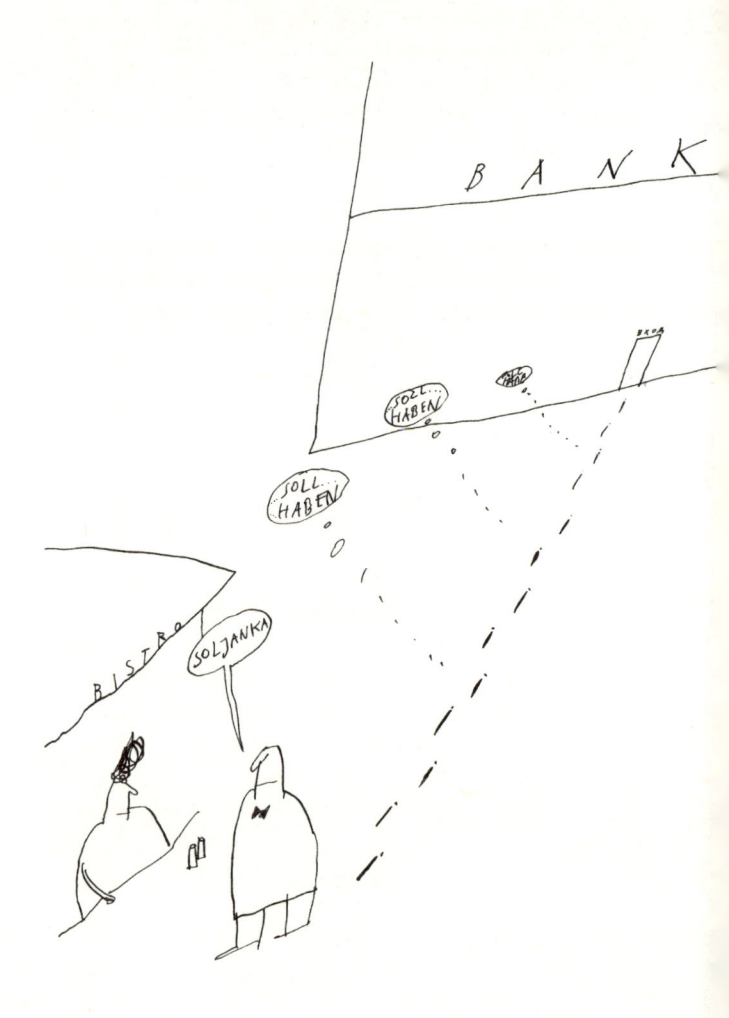

unten gebracht ...« Andrea hatte noch nicht zu Ende gesprochen, da stürzte ich auf den Hof zur Mülltonne. Schon auf der Treppe hörte ich das Müllauto kommen. Wie ich den Deckel anhebe, sehe ich sie liegen, ganz obenauf, als ob nichts geschehen wäre! Da versagten mir fast die Beine, kalter Schweiß trat auf die Stirn.

Wenn ich die Story heute erzähle, lachen wir darüber. Dann geht es mir wie dem Koch, der den Gänsebraten schwarz verkohlt aus dem Ofen zieht, den sich seine Majestät für das Weihnachtsmahl gewünscht haben. Später lacht man, doch damals ...

Kurz danach stellte ich mich auf Rat meines Anwalts den österreichischen Behörden. Ich wollte mir das Wohlwollen der Behörden des liebgewonnenen Alpenlandes nicht für ewig verscherzen. Das Datum meines Überschreitens der deutschen Grenze stand zudem bereits fest. Nach Deutschland nahm ich den innigen Wunsch Ottos und unsere feste Verabredung mit, bei meinem nächsten Besuch in Österreich als freier Mann gemeinsam mit ihm im Fiaker durch Wien zu kutschieren. Es muß nicht unbedingt der Walzer von Johann Strauß erklingen, wenn wir über die nicht mehr ganz blaue, aber schöne Erinnerungen weckende Donau in Richtung ... fahren.

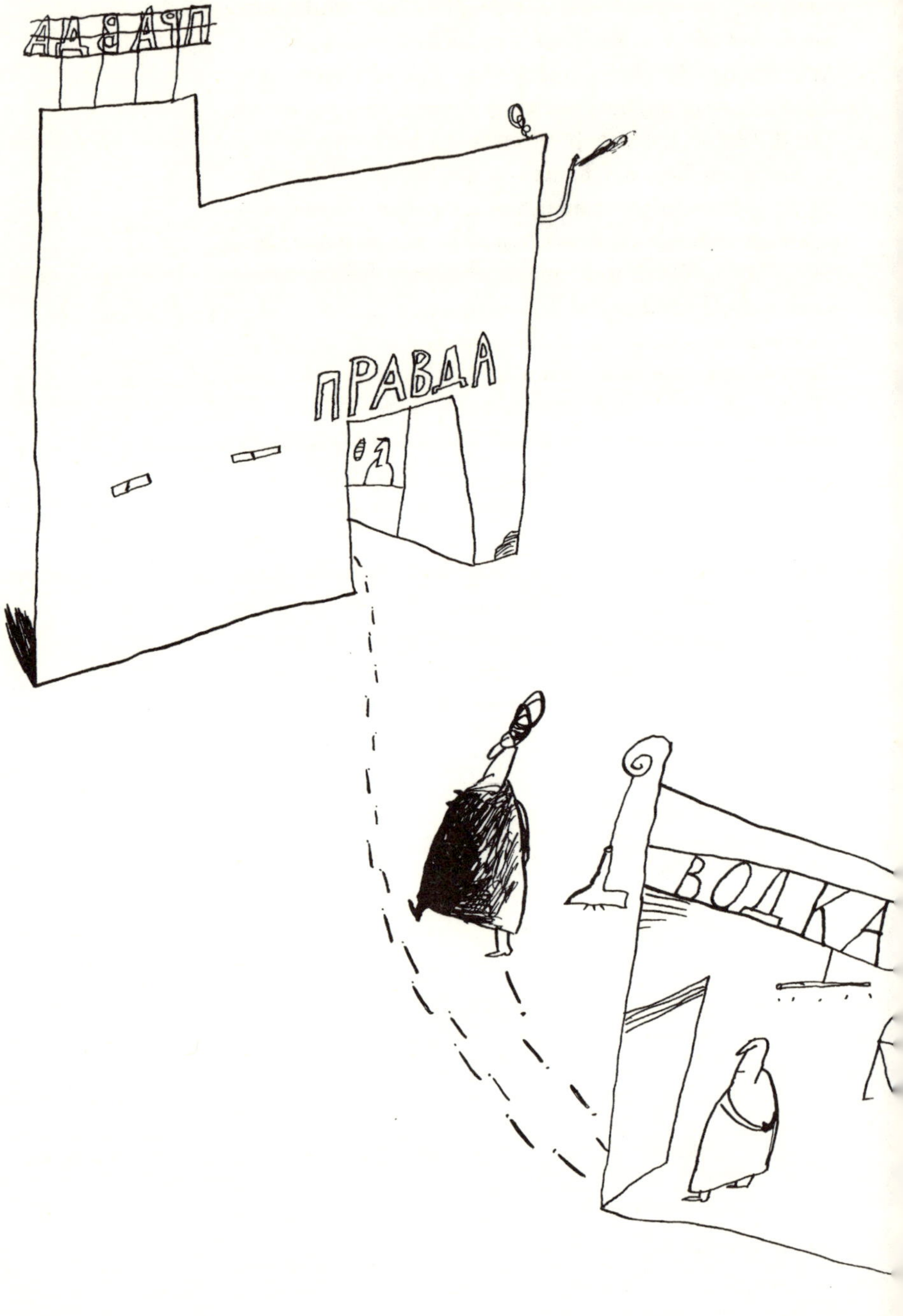

в э с к

Alles der Reihe nach

Am Abend meiner Rückkehr, dem 24. September 1991, wurde ich in das Gefängnis von Karlsruhe eingeliefert. Früh, kurz nach 7 Uhr klopfte der Kalfaktor. Auf Plastikgeschirr kommt das Frühstück: drei Stück Margarine, ein Dreieck Schmelzkäse, drei Scheiben Brot, Malzkaffee. Dort geht, wie beim Kochen in der Küche, alles der Reihe nach. Auch für mich, einen »Prominenten«, werde, wie der Anstaltsleiter meinte, keine Ausnahme gemacht. Das hinderte die größte deutsche Boulevardzeitung nicht daran, in einer der nächsten Ausgaben mit der Schlagzeile zu erscheinen: »Heute bleibt die Zelle kalt, Wolf ißt Hähnchen vom Wienerwald«.

Da alles dort seine Ordnung hat, machte ich entsprechend der Vorschrift am nächsten Tag zum Frühstück meine Eingabe an die Anstaltsleitung, sie möge von der Zeitung eine Gegendarstellung gegen diese Falschmeldung fordern. Am darauffolgenden Freitag, es war der Kinotag, wurde ich aus dem James-Bond-Film zur Anstaltsleitung gerufen. Der für mich zuständige Beamte, Herr Schmidt, eröffnete das Gespräch in seiner badensischen Mundart: »Herr Wolf, mit de Prominente habe mer unsere Probleme ... Auch mit Ihre Anträge.«

Ich: »Wieso mit meinen?«

Schmidt: »Na ja, wege der Beschwerde gegen de Zeitung ...«

Ich: »Sie müßten sich doch beschweren. Die Falschmeldung geht doch gegen die Anstaltsleitung und die Justiz. Sie hätte mir Sonderrechte eingeräumt.«

Schmidt: »Klar, des ischt eine Lüge. Mir wolle aber kein Ärger und uns net mit der Zeitung anlege. Ziehe Se bitte den Antrag zurück.«

Ich: »An mir soll es nicht liegen. Mir ging es nur um die Wahrheit.«

Weiter ging alles der Reihe nach seinen Gang. Frühstück, Hofgang, Mittag, Abendessen, zweimal in der Woche Duschen, einmal Einkauf, einmal Kino und einmal »Umschluß«, das heißt die Möglichkeit, mit zwei anderen Häftlingen in der eigenen oder einer deren Zellen zusammenkommen zu können.

Der Aufenthalt im Gefängnis bietet eine Reihe von Vorteilen, vor allem, wenn er nicht zu lange dauert. Man erhält vom Staat frei Logis und Verpflegung, braucht sich um das tägliche Brot keine Sorgen zu machen. Der Häftling kann genehmigte Bücher lesen, und mit dem Privileg einer Einzelzelle, wie ich es hatte, über vieles nachdenken und schreiben, dabei das Seelenleben durchforschen und das eigene Gewissen befragen. Kein Staatsanwalt oder Richter hätte dies gründlicher tun können als ich selbst. Deren Urteil allerdings vorauszusehen, war schwierig. Dazu reichten die mir zugeschriebenen analytischen Fähigkeiten nicht aus, Prophet bin ich keiner.

Meine Einlieferung muß sich bald herumgesprochen haben. Erfahrene Knastbrüder bemühten sich um Kontakt, erbaten für Mithäftlinge Autogramme des leibhaftigen James Bond und sicherten sich meine Gesellschaft beim Umschluß. Dies hatte den Vorteil, daß ich zuverlässig über die Gewohnheiten und Eigenschaften der Wärter informiert war und schon am zweiten Tag glücklicher Besitzer einer Tischlampe und eines Tauchsieders wurde, um den von der Kantine besorgten Kaffee brühen zu können. Außerdem besorgte mir ein gestrauchelter Student, den ich beim Hofgang kennenlernte, aktuelle Zeitungen und Zeitschriften bei einem anderen prominenten Häftling, Dr. Hippenstiel-Immhausen, dem ich noch heute dafür zu Dank verpflichtet bin.

Es ist mir nie schwer gefallen, mit Menschen unterschiedlicher Herkunft ins Gespräch zu kommen. Der Zwangsaufenthalt in Karlsruhe war eine neue Erfahrung.

Beim Drehen der Runden zwischen den Gefängnismauern machte ich meine Beobachtungen, wurde natürlich nicht minder intensiv beobachtet. So auch von der stets in derselben Hofecke versammelten zahlenmäßig stärksten Gruppe Italiener. In der Mitte hockte der Boß, die meisten der anderen hätten als unterschiedliche Chargen in jedem Film über den Paten mitwirken können. Ihr Interesse galt sicher der unbekannten Schatzinsel, auf der ich nach Berichten der bunten Magazine die mir auch in einem Buch nachgesagten Millionen in Sicherheit gebracht haben soll. Doch weiter der Reihe nach.

Schlangen nach Wodka

Apropos: »Der Reihe nach« heißt aus dem Russischen rückübersetzt »in der Schlange«, das heißt »der Ordnung folgend«. Das Anstehen in der Schlange ist seit Generationen zum festen Bestandteil russischen Daseins geworden. Der Durchschnittsrusse verbringt 10 bis 15 Prozent seines Lebens beim Schlangestehen. Erreicht er das Durchschnittsalter von 70, hat er fünf, vielleicht auch zehn Jahre Schlange gestanden. Immer noch besser, als soviel Jahre in einer Zelle zu sitzen. Schlange stand man nach allem: nach Brot, Kartoffeln, Kindernahrung, nach einem Urlauberscheck. In der »kommunalen« Wohnung stand man als Nutzer des Herdes oder Kochers, als Nächster oder Übernächster zur Toilette an. Da hatte ich es in der Gefängniszelle besser!

Die Moskauer standen sogar Schlange, um einen Platz in der Schlange der langen Reihe von Wohnungssuchenden zu ergattern. Zuerst, um aus einem kleinen Zimmer der kommunalen Wohnung in ein größeres zu gelangen, am Ende vielleicht sogar, um eine eigene Wohnung zu »erstehen«.

Von anderer Art war die Bücherschlange, besonders bei der Subskription auf eine der Neuerscheinungen.

Das Bücherlesen war zur Mode, fast zur Epidemie geworden. Natürlich waren die Bücher zum Lesen da, doch nicht nur dazu. Sie wurden gleichzeitig auch zum Tauschobjekt. In mancher Wohnung dienten sie als Verzierung; je nach Farbe des Einbands fanden sie einen Platz im Schrank oder Regal, Hauptsache dekorativ und schön. Manchmal wurden sie so zum Erbe und Gewinn für die folgende Generation.

Riesige Schlangen gab es auch an den Kassen der Theater oder Konzertsäle. Als Jugendliche standen wir manche Nacht an, um Karten für Vorstellungen des Moskauer Künstlertheaters zu ergattern. Jahre später, 1950, betreute ich als Botschaftsrat den berühmten deutschen Dirigenten Hermann Abendroth während seines Moskauer Gastspiels. Er war beeindruckt von den Besucherschlangen zu seinen Konzerten.

Mit fortschreitendem Wohlstand kamen die Schlangen nach Motorrädern, Nähmaschinen, Autos, finnischen oder rumänischen Möbeln hinzu, wenn es galt, das zunächst noch meist reichlich vorhandene, aber ansonsten kaufkraftlose Geld auszugeben. Dann existierten die Schlangen nach Flug- oder Bahnkarten, nach Arztbesuchen und, und, und ...

Vor unserer Abreise 1991 nach Wien waren die endlosen Schlangen nach Wodka das aktuelle Phänomen. Man nannte sie auch »Gorbatschow-Schlingen«. Für bestimmte Bürger, wie dekorierte Helden, Invaliden, kinderreiche Mütter, gab es das Privileg, nicht in der allgemeinen Schlange stehen zu müssen. Abgeordnete hatten je nach Bedeutung ihres Mandats ihre eigenen Schlangen.

Im Kaukasus nennt man die Alten Aksakale. Sie verkörpern die Weisheit. Es war mir peinlich, wenn von den »Alten im Kreml« in ganz anderer Weise geredet wurde. So auch über ihre Privilegien, mit denen sie an der Spitze dieser Pyramide »standen«. Für sie gab es fast alles außerhalb der Reihe, ohne Schlange, ein Vorrecht, das nicht zum wohlschmeckenden Teil der »russischen Küche« gehörte.

Nun ist auch in Rußland manche marktwirtschaftliche Neuerung eingezogen. Es gibt den Ausverkauf, außer der Reihe Inflation und, fast unfaßbar, in den Geschäften alles Lebensnotwendige an Lebensmitteln, Kleidung und vieles darüber hinaus – ohne Schlange.

Aber die Preise ...! Man muß Geld haben, viel Geld, um zu den »Neurussen« zu zählen. Dann kann man sogar das deutsche Prestigeauto mit dem Stern fahren, eine Ranch in Texas oder ein Schloß in Frankreich kaufen.

Und es gibt neue Schlangen vor den Botschaften und Konsulaten. Zuverlässige Quellen berichten mir, daß man sich am deutschen Konsulat spätestens um 5 Uhr früh nach einem Visum anstellen muß, um unter die aussichtsreichen ersten Dreißig zu gelangen. Die ersten zwanzig Plätze sind schon vergeben, durch wen, weiß niemand. Für 300 DM, ein Betrag, der zu Jahresanfang 1995 750.000 Rubel und somit der Halbjahresrente eines Ingenieurs, Arztes oder Lehrers mit 40 Berufsjahren entsprach, kann man sich das Schlangestehen ersparen. Diese Einstiegssumme liegt über der beim US-Konsulat, vermutlich weil die Entfernung nach Deutschland und daher die Reisekosten geringer sind.

Die Schlangenrealität ist also in Rußland noch nicht passé. Doch werden die Nummern nicht mehr mit Tintenschrift auf die Hand geschrieben, wie ich es in meiner Jugend beim Anstehen nach Butter oder Theaterkarten erlebt habe. Heutzutage wird man in eine Liste eingetragen.

Über das Brot

»Der Mensch lebt nicht von Brot allein«, heißt es in Verkürzung des biblischen Matthäus-Wortes. Brot, sagen die Russen noch heute, ist »ein Kuchen mit Gebet«, und: »Das Antlitz Gottes hängt an der Wand, das Brot ist auf dem Tisch«. Wer wüßte das Brot mehr zu schätzen als einer, der »aus dem Blechnapf fraß«.

Von der »guten alten Zeit« wird berichtet, daß sich durch das ganze Dorf der köstliche Geruch frischgebackenen Brotes zog, wenn in einem russischen oder ukrainischen Bauernhaus gebacken wurde. Es war Brauch, dann die Fenster offen zu lassen. »Brot und Salz« werden bei den Russen, wie bei fast allen slawischen Völkern, auf einem weißen oder mit Ornamenten bestickten Tuch dargereicht, ein Willkommensgruß, Zeichen der Gastfreundschaft. Vom Gast wird erwartet, daß er ein Stück vom Brotlaib abbricht oder abschneidet, es ins Salz taucht und kostet. Damit soll auch ausgedrückt werden, daß selbst im ärmsten Haus, in dem es nichts als Brot und Salz gibt, jeder Gast willkommen ist. Obwohl Andrea und ich es nirgendwo erlebt haben, nur mit Brot und Salz bewirtet zu werden, sind wir Zeugen dieser selbstlosen und schwer zu beschreibenden Gastfreundschaft geworden.

Auch bei anderen Ereignissen spielt das Brot eine entscheidende Rolle. So mußte früher eine junge Mutter nach der Geburt des Kindes ein Stück Brot von einem Brotlaib abbrechen und essen. Ein anderes Stück wurde dem Kind in die Wiege gelegt.

Wer ist nicht schon einmal beim Geruch frischen Brotes schnuppernd stehengeblieben? Selbst ein Satter wird nur schwer der Versuchung widerstehen, den Bäckerladen zu betreten, wenn er an der Backstube vorbeikommt. Als ich das einzige Mal in meinem Leben richtig hungern mußte, es war während des Krieges, 1942 in Alma Ata, der Hauptstadt Kasachstans, machte uns der Geruch von Brot beim Schlangestehen fast ohnmächtig, ehe wir die 500 g Tagesration erstehen konnten. Danach kam die Qual, den verlockend duftenden Kanten über den ganzen Tag zu verteilen. Oft gelang dies nicht, war der Teufel der Versuchung stärker als die Vernunft.

Damals konnte ich nicht wissen, und es hätte mich auch kaum interessiert, daß sich seit den vierziger Jahren Wissenschaftler ernsthaft für die Natur des Brotgeruchs zu interessieren begannen. Malzzucker, Diazetyl, Furfural und seine Derivate wurden als Schlüsselverbindungen für den charakteristischen Brotgeruch ermittelt. Inzwischen hat man 174 Substanzen festgestellt, die das Brotaroma bilden. Welches Glück, daß es den Chemikern noch nicht gelungen ist, den Geruch des Brots von unserem Hausbäcker oder den Geruch eines russischen *Kalatschs* in Röhrchen oder Plastikbeuteln anzubieten!

Für den Russen steht das Brot an der Spitze aller Speisen. Zu jedem Gericht, außer vielleicht zu Piroggen und Plinsen, wird Brot verzehrt, und zwar in für uns ungewöhnlichen Mengen. Ob zum Festmahl oder zum Standardgericht in der Studentenkantine, immer türmt sich auf dem Tisch ein Stapel meist dickgeschnittener Brotscheiben.

Das eigentliche Brot der Russen ist das Schwarzbrot, das aus Sauerteig gebackene Roggenbrot (in Deutschland entspricht ihm am ehesten das Roggenvollkornbrot). Es wird in Rußland aber auch das aus Weizenmehl gebackene Weißbrot angeboten. In Alma Ata bekamen wir während des Krieges Brot aus einer Mischung von Weizen- und Maismehl. Es schmeckte nicht schlecht.

Ich habe schon berichtet, wie sehr die Russen während der Nürnberger Prozesse das wie Watte wirkende amerikanische Weißbrot über hatten und wie sie jede Gelegenheit nutzten, wenigstens ab und zu an einen Kanten Schwarzbrot zu kommen. Schon Anfang des vorigen Jahrhunderts schrieb der Dichter Alexander Puschkin, der russische Goethe: »Schlimm geht es dem Russen in Paris; er hat nichts zu essen, Schwarzbrot ist nicht zu bekommen.« Bei Mißernten an Getreide herrschte in Rußland Hungersnot, selbst wenn an Fleisch und Geflügel kein Mangel war.

Das Paradoxe ist, daß der Anbau von Roggen in Rußland erst 15 Jahrhunderte später bekannt wurde als der Anbau von Weizen. Herodot beschreibt im 5. Jahrhundert v.u.Z. nach einer Reise, daß die skythischen »Pflugleute« auf dem Gebiet des heutigen Rußland Getreide angebaut haben, das dem Weizen nahe steht. Der Roggen kam aus dem Urstaat Urartu, doch erst im 11./12. Jahrhundert gelangte er nach Rußland. Genau in diese Zeit fällt die Spaltung der christlich-byzantinischen Kirche, möglicherweise des Brotes wegen. Die Rechtgläubigen verteidigten den Standpunkt, daß beim Heiligen Abendmahl nur Brot aus Sauerteig verwendet werden dürfe (das am ersten Ostertag geweihte Brot). Für die Katholiken war das ungesäuerte heilig. Über den Wein gab es keinen Streit. Als Papst Leo IX. auf der Synode in Reims eine Kirchenreform anstrebte, nach der das Brot aus Sauerteig als Verstoß gegen den wahren Glauben galt, schlug sich Byzanz im Jahre 1054 auf die Seite der Russisch-Orthodoxen und gewann damit einen treuen Verbündeten.

Meine Kenntnis der Kirchengeschichte reicht nicht aus, um die Rolle des Brotes in den Auseinandersetzungen bei der Reformation beurteilen zu können. Aber wie dem auch sei: Das eigentliche russische Brot ist schwarz und aus Roggenmehl gebacken. Dazwischen liegt das graue Mischbrot aus Roggen- und Weizenmehl. Weißbrot aus Weizenmehl galt als besondere Delikatesse. Solche Brote und Brötchen wurden *Bulki* genannt, und das kommt mit Sicherheit, wie bei vielen anderen kulinarischen Importen der gehobenen vornehmeren Gesellschaft, aus dem Französischen, in diesem Fall von dem Wort *boulanger*, dem Bäcker.

Ein echt russisches vornehmes Weißbrot, ein gebackener Leckerbissen ist der *Kalatsch*. Dies war das »Brot mit Salz«, das früher den Herrschern, Patriarchen oder namhaften Gästen zur Begrüßung geboten wurde. Wenn man von jemanden sagen will, daß er auch der größten

Verlockung widersteht, heißt es: »Den kannst Du auch mit einem Kalatsch nicht betören.« Die russischen Bäcker kneteten den Teig aus Hartweizenmehl direkt auf Eis oder eiskaltem Blech. So konnten die Kalatschen bis in die entferntesten Gegenden des Landes verschickt werden, um dort in feuchten, heißen Handtüchern wieder aufgetaut zu werden. Als bester Kalatsch galt der aus Saratow. Er wurde aus dem besonders festen Wolga-Weizen gebacken, den seit den Zeiten Katharinas der Großen die während des Zweiten Weltkrieges von dort vertriebenen Wolgadeutschen anbauten.

Unsere wolgadeutsche Hausangestellte Julia erzählte Koni und mir vor dem Krieg von einem stuhlhohen Kalatsch, auf den sich ein Spaßvogel während der Kirmes setzte. Das Gebackene sackte zusammen, als der Mann aber aufgestanden war, erhob sich der Kalatsch wieder zur vollen Größe. Heute gibt es dort, an der Wolga, weder die Deutschen mit ihrem eigentümlichen Dialekt noch das Wunderbrot, den Riesenkalatsch.

Es gibt keine russische Feier ohne *Piroggen*. Piroggen gehören zu jeder Hochzeit und zu jeder Geburtstagstafel. Weihnachten und Neujahr sind ohne Piroggen genausowenig vorstellbar wie Ostern ohne *Kulitsch* und *Paßcha* oder Fastnacht ohne *Bliny* (Plinsen). Vermutlich kommt schon das Wort Pirog von *pir*, Feier oder Gastmahl.

Piroggen werden in Rußland seit eh und je gebacken. Im 17. Jahrhundert schrieb der Geograph und Forschungsreisende Adam Olearius von seiner Reise zu den Moskowitern: »... sie haben eine besondere Art Gebäck, ähnlich Pasteten oder eher Pfannkuchen, die von ihnen Piroggen genannt werden ... Sie füllen sie mit kleingehacktem Fisch oder Fleisch mit Zwiebeln und backen sie in Butter oder zur Fastenzeit in Speiseöl; sie schmecken recht angenehm, jeder Gast wird damit bewirtet, wenn er gut empfangen werden soll.« Für diesen wesentlichen Teil eines festlichen Mahls wurden und werden die besten Zutaten verwendet.

Stepanida Iwanowna, die Betreuerin des Gästehauses meiner sowjetischen Kollegen zu einer Zeit, als alles noch weniger offiziell, eher familiär und gemütlich zuging, verriet mir einige Geheimnisse ihrer besonders wohlschmeckenden Gerichte, darunter auch das der Herstellung der kleinen Piroggen, der *Piroschki*, zu denen wir gleich kommen werden. Solche Geheimnisse wurden von einer Generation zur nächsten weitergegeben. Und ergänzt. Und verbessert. Womit hätte man auch einen Gast solcher Gästehäuser überraschen und beeindrucken können? Mit Kaviar? Mit Lachs? Oder mit ausländischen Delikatessen? Kaum.

Eine gelungene Pirogge aber kann wie ein Wunder begeistertes Staunen und solches Lob bewirken, das höchste und schönste Anerkennung für jede Hausfrau oder Köchin ist. Nach alter Tradition, berichtete Stepanida Iwanowna, mußte eine Braut nach der Hochzeitsnacht unbedingt eine Pirogge backen. Die damit bewirteten Gäste beurteilten danach das hausfrauliche Können der Jungvermählten.

Rosinen statt Gold und Silber

Zu den vergessenen alten Bräuchen gehört das Backen einer besonderen Geburtstagspirogge. »Ohne Pirogge«, sagt der Volksmund, »wird der Gefeierte unter den Tisch gesetzt.« Während man heute, wie in den meisten Ländern, normalerweise eine Torte mit Kerzen schmückt, die vom Geburtstagskind ausgeblasen werden müssen, wurde früher die extra gebackene Pirogge mit einer besonderen Füllung über dem Kopf des Jubilars auseinandergebrochen. Während die Überraschung, meist waren es Rosinen, auf sein Haupt herabrieselte, wünschten ihm die Gäste, es möge auf sein weiteres Leben Gold und Silber regnen. Ob so etwas heute noch Spaß machen würde? Jedenfalls wäre darauf zu achten, daß die Pirogge samt Inhalt trocken genug ist, damit die Kleidung des Betroffenen nachher nicht in die chemische Reinigung gebracht werden muß.

Der Mithäftling in Karlsruhe, der sich um mein Wohl am meisten kümmerte, konnte nicht davon ausgehen, daß jemals über meinem Haupt eine derartige Pirogge zerbrochen wurde, aber das Gold und Silber traute er mir zu. Da er alle Berichte über mich verfolgte, war ihm auch die Insel nicht entgangen, auf der meine Geheimpapiere und Schätze vergraben sein sollen. Mein Leugnen nützte nichts. »Wem so lange in solcher Position Millionen durch die Hände gingen, der hat ausgesorgt«, war sein durch nichts zu erschütterndes Urteil.

Bei einem Besuch hatte mir mein Anwalt die Möglichkeit in Aussicht gestellt, gegen eine für meine Verhältnisse hohe Kaution bis zum Prozeß freizukommen. Als ich beim Hofgang dazu meinte, dann müsse ich wohl weiter mit der Zelle vorlieb nehmen, meinte der Knastbruder nur: »Auf eine halbe Million mehr oder weniger wird es Dir auf Deinem Schweizer Konto doch wohl nicht ankommen.« Wie sollte ich ihm diese Annahme verübeln? Mit nur der Hälfte meiner Dienstjahre auf dem Buckel gehört jeder meiner Kollegen im Westen zum wohlhabenderen Teil der Gesellschaft. Das Grinsen des Zellennachbarn werde ich nicht vergessen, als der Vollzug des Haftbefehls tatsächlich ausgesetzt wurde und wir uns verabschiedeten. Wie viele Geheimnisse mögen die uns umgebenden Gefängnismauern verborgen gehalten haben?

Unendlich viele Geheimnisse bergen die Piroggen, und entsprechend groß ist die Zahl der ihnen gewidmeten Rezepte. Es gibt sie aus allen Arten Teig: offene, geschlossene, runde und rechteckige, kleine und große, ganz wie Sie es mögen. Sie können gebacken, aber auch gebraten werden. Unendlich sind die Variationen der Füllung. Ist es mir auch nicht vergönnt, in diesem Buch das Geheimnis meiner Schatzinsel zu lüften, so möchte ich doch wenigstens das einer besonderen Pirogge lüften.

Seit den Jugendjahren habe ich viele Bekannte in Moskauer Theaterkreisen. Von daher habe ich ein Rezept, das aus dem Maly-Theater, einem der berühmtesten und traditionsreichsten Theater der russischen Hauptstadt, stammen soll. Es ist ein Geschenk der berühmten Schauspielerin Irina Laktionowa, die das Geheimnis des Backens dieser Pirogge von ihrer Mutter gelernt hat.

DIE MALYSCHEW-PIROGGE

Zutaten für den Teig:
500 g Quark,
500 g Butter,
500 g Mehl,
2 Eier,
1 Tl Natron,
1 Tl Salz,
1 Tl Zucker.

Die Butter zergehen lassen. Natron in den Quark geben. Wenn die Masse zu »kochen« beginnt, das Mehl hinzugeben. Der geknetete Teig darf nicht zu dünn und nicht zu fest sein, er muß locker bleiben und Blasen schlagen. Dann kann er einige Tage im Kühlschrank aufbewahrt werden.

Zum Backen den Teig mit den Händen auf dem Backblech ausbreiten, wiederum nicht zu dick und nicht zu dünn (1 – 2 cm). Nach Auftragen der Füllung diese mit einer genauso starken Teigschicht zudecken. Den Teig an den Rändern mit den Händen zusammendrücken. Mit Eigelb oder geschlagenem Ei die Pirogge oben einpinseln.

Das Blech in die auf 200° C vorgeheizte Röhre schieben. Die Pirogge beobachten, bis sie eine schöne goldbraune Farbe annimmt. Nicht austrocknen lassen!

Die Pirogge aus dem Ofen nehmen und abkühlen lassen. Nun dürfen die Gäste von Ihrem Werk kosten.

Als Füllung schlägt die Künstlerin vor: Fleisch, Weißkohl, Apfel oder Käse.

Zutaten für die Fleischfüllung:
2 kg Rindfleisch,
2 – 3 mittelgroße Zwiebeln,
7 – 10 Eier,
Salz nach Geschmack.

Das gekochte Fleisch durch den Wolf drehen, die kleingeschnittenen Zwiebeln goldgelb in Fett oder Öl dünsten, die Eier hartkochen und kleinhacken. (Das Originalrezept gebe ich hier unverändert wieder; sicher könnte man anstelle des Fleischs wie bei meinen Piroschki auch leicht angebratenes Gehacktes nehmen.) Beim Mischen der Farce etwas Rinderbrühe dazugeben, damit sie saftig wird.

Den Kohl kleinraspeln und in der Milch zum Kochen bringen (5 Minuten kochen lassen). Durch ein Sieb abgießen und abkühlen lassen. Mit den Händen leicht auspressen. Die kleingeschnittenen Zwiebeln goldgelb dünsten, die Eier hartkochen und kleinhacken. Danach alles mit dem Kohl vermischen, Salz und Zucker nach Geschmack zugeben.

Zutaten für die Krautfüllung:
1 mittelgroßer Weißkohlkopf,
3 mittelgroße Zwiebeln,
200 g Butter,
8 Eier, 1 Tl Salz,
1 Tl Zucker, 1 l Milch.

Die Äpfel schälen, entkernen und mit Zucker kochen. Bei dieser Füllung wird der Teig anstelle der Zudecke als Gitter aufgebracht.

Zutaten für die Apfelfüllung:
2 kg zum Backen geeignete Äpfel (sauer und hart),
500 g Zucker.

Den Käse reiben oder durch den Wolf drehen. Die Knoblauchzehen auspressen oder sehr kleinschneiden. Die Eier in den Käse schlagen, saure Sahne und Knoblauch hinzugeben und alles vermengen. Die Füllung auf die untere Teiglage geben und mit der oberen schließen.

Zutaten für die Käsefüllung:
1,5 kg Hartkäse,
0,2 l saure Sahne,
5 Eier,
2 Knoblauchzehen.

Wir haben uns in der Familie eigentlich mehr auf die gebräuchlichste und kleinste Piroggenart, die *Piroschki*, konzentriert. Sie sind vielseitig zu verwenden, kommen zur Sakuska auf den Tisch und können zu jeder Suppe gereicht werden. Als Beigabe zur *Ucha*, die für mich an der Spitze aller Suppen steht, sind Piroschki einfach unverzichtbar.

PIROSCHKI (KLEINE PASTETCHEN)

Zutaten:
500 g Mehl,
50 g weiche Butter,
1/4 l lauwarme Milch,
20 g Hefe,
1 Prise Zucker,
1 Prise Salz.

Wie die meisten russischen Hausfrauen bevorzugen wir den Hefeteig. Man kann allerdings fast jeden anderen zum Backen geeigneten Teig nehmen, z.B. auch tiefgefrorenen Blätterteig. Bleiben wir zunächst beim Hefeteig. Das Mehl in eine Schüssel geben, in die Mitte eine Vertiefung drücken. Hefe mit einer Prise Zucker und 5 El lauwarmer Milch zum Vorteig rühren. Zugedeckt lassen, bis er überquillt. Den Rest Butter an den Rand der Schüssel gießen, Salz dazustreuen und die Milch darübergießen. Vom Vorteig aus den Teig kräftig zusammenkneten und so lange schlagen, bis er Blasen wirft. Den Teig zu einer Kugel formen, in die leicht gemehlte Schüssel legen und zudecken. Bei warmer Temperatur warten, bis er sich verdoppelt hat.

Zutaten:
500 g Mehl,
250 g saure Sahne,
50 g weiche Butter,
1 Tl Zucker, Salz,
1 Päckchen
Backpulver, 2 Eier
(Butter und Mehl für
das Kuchenblech
extra).

Für eine andere, auch von deutschen Hausfrauen angewandte Methode werden andere Zutaten gebraucht. Das Mehl genauso in eine Schüssel geben und eine Vertiefung hineindrücken. Dort hinein die saure Sahne, die Butter, das Backpulver, Zucker und Salz geben. Ein Ei und das Eiweiß vom zweiten Ei hinzufügen und den Teig gründlich kneten. Die daraus geformte Kugel etwa eine halbe Stunde kaltstellen.

Sehr gut schmecken die Piroschki mit einer Füllung, die halb aus Hackfleisch, halb aus Pilzen besteht.
Für alle Füllungen: die 3 Eier 10 Minuten hartkochen. Die geschälten Eier, Zwiebeln und den Dill (ohne Stiele) feinhacken. Das gewürzte Hackfleisch, Zwie-

beln, Dill und Eier in der vorher erhitzten Butter bei mittlerer Hitze leicht braten.
Mit den Pilzen ähnlich verfahren, nur daß die Eier mit der feingehackten Petersilie nach dem Braten untergemischt werden. Anstelle der Eier können 4 El saure Sahne dazugegeben werden.
Anschließend mit Salz und Pfeffer würzen.
Für die Rohlinge der Piroschki: Aus dem 0,5 cm stark ausgerollten Teig etwa 12 runde Plätzchen ausstechen (man kann auch Stücke von der Teigkugel abreißen und einzeln ausrollen). Auf jedes Plätzchen in die Mitte je 1 Eßlöffel Füllung geben und es zu einem ovalen Rohling (schlanken Zeppelin) formen.
Die Rohlinge mit der Naht nach unten auf das eingefettete, mit Mehl bestreute Backblech legen und oben mit verquirltem Eigelb bestreichen. Dann das Blech in die Mitte des auf 200° C vorgeheizten Backofens schieben und etwa 15 Minuten auf den Erfolg, das heißt die goldbraun gebackenen Piroschki warten.
Sie werden mit einer Serviette zugedeckt und warm serviert. Erforderlichenfalls werden sie noch einmal kurz aufgebacken.

Für die Füllung mit Hackfleisch:
500 g Rinderhackfleisch (oder 1:1 mit Hackepeter gemischt),
3 Eier,
2 mittelgroße Zwiebeln,
80 g Butter,
1 Bund Dill, Salz, frisch gemahlener schwarzer Pfeffer.

Für die Füllung mit Pilzen:
anstelle von Hackfleisch 800 g frische oder 250 g vorher geweichte getrocknete Pilze (siehe unter Pilzen).
Anstelle von Dill 1 Bund frische Petersilie.
Sonst die gleichen Zutaten.

URGERKING
РЕСТ
RESTAURANT
...DOPPEL WHOPPER ....
..DREIFACH UCHA.....
УРАЛ

В Э С К

Über dreifache Ucha und andere Suppen

Die aus Fischen zubereitete *Ucha* steht an der Spitze meines Suppenrepertoires. Dies ist, zugegeben, etwas ungewöhnlich und bedarf einer Erklärung. Dennoch wollen wir der Vorrede zu den Suppen nicht zu viel Platz einräumen.

Das russische Wort für Suppe ist dem deutschen ganz ähnlich, nämlich *sup*. Beide entstammen dem französischen Wort *soupe*. Und aus dem Französischen kommt auch das genauso übernommene Wort für Brühe: *bouillon*. Deren Sortenvielzahl wird in der russischen Küche genauso zubereitet und gern gegessen wie in anderen Ländern.

Die Besonderheit russischer Suppen geht auf den alten russischen Ofen und die harte Feldarbeit der Bauern zurück. Sie wurden in den Tontöpfen auf Vorrat für mehrere Tage gekocht und ähneln eher dem deutschen Eintopf. Das allmähliche leise Garen in diesem spezifischen Kochgeschirr gibt diesem traditionellen Gericht einen unverwechselbaren Geschmack.

An der Spitze der traditionellen Suppen stehen sicher die *Stschi*, die Suppe aus Weißkohl, die es in unzähligen Variationen gibt und die in den verschiedenen Regionen des riesigen Landes ganz unterschiedlich schmeckt. Wichtig ist dabei, wie bei den anderen Abarten, dem *Borstsch* oder der *Soljanka*, daß die Suppe so dick sein muß, daß der Löffel darin steht. Wir werden darauf zurückkommen.

Im Russischen gibt es einige kyrillische Buchstaben, für die es keine Entsprechung im lateinischen Alphabet gibt. So das *sch* mit dem Schwänzchen, das wie *schtsch* gesprochen wird. So wie bei den Suppen *schtschi* oder *borschtsch*. Der Einfachheit halber will ich aber für diesen Buchstaben die ebenfalls gebräuchliche Transkription *stsch* benutzen, also *stschi* und *borstsch*.

Das alte russische Wort für Suppe war *pochljobka*, das für jede flüssige Nahrung verwendet wurde. Allmählich wurde es in der Zeit des stark auf westliche Sitten orientierten Zaren Peter I. durch das Wort *sup* ersetzt, das anfänglich für die aus dem Ausland stammenden Gerichte eingeführt war. Doch selbst mit dem sich seit der gleichen Zeit langsam einbürgernden Herd wurde die Suppe weiter entsprechend der Tradition des russischen Ofens in keramischen Töpfen zubereitet, die gleichzeitig als Suppenterrinen zum Servieren dienten. Im alten Rußland wurde nur mit Holzlöffeln gegessen. Derer gab es viele Arten, unterschiedlich bemalt und am Stielende geschnitzt. Die gegenwärtig auch als Exportartikel bekanntesten stammen wie die gleichartig bemalten Holzschüsseln aus dem Dorf Chochloma. Als Motive für die Zierornamente nahmen die ursprünglich bäuerlichen Künstler Blätter, Blüten, Beeren und Pflanzenstengel.

Für alle Suppen wurde eine gewisse Zeit auch das Wort *ucha* verwendet. Daß dieses Wort später für alle Arten von Fischsuppen gebraucht wurde, gehört für Kenner nunmehr der Geschichte an. Sicher könnte man *ucha* einfach mit »Fischsuppe« übersetzen. Manche Köche tun dies auch. Damit wird aber das Geheimnis der Ucha ignoriert, das zu lüften ich im Begriff bin. Denn die russische Küche kennt durchaus verschiedene Fischsuppen, die dann *rybny sup* heißen (Fisch heißt auf Russisch *ryba*). Die Ucha erhebt sich aber in ihrer Einzigartigkeit über jede, auch die beste andere Suppe mit Fisch, selbst über die großartige Bouillabaisse in den Hafenkneipen von Marseille!

Dem Leser ginge Wesentliches verloren, würde ich jetzt schlicht das Rezept für eine Ucha aufschreiben.

Er würde nicht begreifen können, weshalb dieses Gericht zu einem Kultobjekt der Fischer, Angler und Jäger wurde, weshalb sich Männer, vor allem dann, wenn sie einmal ohne Frauen sein wollen, die Mühe einer *dreifachen Ucha* machen. Er würde nicht verstehen, wie der Umgang mit diesem Zaubermahl zum nachrichtendienstlichen Geheimnis und Mittel werden konnte.

Wassili und das Geheimnis der Ucha

Mein mehrfacher Aufenthalt in Sibirien – das Leben mit russischen Jägern und Anglern in Hütten und Zelten an den Ufern von Flüssen und Seen, viele Abende und Nächte am Lagerfeuer – haben mich zum Mitwisser gemacht. Dort habe ich mir das Recht erworben, zu den Kennern zu gehören. Dies würden meine russischen Freunde bestätigen, könnte ich sie aus dem Kessel auf offenem Feuer mit der Ucha bewirten, zu der die brandenburgischen Gewässer ganz frische Fische von einer unverzichtbaren Anzahl von Fischarten geliefert haben. Zander, Hecht und Barsche stehen an der Spitze, aber auch Kaulbarsch, Aalquappe, Gründling und Blei gehören dazu, selbst die Rotfeder und Plötze sind keinesfalls zu verschmähen. Aus Karpfen, Forelle oder Aal lassen sich auch köstliche Fischsuppen zubereiten, doch gehören sie nicht in die Ucha, wie ich sie von den russischen Anglern und Jägern beigebracht bekam.

Zwar habe ich auch aus Meeresfischen sehr gut zubereitete Ucha gegessen. Die Hochseefischer haben ihre besonderen Regeln und geben diesem oder jenem Fisch den Vorzug. Im Fernen Osten freuten sich die Matrosen der Pazifikflotte bei unserem gemeinsamen Angeln besonders über jeden Heilbutt. Die Ucha auf dem Schiff schmeckte vorzüglich, auch die mit durch den Wolf gedrehtem Heilbutt gefüllten Piroschki. Es blieb aber bei diesem einen Ausflug zur Hochseeflotte, selbst habe ich Ucha aus Meeresfischen nie zubereitet.

Vielleicht bilde ich es mir nur ein, doch die aus Süßwasserfischen zubereitete Ucha ist schmackhafter, selbst wenn diese Fische wegen ihrer Gräten beim Filetieren größere Mühe bereiten, weil mir die Fische ganz frisch von den Fischern aus unserer Nachbarschaft geliefert werden. Ein richtiger Angler ist aus mir nicht geworden, beinahe zwar, aber nur beinahe ...

Ein Russe, Wassili Michejewitsch, gab sich vergeblich die größte Mühe, mir das Angeln beizubringen. Fast noch größere Mühe, als mich das Laufen im Nachrichtendienst zu lehren. Er gehörte zu dem Stamm von »Beratern«, so nannten sie sich zu Beginn der Tätigkeit unseres Dienstes. Schwer anzunehmen, daß er sich der Doppelrolle des Petrijüngers bewußt war, als er mich lehrte, andere Menschen in unseren Bann zu ziehen, und sich gleichzeitig mühte, mich für seine Anglerpassion zu gewinnen. Er war nicht Simon Petrus vom See Genezareth, der Seelenfischer aus dem Markus-Evangelium und Schutzpatron der Angler. Nein, mein russischer Lehrmeister dürfte sich als Aufklärer den Apostel kaum zum Vorbild erkoren haben.

Der enge Kontakt zu Wassili, der schließlich eine feste Freundschaft wurde, ergab sich in der Freizeit, bei jedem Wetter am oder auf dem Wasser. Das Angeln uferte bei ihm, wie bei vielen Russen, zur Besessenheit aus, die nichts mehr mit Sport zu tun hatte. Trotz meiner unterentwickelten Könnerschaft gelang es ihm immerhin, mich auf einem See bei Berlin stundenlang neben ein Eisloch zu beordern. Schließlich ließ ich mich auf einem Klappstuhl nieder, in der vergeblichen Hoffnung, einer der dümmsten Fische dieses Gewässers würde sich vom Haken einer der besten aller Winterangeln zu einem unvorsichtigen Biß verleiten lassen. Dieser Biß blieb aus, und so bohrte mein Lehrmeister ein Loch nach dem anderen in das weißgraue Eis, wie in folgendem Witz: Ein Angler geht aufs Eis, um ein Loch zum Angeln zu bohren. Zu ihm tritt ein Mann mit Hut und sagt höflich: »Hier gibt es keinen Fisch!«

Der Angler steht auf, geht ein Stück weiter und beginnt ein neues Loch zu bohren. Wieder kommt der Mann zu ihm und sagt: »Hier gibt es keinen Fisch!«

Zum dritten Mal setzt der Angler, ohne den Mann eines Blickes zu würdigen, an einer neuen Stelle zum Bohren an. Und wieder spricht der Mann mit Hut: »Ich habe doch gesagt, daß es hier keine Fische gibt!«

»Wer bist du überhaupt?!« empört sich der Angler.

Da antwortet der Mann mit Hut: »Ich bin der Direktor dieser Eisbahn.«

Beim zweiten seiner Berlineinsätze, die jeweils vier Jahre dauerten, war ich zum Leiter des Dienstes und Wassili Michejewitsch zu meinem »Verbindungsoffizier« avanciert. In dieser Zeit hatten wir beide das Glück, zu einen Jagdurlaub in das Altai-Gebiet, eine abgelegene Gegend Sibiriens, eingeladen zu werden. Der damals von Touristen und Zivilisation noch nicht berührte Telezkoje-See war unser Ziel. Dort angekommen glaubten wir, das Ende der Welt erreicht zu haben. Bis zum See konnten wir noch im Jeep auf einer holprigen Lehmstraße dem Lauf der Bija folgen. Der beeindruckende Zufluß des mächtigen Ob entspringt dem »Bergauge«, wie der Telezkoje-See liebevoll von den dort lebenden Altaiern, einem Mongolenstamm, genannt wird. Gespeist wird der See von Dutzenden von kleineren, klar und munter sprudelnden Flüssen und Bächen. Eingerahmt von schroffen Felsabhängen und Wasserfällen, aber auch ruhigen Buchten zieht sich der See mit einem Knick im rechten Winkel zwischen Hügeln und flachen Uferstellen hin. Wir durchquerten seine ganze Länge von 90 Kilometern bis zur Mündung des größeren Zulaufs. Das Flußtal öffnet den Blick in ferne Weiten, wo die Landschaft in höhere Hügelketten übergeht und in 4000 Metern hohen Berggipfeln einen imposanten Abschluß findet. Der Himmel darüber verbreitete eine ständig wechselnde Stimmung. Bei heraufziehenden Gewittern war sie unheimlich, dann wieder seltsam romantisch, wenn weiß und rosa schimmernde Wolken wie riesige Schwanenfedern im Schein der Sonnenstrahlen dahinschwebten. Die Geschichte dieser unvergeßlichen Reise, die Beschreibung der überwältigenden Natureindrücke, der Strapazen des Marsches in die Bergwelt und der stets neuen Begegnungen mit ungewöhnlichen menschlichen Schicksalen muß ich mir für später aufheben. Sie würde zu weit vom Thema wegführen. Die Bären waren übrigens schlauer als meine Begleiter und ich. Der Bär, dem wir auf den Fersen waren, hat meine Anwesenheit überlebt. Ich kann also nun ohne Umschweife zum Angeln und zur Ucha kommen.

Mit Vater Moses in Sibirien

Freund Wassili war auf dem Wasser in seinem Element. Und die Pirsch auf den Bärenpfaden in Begleitung von drei Taigajägern ging natürlich nicht ohne Angeln ab. Unser Hunger war nur noch durch Fischfang zu bezwingen, denn alle anderen Vorräte hatten wir schnell aufgebraucht. Der nächste Laden war weit über 100 Kilometer entfernt. Otjez Moisej, zu deutsch »Vater Moses«, der älteste unserer Jäger, war von kräftiger Statur und mit seinen sichtbaren Spuren von Auseinandersetzungen mit Bären eine beeindruckende Erscheinung. Nicht nur wegen seines weit über die Brust reichenden Vollbartes erinnerte er an seinen biblischen Namensvetter. Er war Vorsteher der in jener Gegend ziemlich starken Gemeinde der orthodoxen Altgläubigen, der Raskolniki. Bei ihm gab es keine überflüssige Bewegung, kein unnötiges Wort. Was er tat und sagte, hatte Hand und Fuß.

Zu fünft zogen wir, Wassili und ich, schon erschöpft von einem unserer erfolglosen Märsche, den Jägerpfad hinab zum See. »Dort, wo die schäumende Oberfläche zur glatten wechselt, steht der Taimen (so heißt der dort vorkommende sibirische Lachs)«, erklärte uns einer der bärtigen Begleiter. »An den Stromschnellen versteckt sich in den Löchern hinter den Steinen der Charius (eine Äsche), um nach Mücken zu schnappen. Das werden Sie bald erleben.« Dieses »bald« war erst nach ein paar Stunden eingetreten, als unsere Beine nicht mehr mitmachen wollten und Vater Moses endlich an einer Lagune die Zeit zur Rast für gekommen hielt.

Vorlaut erklärte Wassili, daß wir den Fischfang für die Ucha übernehmen würden. Die Jäger beobachteten wortlos unser umständliches Hantieren mit dem hochwertigen westlichen Gerät, das wir mitschleppten. Während wir hungrig die Angeln auswarfen und uns entschlossen am Ufer entlang entfernten, kümmerte sich Moses in aller Ruhe um Holz für das Lagerfeuer. So sehr ich mich auch mühte, mit jedem Handgriff und Wurf dem erfahrenen Angler Wassili zu folgen, ich hatte dennoch mehr damit zu tun, die Angelschnüre wieder freizubekommen, die sich in Ästen und Wurzeln verfangen hatten, als Fische von den Haken zu nehmen. Nach einer guten Stunde kehrten wir mit unserem kümmerlichen Fang zum Rastplatz zurück. Es verschlug uns den Atem. Ein köstlicher Geruch lag in der Luft, denn über dem Feuer brodelte munter im Kessel die Ucha. Es war herrlich und für uns peinlich zugleich! Moses brachte gerade das Geheimnis seines Erfolgs, den an einem einfachen Nähgarn befestigten Angelhaken, in seiner Brusttasche unter. Die mit seinem Jagdmesser geschnittenen dicken Brotscheiben legte er sorgsam auf frischgepflückte aneinandergereihte Blätter Huflattich. Mit einem Schluck 56prozentigem sibirischem Wodka spülten wir unseren Anglermißerfolg hinunter. Die streng abstinenten altgläubigen Jäger verbargen ihr Schmunzeln in ihren Rauschebärten.

Obwohl bei dieser Rast nur eine einfache Ucha aus zwei Sorten Fisch zubereitet wurde, schmeckte sie, gewürzt mit dem in der Taiga wachsenden *Tscheremscha*, dem scharfen wilden Knoblauch, vorzüglich.

Tscheremscha ist eine der Spezereien, an der man bei einem Besuch Rußlands nicht vorbeigehen sollte. Obwohl nur in Sibirien und im Kaukasus zu Hause, »wächst« sie auch auf den Moskauer Märkten, sowohl hinsichtlich des Preises als auch hinsichtlich der von den schwarzhaarigen Händlerinnen aus dem Süden eingeflogenen Menge. Mit jedem Wort des Anpreisens werden Sie von einem goldenen Gebiß geblendet; das Gold der Zähne zeugt vom Reichtum des Gatten. Sie werden von dem meist eingelegten Kraut und anderen Gewürzen und Ingredienzen für scharfe Saucen so lange kosten dürfen, bis Sie sich, des Handelns müde, zu einem Kauf entschieden haben. Als Mitbringsel für Freunde und Bekannte ist Tscheremscha wegen des umwerfenden Geruchs, der stärker und schärfer als der des Knoblauchs ist, unbedingt in einem Glas oder anderen Gefäß hermetisch verschlossen zu transportieren. Anderenfalls könnten Sie von Mitreisenden wegen des versuchten Anschlags mit unbekanntem Giftgas angezeigt werden. Meine Vorliebe für dieses Gewürz kennend, haben mich sämtliche Besucher aus Moskau damit eingedeckt. Nachdem ich meine Kinder und Bekannten ausreichend versorgt und für unseren Haushalt einen kleinen Vorrat angelegt hatte, blieb nichts weiter übrig, als den Rest in unserem Waldgrundstück tief zu vergraben. Mit dem Ergebnis, daß sich die Nachbarn aus der näheren und weiteren Umgebung nach dem, vornehm ausgedrückt, eigenartigen Geruch erkundigten. Diese Bemerkung soll aber die wunderbare Bedeutung von Tscheremscha als würzende Zutat zur sibirischen Ucha keinesfalls mindern.

Bevor ich nach dieser Abschweifung endlich das von mir an vielen Lagerfeuern übernommene Geheimnis der dreifachen Ucha lüfte, muß ich wenigsten kurz über das große Erfolgserlebnis meines Freundes berichten. Der See »kochte« an bestimmten Stellen buchstäblich vom

Zug des in großen Schwärmen zu seinen Laichplätzen ziehenden Taimen. Tag für Tag, vor Sonnenaufgang und nach Sonnenuntergang, mußte ich Wassili im Boot auf der Jagd nach dem Riesenfisch seiner Träume Gesell-

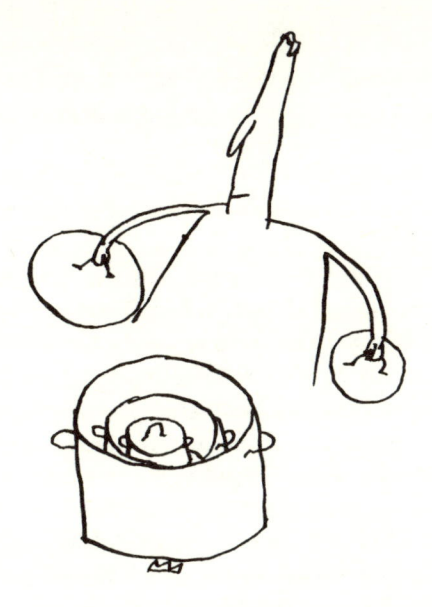

schaft leisten. Ohne Unterlaß quälten wir unser teures Angelzeug und uns selbst. Kein Taimen biß an. Kein einziger Biß! Mir war allmählich die Lust vergangen. Während das Boot dahintrieb und Wassili weiter sein Glück versuchte, las ich in einem Buch. War es nicht Hemingways *Der alte Mann und das Meer*, so mußte es der Freund jedenfalls als Provokation auffassen. Als wir mit dem Boot anlegten, sahen wir, wie die Jungen aus der Siedlung gut einen Meter lange Lachse aus dem Wasser zogen! Sie angelten sie auf ganz simple Weise, indem sie mit Ruß geschwärzte Bruchstücke eines zerschlagenen Zylinderkolbens statt eines Blinkers an einem Stock mit Bindfaden am Ufer hin- und herzogen.

Bei diesem Anblick gab ich auf. Wassilis Ehrgeiz war aber noch mehr angestachelt. Während ich schlief, schlich er früh aus dem Zelt und angelte nun vom Ufer aus. Eines Morgens hörte ich, wie mir schien, einen Hilfeschrei: »Mischa! Mischa!« Barfuß rannte ich zum See und sah, wie Wassilis Angelrute federte und sich bog, und wie für einen Augenblick im Wasser Fischschuppen aufblitzten. Schließlich spannte sich die Angelsehne straff und zog, begleitet vom knarrenden Geräusch der Rolle steil nach unten in die Tiefe. Nun zeigte Wassili sein ganzes Können. Immer wieder holte er ein, gab gefühlvoll nach, bis der Fisch müde war und ich mit dem Käscher in Aktion treten konnte. »Ein Taimen!« rief er strahlend.

Ich holte den Fotoapparat. Als ich den Freund entspannt und glücklich lächelnd mit dem Fisch auf den Armen im Bild festhielt, konnte ich die Glückseligkeit des passionierten Anglers mitempfinden, obwohl der Taimen, streng betrachtet, mit seiner Länge von gerade einmal 40 Zentimetern kaum des Aufsehens wert gewesen wäre. Doch solche Gedanken konnten das Glück des Freundes nicht trüben. Hier verkneife ich mir den naheliegenden Vergleich mit einigen »Erfolgen« im nachrichtendienstlichen Gewerbe, auch weil Wassili diesen Fisch, den er am liebsten nach Moskau mitgenommen und seinen Angelfreunden gezeigt hätte, als edelsten Beitrag zu der an jenem Tag nach allen Regeln zubereiteten Ucha einbrachte.

DIE DREIFACHE UCHA

Zutaten:
Es heißt, in eine gute dreifache Ucha gehören mindestens sieben Sorten Fisch (ein paar weniger tun es auch).

Für 6 – 8 Gäste, die ich auf meinem Waldgrundstück an einem der märkischen Seen bewirte, besorge ich bei den Fischern: 1 großen Zander, 2 kleinere Hechte, 4 Barsche, die den edleren Teil der Ucha ausmachen. Bevor diese Edelfische an der Reihe sind, kommen in den Kessel 1 – 2 kg kleinere Fische (»Kroppzeug«), auch solche, die von den Fischern sonst an Katzen verfüttert werden, wie Kaulbarsche, Aalquappen, Rotfedern, Plötzen u.ä. Diese weniger wertigen Fische werden im ersten Kochgang in

ÜBER DREIFACHE UCHA

5 l Wasser unter Zugabe von 1 Bund Suppengrün, Fischgewürz (Pfeffer-, Piment- und Senfkörner, Wacholder, 2 Lorbeerblätter), Dillstengeln (getrocknet oder frisch) auf kleiner Flamme zu einem kräftigen Sud gekocht (1,5 – 2 Stunden). Der Schaum wird abgeschöpft. Der Sud wird durch ein feines Sieb, Passier- oder Gazetuch geseiht. Den Fisch bekommen die Katzen!
Während des ersten Kochvorgangs werden die edlen Fische filetiert. Im zweiten Durchgang werden in dem klaren Sud unter Zugabe von 2 l Wasser die Köpfe, Schwänze und Gräten der edleren Fische ebenfalls auf sehr kleiner Flamme mit einem zweiten Bund Suppengrün, Dill, 2 Zwiebeln, 2 Knoblauchzehen und weiterem Fischgewürz ausgekocht (wieder 1,5 – 2 Stunden). Mit Pfeffer und Salz (nicht zu scharf) abschmecken. Danach dieselbe Prozedur des Durchseihens. Der Sud muß von allen Fremdstoffen getrennt und klar sein. Das ist besonders wichtig! Darin unterscheidet sich Ucha von anderen Fischsuppen!

Dill ist das wichtigste Gewürz für die meisten Fischsuppen. Die Bedeutung von Dill für die russische Küche ist ganz überragend. Neben Salz und dem ursprünglich über Byzanz eingeführten schwarzen Pfeffer steht er an der Spitze aller Gewürze. Dem Leser wird dies schon bei diversen Rezepten der Sakuska aufgefallen sein. Kein Salat und keine russische Suppe ohne Dill. Die russische Volksmedizin kennt schon lange als Hausmittel den Aufguß aus Dillsamen. Ein El Dillsamen wird mit 200 ml kochendem Wasser aufgebrüht, 10 – 15 Minuten ziehen gelassen und durchgeseiht. Gegen Nierensteine wird fünf- bis sechsmal am Tag 1 El des abgekühlten Aufgusses eingenommen. Bei Arteriosklerose und Hypertonie, die von Kopfschmerzen begleitet wird, trinkt man den frischen Aufguß heiß, jeweils 100 ml am Morgen und am Abend.
Für die Ucha besorge ich mir beim Gärtner oder Nachbarn immer einen Vorrat an Dillstauden, die ich ge-

*trocknet aufbewahre. Dazu werden die grünen Dolden
3 – 4 Stunden in die Sonne gelegt, danach luftig im
Schatten 5 – 6 Tage weitergetrocknet. Am besten werden sie in einer kühlen Vorratskammer oder in lichtgeschützten Gläsern mit festverschließbarem Deckel
aufbewahrt.*

**Nach diesem kleinen Ausflug zu dem für die Ucha so
wichtigen Dill kann die Zubereitung der dreifachen
Ucha fortgesetzt werden.** *Die beiden ersten Kochvorgänge erledige ich, wenn möglich, schon am Vorabend
des Besuchs in der häuslichen Küche. Die 4 – 5 l Sud
stelle ich über Nacht kalt, ebenso die mit etwas Zitrone
beträufelten vorbereiteten Fischfilets.
Für den dritten Kochgang am Feuer mit Kessel stehen
zum Abschluß neben dem Sud bereit: die mundgerecht
geschnittenen Fischfilet, 1 kg geschälte und geviertelte
Kartoffeln, 6 in Scheiben geschnittene Möhren, vier
kleinere Zwiebeln, eventuell 2 Paprikakirschen, Frühlingszwiebeln oder Schnittlauch, 4 El feingehackter
Dill, frisch gemahlener schwarzer Pfeffer, Salz.
Der Sud wird im Kessel zum Kochen gebracht, die Kartoffeln, Möhren und die ungeteilten kleineren Zwiebeln, evtl. die Paprikakirschen dazugegeben. Nach
20 Minuten muß das Feuer so weit herabgebrannt bzw.
die Glut unter dem Kessel so viel geringer sein, daß
die Ucha nur noch siedet und die Kartoffeln nicht zerkochen. Als Krönung wird nun der Fisch hinzugetan,
5 Minuten später die geschnittenen Frühlingszwiebeln
bzw. der Schnittlauch. Nach weiteren 5 Minuten
wird mit gemahlenem Pfeffer und Salz zum letzten
Mal abgeschmeckt.*

*Es ist vollbracht! Der Wodka ist kalt, die Piroschki mit
Füllung sind warm gestellt.
Soll es ganz zünftig zugehen, wird Ucha aus bunten
russischen Holzschüsseln mit entsprechenden Holzlöffeln gegessen. Nach dem Füllen der Suppenteller oder*

-schüsseln kommt noch je ein Teelöffel frischer Dill dazu. Für Gäste, die es scharf mögen, stehen Pfeffermühle und Salzstreuer bereit.

Dies ist die echte dreifache Ucha nach Art der sibirischen Jäger und Angler, wenn sie einen Gast beeindrucken oder im Kochwettstreit den Lorbeer des Besten ernten wollen. Natürlich geht es in der Stadtküche auch einfacher. Der dritte Vorgang kann bei Fehlen eines Lagerfeuers mit Kessel auch am Küchenherd in einem großen Topf vollzogen werden.

DIE DOPPELTE UCHA

Eine doppelte Ucha läßt sich im Prinzip genauso kochen. Im ersten Durchgang die kleinen Fische mit Kopf, Schwanz und Gräten des edlen unter Zugabe von Fischgewürz, Zwiebel und einer halben Möhre auskochen, dann im zweiten Durchgang den durchgeseihten Sud mit Kartoffeln, Möhren, der Zwiebel, schließlich den Fischfiletstücken bereiten und abschmecken.
Sollten Sie es noch einfacher in einem Gang haben wollen, dann nehmen Sie küchenfertigen Fisch, kochen aber zunächst das Gemüse in 1,5 – 2 l Wasser mit Salz etwa 20 Minuten, danach weitere 5 Minuten mit 2 Lorbeerblättern und schwarzen Pfefferkörnern. Anschließend geben Sie den bereits portionierten, gewaschenen Fisch 10 Minuten auf schwacher Flamme dazu, schließlich die kleingeschnittene Frühlingszwiebel, den Schnittlauch oder auch nur frischen kleingehackten Dill. Den Genuß der wahren Ucha ereichen Sie allerdings mit diesem vereinfachten Verfahren nicht.

Für 4 Personen werden benötigt: 1 großer Zander oder Hecht oder Seelachs, vielleicht noch 2 – 3 kleinere Fische (muß aber nicht sein), 4 Kartoffeln, 2 Möhren, 1 Zwiebel, Fischgewürz (Pfefferkörner, Senfkörner, Piment, Lorbeerblatt), 1 El frisch gehackter Dill, Pfeffer, Salz.

Wie Sie sicher schon bemerkt haben, kann die verwendete Fischart in vielen Variationen verändert und kombiniert werden. Dies gilt auch für die dreifache Ucha, bei der ich die von mir am meisten bevorzugten Fischsorten genannt habe. Auf jeden Fall ist wichtig, daß die Fischbrühe ganz klar bleibt. Sonst ist es keine Ucha!

Aufklärung mit Ucha

Von Spionagegeschichten wird vor allem Spannung erwartet, eine dynamische Handlung, Kampf der Guten gegen die Bösen auf Leben und Tod, ein aufregendes und überraschendes Finale. Dafür haben sich feste Klischees eingebürgert. In den russischen Filmen unserer Jugend-, später der Kriegsjahre waren die deutschen Agenten stets gefährliche, aber primitive Nazigestalten, die unweigerlich in die klug gestellten Fallen der Tschekisten gingen. Die sowjetischen Kundschafter waren strahlende Helden im Kampf gegen die Bösewichter der Gestapo. Die deutschen Spione englischer Filme der dreißiger Jahre sahen meist wie Dressmen in Trenchcoats aus und trugen breitrandige Hüte. In den amerikanischen Kriegsfilmen liefen sie mit finsteren Gesichtern und in schwarzen Ledermänteln herum.

Der unbezwingbare, sämtliche Frauenherzen zum Schmelzen bringende James Bond hat mit den »Kämpfern an der unsichtbaren Front«, wie wir sie auch nannten, ebensowenig zu tun wie die in Reklamesendungen des Fernsehens hochgepriesenen Fertigsuppen mit der beschriebenen dreifachen Ucha. Das »Normale«, das wirkliche Leben, erscheint in unserer verrückten, von den Medien noch verrückter gemachten Zeit mit ihren Filmen und Büchern einfach langweilig. Da geht vieles ohne Verschwörungen, Abenteuer, Sex vor sich, denn die Wirklichkeit ist eher banal. Manchmal auch komisch.

Der Geheimdienst benutzt für seine Verbindung zu Agenten und umgekehrt, wenn sie unpersönlich vor sich gehen soll, Verstecke, »tote Briefkästen«, TBK genannt. Nun könnte man sich einen Spionagefilm vorstellen, in dem ein unzuverlässig gewordener Doppelagent aus dem Weg geräumt wird. Der »tote Briefkasten« ist das Astloch eines Baumes, aus dem der Agent die Botschaft der Zentrale entnehmen soll. Dort aber lauert eine Giftschlange ... Das Weitere läßt sich denken. Im Film.

In Wahrheit spielte sich die Sequenz so ab: Es gab ein Versteck, aber ohne Giftschlange. Unser Agent hatte in einem Park, gut und doch verdeckt zu erreichen, ebenfalls in einem Astloch, den »toten Briefkasten« angelegt. Nun war aber der Mann fast zwei Meter groß, zudem haben Bäume die Eigenschaft zu wachsen. Der Kurier aus Berlin hingegen war recht klein, dazu anscheinend schon ins Blickfeld der gegnerischen Abwehr geraten. Deren Beamte pflückten ihn folglich regelrecht vom Baum, bei dem vergeblichen Versuch, den TBK zu erreichen.

Die Geschichte mit der Ucha, die ich im folgenden erzähle, ist nicht so kurios, nicht besonders abenteuerlich, dafür aber echt. Sie endet mit einer Jahrzehnte andauernden Verbindung zu einem nicht unbedeutenden deutschen Politiker, die bis zu meinem Ausscheiden aus dem Dienst währte. Um meinem Prinzip treu zu bleiben, nenne ich ihn »Dieter«. Schon mehrere Jahre vor unserer Begegnung unterhielt er, dessen politische Karriere sich in der westdeutschen Bundesrepublik nach oben bewegte, Kontakte in die DDR. Obwohl von der Adenauer-Regierung nicht gern gesehen und verteufelt, waren solche Kontakte nicht außergewöhnlich. »Deutsche an einen Tisch« hieß es damals in der DDR. Die deutsche Wiedervereinigung war erklärtes Ziel der Verfassung und der Regierung Grotewohl. So war es auch nicht ungewöhnlich, daß der Bezirksrat, den Dieter kannte, durch einen angeblich für gesamtdeutsche Politik zuständigen Mitarbeiter des Ministerrats abgelöst wurde, der zu meinem Apparat gehörte. Aus gegenseitig interessierenden politischen Gesprächen entwickelte sich eine vertrauliche und gleichzeitig enge menschliche Beziehung. Auf dieser Basis war eine gemeinsame private Reise in die Sowjetunion geplant. Der für uns immer interessanter werdende Dieter wollte das erste und wichtigste Land des Sozialismus selbst kennenlernen. In den sechziger Jahren war es nicht schwer, ihm nahezulegen, von dieser Reise kein Aufhebens zu machen.

Es war Zufall, daß die in seinem engen Terminplan freie Zeit mit meinem in der Sowjetunion geplanten Urlaub zusammenfiel. Kein Zufall war, daß seine Reiseroute mein Urlaubsziel kreuzte. Bei meinem Eintreffen in Moskau bat ich die dortigen Kollegen, dem zwei Wochen später eintreffenden Mitarbeiter mit seinem Gast bei der Beschaffung von Hotelplätzen, von Karten für das Bolschoi-Ballett und bei der Besichtigung von Sehenswürdigkeiten die notwendige Unterstützung zu geben. Für die Verantwortlichen der Verwaltung in Wolgograd, die mich dort bereits erwarteten, erbat ich einen Hinweis aus Moskau, mir in einer dienstlichen Angelegenheit diskret behilflich zu sein, ohne weitere Fragen zu stellen.

Den Urlaub an der vielbesungenen alten russischen Wolga hatte ich schon lange geplant. Zum einen, weil Freund Wassili des öftern von seinen Angelerlebnissen und der Romantik des Zeltens geschwärmt hatte, zum anderen, weil er mir helfen konnte, der lästigen offiziellen Betreuung zu entkommen. Ich war noch nie in der legendären Stadt an der Wolga gewesen, von der aus der Zweite Weltkrieg in das Land des deutschen Aggressors zurückkehrte und die deutsche Hitlerwehrmacht ihre bis dahin entscheidende Niederlage erlitt. Damals hieß die Stadt noch Stalingrad. Bei meinem Besuch hieß sie Wolgograd, und nur noch wenige Ruinen, vor allem aber das riesige Denkmal des Sieges erinnerten an jene vernichtende Winterschlacht.

Der Hinweis aus Moskau hatte bewirkt, daß ich in einem besonderen Gästehaus der Stadt empfangen und begrüßt wurde, das für Nikita Chruschtschow und seine Gäste eingerichtet worden war. Zu unserem Empfang lagen auf dem Rasen vor dem Eingang zwei große Fische: ein Stör und eine Sewrjuga, die ebenfalls schwarzen Kaviar produziert. Von diesen Fischen hatte ich zwar schon gehört, sie auch abgebildet gesehen, aber mir nie die Menge Kaviar vorstellen können, die aus dem Leib eines solchen Fisches gewonnen wird. Vor dem Begrüßungsessen wurde uns diese vom Koch in einer riesigen Schüssel vorgeführt und dann als Sakuska angeboten. An den Preis der Minidosen Malosol-Kaviar in Devisen durften wir nicht denken, als uns die Delikatesse mit einem riesigem Löffel vorgelegt wurde.

Daß Stalingrad ehedem Zaryzin hieß, war mir gut bekannt, daß die Stadt aber bis zur Oktoberrevolution der wichtigste Umschlagplatz für Hering war, erfuhr ich erst, als bei diesem Essen natürlich auch von Sakuska die Rede war. Ausgerechnet hierher, zur Wolga, wo es keinen Hering gibt, kamen die Händler und Aufkäufer, um den berühmten russischen Salzhering in Fässern zu ordern und auf dem schnelleren Wasserweg zu befördern. Von hier aus trat er die Reise ins Ausland an, in die Türkei, nach Rumänien, Griechenland, ja sogar nach Deutschland, Österreich, England und Frankreich.

Der Hering interessierte mich aber weniger als das Zusammentreffen mit Wassili dort, wo an der Wolga die Natur noch unverletzt ist, und natürlich die bevorstehende Begegnung mit »Dieter«. Dafür war mir die Nutzung des komfortablen Gästehauses zugesagt worden. Bis dahin war noch Zeit, und ich bat, mich mit meiner Familie und einem Zelt bei Wassili Michejewitsch auf der Landzunge abzusetzen, welche stromabwärts die eigentliche Wolga von der Achtuba, ihrem besonders fischreichen Nebenarm, trennt. Der Freund empfing uns an einer provisorischen Anlegestelle, die von den Bewohnern einer Siedlung aus mehr und weniger stabilen Hütten, kleineren und größeren Zelten genutzt wurde. Es war eine bunt gemischte Gesellschaft: Offiziere wie Wassili, Schul- und Hochschullehrer, Urlauber aus vielen Gegenden des Landes, aber auch Angler aus der unmittelbaren Umgebung, meist Rentner, die dort ihre freie Zeit verbrachten oder sich mit Fischen ein Zubrot verdienten. Die ganze Atmosphäre mutete so exotisch und zugleich sympathisch an, daß ich schon am ersten Abend auf die Idee kam, für den Westdeutschen einen Ausflug in dieses wilde Paradies zu organisieren.

So etwas würde er auf seiner Reise durch das Land sonst nicht erleben.

In der Siedlung, fern von jedem Komfort, lernte ich Nikolai Isotowitsch kennen, einen Rentner, davor Meister in einem Stalingrader Betrieb. Von meinem Freund empfohlen, »diente« ich auf seinem Boot als Gehilfe. Meine Aufgabe bestand im wesentlichen darin, Würmer oder Heuschrecken auf die Angelhaken zu stecken; ab und zu durfte ich nach einem Biß eine der überlangen Angelruten anreißen, meist ohne den gewünschten Erfolg. Nach der ersten gemeinsam gekochten Ucha und dem näheren Kennenlernen am Lagerfeuer durfte ich Nikolai Isotowitsch entgegen seiner sonstigen Gewohnheit auch im Boot in ein Gespräch verwickeln. Zunächst klärte er mich darüber auf, daß jeder Fisch bei den Fischern und Anglern im alten Rußland einen besonderen Rang hatte. Die Jaroslawler Beluga (Hausen) war die Zarin, der Salm aus Pereslawl die adlige Dame, der kaspische Stör der Bojare und Feldherr, der Wels der Fürst, der Zander der Richter und der Hecht (im Russischen

weiblich) die Kauffrau. Und dann nannte er noch viele Bezeichnungen für das Gesinde, für die ich auch in Wörterbüchern keine deutsche Entsprechung gefunden habe. Von ihm erhielt ich auch den Geheimtip, daß für die Ucha gerade auf den Kaulbarsch, der gebraten wegen seiner Gräten nur ausgespuckt wird, beim ersten Durchgang keinesfalls verzichtet werden darf, weil er dem Sud Kraft gibt.

Obwohl wir darüber nicht sprachen, waren für ihn meine Tätigkeit und meine Gastgeber kein Geheimnis. Von der Distanz zur »Firma«, die ich im Lande nicht selten feststellte, war bei ihm nichts zu spüren. Vom Angeln war in unseren Gesprächen weniger die Rede, dafür vom Sinn und den Erfahrungen des Lebens, im Besonderen von den seinen. Nikolai Isotowitsch ordnete mich nach seinen Maßstäben ein. Ein positives Zeichen war seine Aufforderung, ihn mit meiner Familie in seinem Haus zu besuchen. Die Einladung nahmen wir natürlich gern an.

Sein Haus befand sich in einer Siedlung, die etwa 15 Kilometer von der Stadt entfernt und an der Stelle eines im Krieg zerstörten alten Dorfes entstanden war. Es war nach dem Vorbild der früheren Isba aus Balken gezimmert. Ein alter russischer Ofen stand nicht darin, doch umfing uns sofort die Wärme der Wohnung, der Geruch frischgebackenen Brotes, geräucherten Specks, getrockneter Pilze und Kräuter. Alles weckte in mir Erinnerungen an Reisen während unserer Kindheit und Jugend. Überrascht war ich, daß der Fischgeruch fehlte, der uns während der vergangenen Tage ständig begleitet hatte. Fast das geamte Mobiliar war noch handwerklich hergestellt, auf den Fensterbänken standen Geranien, Fuchsien, Gartenbalsamine, in der Zimmerecke ein Gummibaum. So etwa sah es in den Dörfern um Moskau vor dem Krieg aus.

Das alte Ehepaar lebte einfach und bescheiden allein in dem Haus. Zwei Söhne waren im Krieg gefallen. Nikolai Isotowitsch, der unmittelbar im Umfeld seines späteren Betriebes in Stalingrad gekämpft hatte, gab sich nicht als Kommunist. Er verteidigte die Sowjetmacht da, wo er sie für gut und gerecht hielt, für das Volk handelnd sah. Er sprach aber auch offen darüber, daß sich die Führung in Moskau mit ihrer Politik immer weiter von den Bedürfnissen des Volkes entferne. Dafür nannte er Beispiele, die durchaus meinen Beobachtungen und der

Meinung meiner Moskauer Freunde entsprachen. Er vertrat einen klaren, wie ich es damals bezeichnete, »proletarischen« Standpunkt.

Bei unserem Eintreffen war der Tisch schon einladend gedeckt. Einfach herrlich! Auch dort gab es eine große Schale mit frischem schwarzem Kaviar, diverse Sakuska aus Fisch und Fleisch, Tomaten und Grünes aus dem Garten. Getränke fehlten nicht, sowohl hochprozentige als auch süße. Zur Abwechslung gab es an jenem Abend als ersten Gang keine Ucha, sondern Stschi, Kohlsuppe, in einer von mir besonders favorisierten Abart der *grünen Stschi*. Grüne Stschi gibt es in unterschiedlicher Art, bevorzugt mit Sauerampfer, Spinat oder Brennesseln. Wie die Stschi an der Wolga im einzelnen beschaffen waren, vermag ich nicht mehr zu sagen, der spezifische Geschmack von *Stschawel* war auf jeden Fall dabei. Dazu fällt mir noch etwas Spaßiges ein.

Ich kannte den wunderbaren Geschmack von den vielen in Moskau gegessenen Suppen. Auch Andrea gefiel er sehr. Also fragte ich Stepanida Iwanowna nach der Zutat und erfuhr: Stschawel. Da es zu der Zeit in den Geschäften kaum etwas Lohnendes zum Mitnehmen nach Berlin gab, gingen wir am letzten Tag unseres Aufenthaltes auf den Bauernmarkt und kauften für sehr viele Rubel ein ganzes Kilo frischen Stschawel. Auf unsererm Grundstück angekommen, lud ich die Familie zu einem russischen Essen ein.

In einer von meinem Bruder geerbten, alten russischen Ausgabe der Klassikerin russischer Küche, *Jelena Molochowez*, suchte ich das Rezept und machte mich an die Vorkehrungen. Beim Putzen kamen mir die Blätter des Stschawel irgendwie bekannt vor. Ich ging in den Garten und fand am Zaun Unmengen wildwachsenden Sauerampfers. Ein Blick in das Wörterbuch brachte die einfache Lösung, es war dieselbe Pflanze – Stschawel heißt auf deutsch simpel und einfach: Sauerampfer! Eigenartigerweise wird er in der mir bekannten deutschen Küche kaum verwendet. Dabei schmeckt er so gut!

GRÜNE STSCHI
(KOHLSUPPE MIT SAUERAMPFER)

Ich koche dafür Rinderbrühe mit Suppengrün (siehe unter Stschi oder Borstsch). Die Brühe nach dem Kochen durchseihen; Sauerampfer entstielen, waschen, ausdrücken und kleinhacken oder -schneiden; im eigenen Saft kurz kochen lassen. Dann die Hälfte des Sauerampfers in der Brühe mit kleingehackten Pilzen 15 – 20 Minuten kochen lassen, danach die andere Hälfte dazutun und mit 1 Lorbeerblatt und schwarzem Pfeffer weitere 5 – 10 Minuten kochen. Mundgerecht geschnittenen Schinken, kleingehackte Eier, frisch gehackten Dill oder Schnittlauch hinzugeben und mit der sauren Sahne, Croutons (geröstete Brotwürfel), evtl. auch Piroschki servieren. (Die Eier können auch halbiert und je ein halbes Ei in die Teller gegeben werden). Ich nehme in meiner Variation 200 g Sauerampfer und 400 g Spinat. Dabei aber die letzten 5 – 10 Minuten nicht zu klein geschnittene entstielte Blätter vom Sauerampfer dazugeben. Ähnlich kann mit jungen Brennesseln verfahren werden. Da werden die gut gewaschenen Blätter 2 – 3 Minuten in kochendes Wasser getaucht, im Sieb abgetropft, kleingehackt (oder durch den Wolf gedreht) und 10 – 15 Minuten in Spreck oder Fett gedünstet.

Zutaten
(nach Molochowetz):
500 – 750 g Suppenfleisch (Rind),
400 g gekochter Schinken,
1 Tasse getrocknete Pilze,
1 El frischgehackter Dill,
400 g Sauerampfer,
0,1 l saure Sahne,
2 hartgekochte Eier,
Salz,
gemahlener schwarzer Pfeffer,
2 Lorbeerblätter.

Wie immer waren wir schon satt, als der Schweinebraten im Steintopf aufgetischt wurde. Tee wurde im Garten getrunken. Das kochende Wasser wurde aus dem singenden Samowar zum Teeaufguß in Gläser gefüllt, die in schönen alten Metalluntersätzen standen. Allmählich fanden sich immer mehr Nachbarn ein. Wir galten zwar als besonderer Besuch, doch war der Umgang miteinander ungezwungen, ganz normal. Natürlich gab es Trinksprüche auf den Gast, seine Familie, den Frieden in der Welt. Und es dauerte nicht lange, bis eines der mir vertrauten russischen Lieder erklang. Nikolai Isotowitsch ließ sich erweichen und holte seine Knopfharmonika.

Man spürte, daß er sie nicht häufig benutzte. Doch die allgemeine Stimmung spornte an, man brauchte die Worte nicht zu verstehen, um aus den Liedern etwas von der Größe und Schönheit des Landes und seiner Menschen herauszuhören.

Nach dem Ausklang des Abends stand für mich fest: Ich mußte die Zustimmung des Ehepaares bekommen, sie mit dem mir noch unbekannten »Freund« aus Deutschland noch einmal besuchen zu dürfen. Dies würde genau die richtige Atmosphäre für unser Kennenlernen schaffen, nicht die kalte Pracht des Gästehauses in der Stadt. Dort waren die Räume riesengroß, ungemütlich; die hochpolierten Möbel, sehr vornehm und neu, im Stil der zwanziger Jahre, die Stühle nur von trainierten Betreuern anzuheben, die Sessel wie Boote, die Sofas wie Schiffe. Natürlich fehlte ein Billard nicht, auch ein Flügel hatte seinen Platz gefunden. Hinter den Glasscheiben der nicht minder wuchtigen Schränke langweilten sich Porzellan und Kristall, das auch als Gehänge an den bronzenen Deckenleuchtern blitzte und blendete. Auf dem Parkettboden lagen schwere Teppiche, an den Fenstern und Türen hingen samtene Portieren. An Personal und Wachen gab es keinen Mangel. Ob sich Chruschtschows Gäste hier wohlgefühlt haben?

Nikolai Isotowitsch hatte wegen meines Wunsches keine Bedenken, nur seine Frau war besorgt ob der Getränke und einiger Zutaten zum Essen. Diese Sorge versprach ich ihr abzunehmen, bat aber um eine echte dreifache Ucha.

Das Pech war nur, daß es vor dem vereinbarten Termin drei Tage »Hunde und Katzen regnete«, wie die Engländer sagen. Mit dem mir zugewiesenen PKW »Wolga« erreichten wir auf völlig aufgeweichten Wegen die Anlegestelle gerade noch in dem Augenblick, als das Tragflügelboot »Raketa« mit meinem Besuch an Bord eintraf. Bis zum Haus Nikolai Isotowitschs wären es bei anderem Wetter zehn Minuten Fußweg oder eine Minute mit dem Auto gewesen. Doch so machte ich aus der Not eine Tugend und schlug vor, eine alte Holzkirche zu besichtigen, die wie durch ein Wunder zwei Kriege überstanden hatte, den Bürgerkrieg und die Hitlerinvasion, denn ich mußte meinem Mitarbeiter die Gelegenheit geben, mir etwas zu berichten. Dies sei wichtig, hatte er mir kurz zugeflüstert.

Der Pfarrer begrüßte uns feierlich, machte unseren Gast ausführlich mit der Geschichte der Kirche, ihren Schutzheiligen und Fragen der Orthodoxie bekannt, die ihn interessierten. Von den Ikonen hob er eine besonders hervor und verwies darauf, daß sie dem berühmten Andrej Rubljow zugeschrieben werde. Inzwischen schilderte mein Mitarbeiter mir folgendes: Am Vortage hatten er und mein Gast das große Wolgakraftwerk und danach das Museum der Stalingrader Schlacht besucht. Dort seien sie gebeten worden, sich in das Gästebuch einzuschreiben. Der Teufel wollte es, daß meine Eintragung im Gästebuch die letzte war! Aus irgendeinem Grund, es stand wohl ein runder Jahrestag bevor, hatte ich die besten Wünsche der »deutschen Tschekisten« in beiden Sprachen festgehalten und meinem Namen den vollen Dienstgrad hinzugefügt. »Dieter«, dem bis dahin nur gesagt worden war, er könne bei dieser Reise mit einem kompetenten DDR-Politiker zusammentreffen, der auch ein Kenner der Sowjetunion sei, mußte es wie Schuppen von den Augen gefallen sein. Er sei sehr nachdenklich geworden, meinte mein Mitarbeiter, und habe gezögert, die Einladung zu dem Gespräch anzunehmen. So kann eine Unbedachtsamkeit den besten, sorgfältig ausgetüftelten Plan zunichte machen!

Meine Hoffnung blieb die Ucha.

Die Rettung kam in Gestalt von Nikolai Isotowitsch. Er war für die Rolle des Tischherrn wie geschaffen, seine sonst bescheidene Frau erschien mir an diesem Abend wie eine Königin. Ich konnte mich zunächst voll auf die Rolle des Dolmetschers beschränken. Der Tisch brach unter der Sakuska fast zusammen. Alles, was Erde und Wasser zu bieten haben, schien vertreten zu sein. Für

Getränke hatte ich ausreichend gesorgt. Die wunderbaren riesigen Pellkartoffeln vom eigenen Beet waren schon als Höhepunkt gelobt, als die dreifache Ucha mit den Fischen aus dem russischen Schicksalsstrom aufgetischt wurde.

Nachdem ihre Bedeutung und Zubereitung hinreichend erklärt waren, unterhielt sich unser Gast mit dem Ehepaar über die Familie, die Lebensbedingungen, die kleinen und großen Fragen ihres Daseins. Alles war so natürlich und ungezwungen, wie ich es erhofft hatte. Wie von allein kam auch das Gespräch zwischen uns in Gang. Ich konnte an Antworten von Nikolai Isotowitsch anknüpfen, unsere DDR-Probleme einbringen. Natürlich wurde die ganze Zeit ausgiebig gegessen und getrunken. Als dann später die so schwermütig klingenden Lieder den Raum füllten, diskutierten wir schon über gemeinsames Handeln zur Überwindung der Konfrontation der Machtblöcke und der Adenauerpolitik.

Mir war bewußt, daß die im Höhenflug der Atmosphäre eines solchen Abends erzielte Übereinstimmung einer Festigung und Bestätigung bedurfte. So trafen wir uns am nächsten Vormittag in jener feinen Villa, deren Ausstattung nun nicht mehr sonderlich störte. Das am Vorabend Besprochene wurde bekräftigt, die weitere Vertraulichkeit und die Verbindung zu dem Mitarbeiter besprochen. In den folgenden Jahren hat sich auch zwischen uns eine enge persönliche Freundschaft entwickelt. Ob dies ohne Ucha und den Abend bei Nikolai Isotowitsch so gekommen wäre?

Über den Nutzen von Kohl und Stschi

Der Leser wird nun verstehen, weshalb ich der *Ucha* einen überproportional großen Platz eingeräumt habe. Dies soll aber nicht dazu führen, die Königin aller russischen Suppen, die *Stschi* völlig zu verdrängen. Schon die

ÜBER DREIFACHE UCHA

Sprichwörter lassen dies gar nicht zu: *Kipjatitje stschi, tschoby gosti schli –* »Kocht Stschi, damit die Gäste kommen.« Oder: »Vor guter Stschi läuft kein guter Mensch weg.« Eine russische Hausfrau muß sich an der Qualität dieses Nationalgerichts messen lassen, wovon der folgende, im Russischen gereimte Spruch zeugt: »Eine gute Hausfrau nicht mit Worten streitet, sondern gute Stschi bereitet!«

Der Weißkohl nimmt in der russischen Küche in seinen verschiedensten Formen – roh, gekocht, als Sauerkraut – einen Ehrenplatz ein, viel mehr als in Deutschland. Lange Zeit hatte die Kohlsuppe eine derart dominierende Stellung, daß alle Suppen Stschi genannt wurden. Ob dies an seiner Anspruchslosigkeit beim Anbau (er gedeiht sogar jenseits des Polarkreises) oder an seinen gesundheitsfördernden Eigenschaften liegt oder an beidem, vermag ich nicht zu sagen. Fest steht, daß er seit über tausend Jahren in Rußland kultiviert wird und daß das russische Wort für Kohl, *kapusta*, vermutlich vom latainischen *caput* (Kopf) stammt.

Die Heileigenschaften des Kohl wurden schon von Hippokrates, Aristoteles und Plinius beschrieben. Im alten Rom aß man Kohl gegen Kopfschmerzen, Blutungen und bei Entbindungen. 250 g Kohl sollen den täglichen menschlichen Bedarf an Vitamin C decken und mehr davon enthalten als Äpfel und Pfirsiche. Einige Bestandteile sollen gegen die Bildung von Gallensteinen und schädlichem Cholesterin wirken. Die Tartronsäure hemmt die Umwandlung von Zucker und Kohlehydraten in Fett und somit das Ansetzen überflüssiger Pfunde! Am besten natürlich in Form von Rohkost, das heißt Krautsalat und rohem Sauerkraut. Beides findet sich nicht nur in jeder russischen Sakuska, sondern gehörte zum festen Bestandteil der *Wolfschen Küche* unserer Mutter. Vom Vitamingehalt des Sauerkrauts wußte bereits Kapitän James Cook zu berichten. In seinem Tagebuch schreibt er: »Sauerkraut vertreibt aus dem Körper viele Krankheiten und rettet meinen Seeleuten das Leben.«

Die *Stschi* spielten bei den russischen Bauern auch deshalb eine so große Rolle, weil sie im Sommer aus frischem Kohl und im Winter aus Sauerkraut zubereitet werden konnten. Je nach Gegend und dem, was der Haushalt zu bieten vermochte, wurden der Suppe ein Stück Fleisch, Knochen, Geflügel oder auch Fisch hinzugegeben. Jede Sorte gibt ein herzhaftes Gericht ab. Nicht umsonst sagen die Russen: *Stschi i kascha, pistscha nascha* – »Stschi und Kascha (Brei) – sind unser Essen«. Neben der Einfachheit der Zubereitung haben die Stschi noch den Vorteil, daß sie bei wiederholtem Aufwärmen ihrem guten Geschmack nicht verlieren, sondern noch besser schmecken. Selbst der ohnehin hohe Gehalt an Vitamin C der besonders mit Sauerkraut zubereiteten Stschi soll dabei nicht beinträchtigt werden. Dies gilt auch für eingefrorene Stschi, was bei den russischen Temperaturen für Reisende nicht ohne Bedeutung ist, wenn sie einen Vorrat solchen Proviants mitführen.

Den Stschi werden nicht nur von solchen russischen Dichtern wie Alexander Puschkin und Nikolai Gogol, der ein großer Feinschmecker war, Lobpreisungen gewidmet, auch der französische Romancier Alexander Dumas d.Ä. konnte als Koch bei seinen auf Reisen gesammelten Rezepten die Stschi-Suppe nicht auslassen. Sein »Großes Kochbuch« enthält folgendes Rezept: »Einen Kohlkopf mit kochendem Wasser übergießen, bedeckt 10 Minuten stehen lassen. Den Kohlkopf herausnehmen, das Wasser abgießen. Kurz vorgebratene Schweinefleischscheiben auf und rund um den Kochtopfboden schichten, darauf den Kohlkopf legen, diesen mit Fleischbouillon übergießen und das Ganze auf mittlerem Feuer zum Kochen bringen. Hat sich der Kohl mit Flüssigkeit vollgesaugt, Bouillon nachgießen, bis der Kopf völlig bedeckt ist. Garkochen, Schweinefleisch und Kohl auf Tellern anrichten. Die geseihte Bouillon extra reichen.«

Dieses originelle Rezept Dumas weicht stark von dem traditionellen ab, dem wir uns jetzt zuwenden.

STSCHI (KOHLSUPPE)

Das Fleisch wird unter Zugabe eines Teils des Suppengrüns und der Gewürze 1,5 – 2 Stunden gar gekocht, dann aus der Brühe genommen. Die Möhren, der Rest Suppengrün und gewürfelte Zwiebel werden im Öl gedünstet und anschließend in die durchgeseihte Brühe gegeben. Das Ganze wird mit dem gewürfelten Fleisch und kleingeschnittenen Kraut weitere 30 Minuten lang gekocht. 10 – 15 Minuten vor Ende des Kochvorgangs Pfeffer, Lorbeerblatt und Salz hinzufügen.
Man kann auch in Scheiben geschnittene oder gewürfelte Kartoffeln mitkochen. Diese dann 10 – 15 Minuten nach Zugabe des Krauts hinzufügen.
Kochen Sie Stschi mit Sauerkraut, kann genauso verfahren werden. Ist das Kraut sehr sauer, muß es vorher etwas gewaschen, in jedem Fall aber ausgedrückt werden.

Zutaten:
500 g Fleisch (Rind, Suppenfleisch und Knochen),
500 g Weißkohl,
200 g Möhren,
Suppengrün (Petersilienwurzel, Sellerie),
2 Zwiebeln,
2 El Öl,
2 Lorbeerblätter,
Pfeffer, Salz.

SOLJANKA

Als Soljanka bezeichnet die russische Küche eine in der Regel scharf gewürzte, dicke Suppe, die auf der Grundlage einer kräftigen Fleisch-, Fisch- oder Pilzbrühe zubereitet wird. Sie ist auf das engste mit dem von mir nicht behandelten Rassolnik verwandt, der mit der Salzlake von eingelegten Gurken unter Verwendung zerkleinerter Salzgurken zubereitet wird. Man sagt Russen nach, eine Vorliebe für die Lake eingelegten Krauts, eingelegter Gurken, Pilze und vielem anderen zu haben. Sie soll ein erprobtes Mittel gegen den Kater am nächsten Tag sein. Wir bleiben aber bei der Soljanka, die in gewisser Weise die Komponenten der Stschi und des Rassolnik in sich vereinigt.
Im vorigen Jahrhundert soll die Soljanka noch Seljanka geheißen haben, abgeleitet vom russischen Wort »selo« – das Dorf. Es bezeichnete ein von den Bäuerinnen oft aus allem Möglichen kombiniertes Mischmasch. Aus ferneren Zeiten ist überliefert, daß dieses Gericht zu bestimmten Anlässen für das ganze Dorf zubereitet wurde

ÜBER DREIFACHE UCHA

und jeder in den gemeinsamen Kessel den Anteil an Zutaten einbrachte, über den er gerade verfügte. Im Laufe der Zeit wurden der ursprünglich bäuerlichen Soljanka feinere, sauer-scharfe Zutaten beigefügt, wie Kapern, Oliven, eingesalzene oder eingelegte Pilze.

Zutaten für die Fleischsoljanka (6 – 8 Personen):
2 l Rinderbrühe (wie bei Stschi),
350 g gekochtes Rindfleisch aus der Brühe in Würfel geschnitten,
200 g gekochter Schinken in Würfel geschnitten,
3 Wiener Würstchen in Scheiben geschnitten,
Öl, 4 Zwiebeln in Scheiben geschnitten,
4 große Salz- oder Gewürzgurken in Streifen geschnitten,
3 geschälte und gehackte Tomaten,
3 El Tomatenmark,
Salz, frisch gemahlener Pfeffer,
1 Zitrone in feine Scheiben geschnitten,
evtl. einige Kapern oder Oliven,
0,1 l saure Sahne.

In einer Pfanne die Schinkenwürfel, Würstchenscheiben, Zwiebeln, Gurkenstreifen, Tomaten in Öl anschwenken und mit Tomatenmark unter Zugabe von Brühe mehrmals reduzieren. Mit saurer Sahne ablöschen und mit dem Rest Brühe auffüllen. Das gewürfelte Rindfleisch dazugeben und mit Salz und Pfeffer abschmecken. Zum Reduzieren kann auch Gurkenlake genommen werden.
Mit Zitronenscheiben auf der Oberfläche und evtl. Kapern oder Oliven servieren. Dazu saure Sahne und Schwarzbrot.
Die ebenfalls populäre Fischsoljanka, die im Prinzip ähnlich zubereitet wird, blenden wir hier aus, um nicht mit dem Hohelied auf die Ucha in Konflikt zu geraten.

Der Wolfsche Borstsch

Neben der *Ucha* und *Pelmeni* zähle ich den *Borstsch* zu den besonderen Spezialitäten meiner Küche. Er hat auch Einzug gehalten in die Küche meiner erwachsenen Kinder, obwohl er dort die letzte Vollendung noch nicht findet. Dies liegt wohl auch daran, daß sich mein Borstsch von dem traditionellen ukrainischen oder russischen (Moskauer) ziemlich weit entfernt hat und zur eigenen Schöpfung wurde, dem *Wolfschen Borstsch*. Seine Besonderheit besteht darin, daß er entgegen allen Regeln ohne Kohl gekocht wird. »Borstsch ohne Kohl, das geht gar nicht«, sagte meine Beraterin Sonja beim Lesen meines Rezepts.

Sie mag recht haben, dafür hat er aber allen geschmeckt, die bisher davon gekostet haben. Und er hat ein so schönes dunkles Rot, wie ich es bislang in keinem russischen Restaurant entdecken konnte. Die kräftige Farbe kommt von dem ungetrübten Saft einer größeren Menge Roter Bete, einem Geheimnis, das ich der polnischen Küche von der Zubereitung des *Barstschok* entnommen habe.

Dabei befolgte ich nur eine der Grundregeln des Nachrichtendienstes. Schablone und Routine können nichts Neues, nichts Gutes bringen. Nicht selten führen sie zum Mißerfolg. Schöpfertum und Inspiration standen schon am Beginn unserer Betrachtung über die beiden uralten Gewerbe, die Kochkunst und die Aufklärung, die den Unterschied zwischen Handwerkelei und Kunst ausmachen. Vielleicht ließ sich der eine oder andere Mitarbeiter meines Dienstes dennoch von dem alten Sprichwort leiten: »Besser eine Laus im Kohl als gar kein Fleisch«.

Als eine Boulevardzeitung während meiner Untersuchungshaft in ihrer Schlagzeile wahrheitswidrig verkündete, ich würde in Karlsruhe Hähnchen vom »Wienerwald« in die Zelle bestellen, wäre das, dies muß ich zugeben, als Aufbesserung der Anstaltskost willkommen gewesen. Ich will den Verehrern der Standard-Hähnchen dieser Kette genauso wenig nahetreten wie den Freunden des Big Macs. Vielleicht könnte ein lohnendes Angebot, mein in der Legende vorhandenes Riesenvermögen auf der bisher nicht entdeckten Schatzinsel aufzubessern, mich dazu verleiten, in Reklamesprüchen für ein Produkt dieser prosperierenden Ketten zu werben. Ich käme mir dabei dann sicher wie Karajan beim dreifachen Rittberger auf der Eisfläche vor. Nach meinen Rezepten *à la Wolf* werden Sie auf den Speisekarten von McDonald's oder Wienerwald noch vergeblich suchen. Noch? Marktwirtschaftlich ist das folgende Rezept in der Tat schwer kalkulierbar:

BORSTSCH (ROTE-BETE-SUPPE)

Zutaten (für 6 – 8 Personen):
500 g magere Rinderbrust oder gutes Suppenfleisch und 2,5 kg Rindermarkknochen für die Brühe, 2 Bund Suppengrün (mit Petersilienwurzel und Sellerie), 3 mittlere Zwiebeln, 3 Knoblauchzehen, 3 große oder 5 kleinere geschälte rote Bete, 300 g Möhren, 500 g Kartoffeln, 5 geschälte Tomaten (oder 1/4 l Tomatensaft), 50 g Tomatenmark, 50 g Ketchup, 100 g Kochschinken, 6 Wiener Würstchen, 4 El Öl oder 100 g kleingewürfelter Speck, 5 Pfefferkörner, 2 Lorbeerblätter, 1 Tl Salz, frisch gemahlener Pfeffer, 2 Paprikakirschen (frisch oder getrocknet), 2 El feingehackter Dill, Petersilie oder kleingeschnittener Schnittlauch, 1/4 l saure Sahne (Schmand).

Die Brühe mit 1 Bund Suppengrün, 1 Zwiebel, den Pfefferkörnern und den Lorbeerblättern wie bei der Stschi zum Kochen bringen, den Schaum abschöpfen und 1 bis 1,5 Stunden köcheln lassen, bis das Fleisch gar ist. Es darf auf keinen Fall zerfallen. Das Fleisch wird aus dem Topf gehoben und später in kleine, mundgerechte Stücke geschnitten, die Brühe durchgeseiht.

Die rote Bete werden geschält. Die Hälfte wird zu kleinen Würfeln oder grobgerieben zu einem Aufguß verarbeitet. Dazu wird sie in einem kleineren Topf mit Wasser oder besser noch mit Brühe (0,5 l Flüssigkeit auf 250 g rote Bete) unter Zugabe von Essig (um die rote Farbe zu erhalten!) zum Kochen gebracht. Auf dem Herd danach 15 – 20 Minuten stehen lassen, anschließend durch ein feines Sieb oder Tuch filtern. Der Einfachheit halber benutze ich manches Mal (gegen alle Regeln) anstelle des Aufgusses die Essenz von eingemachter roter Bete. Damit erspare ich mir die Arbeit mit dem Aufguß, der für Geschmack und Farbe so wichtig ist. Ich kenne Gläser der in Frage kommenden Marken und habe damit gute Erfahrungen gemacht. Die Qualität der Essenz aus den Gläsern ist durch das Kochen des Aufgusses nur schwer zu erreichen.

Das Kochen der Brühe und des Aufgusses der roten Bete erledige ich gern am Abend vor dem Essen. Dann setzt sich auf der erkalteten Brühe eine Fettschicht ab, die ich beim Ansetzen des eigentlichen Borstsch zum Dünsten des Gemüses benutze. Ansonsten brate ich im großen Topf die Speckwürfel glasig oder erhitze das Öl, indem ich die kleingeschnittenen Zwiebeln 5 Minuten, dann mit dem kleingehackten Knoblauch weitere 3 Minuten andünste. Nun kommen Tomatenmark und evtl. etwas Ketchup dazu und mit weiterem Fett von der Brühe das restliche kleingewürfelte Suppengrün und die in Scheiben geschnittenen Möhren. Unter Umrühren wird alles weitere 8 – 10 Minuten gedünstet. Sofern frische rote

Bete benutzt wird, den nicht für den Aufguß benutzten Teil in kleine Würfel oder dünne Streifen geschnitten dem vorher beschriebenen Gut zusetzen und mit Brühe bedecken. Das Ganze zum Kochen bringen.
Nach ca. 10 Minuten werden der Rest der Brühe mit geviertelten geschälten Kartoffeln und die Paprikakirschen (sofern vorhanden) dazugegeben. Mit Salz und Pfeffer abschmecken und etwa 20 Minuten köcheln lassen, bis die Kartoffeln fast weich sind.
Nun beginnt der entscheidende Akt: Die mundgerecht geschnittenen marinierten roten Bete (kleine von 2 – 3 cm können ganz gelassen werden) kommen hinein, dazu das geschnittene Fleisch, die Würstchen und der Schinken. Nachdem das ganze nochmals mit Salz und Pfeffer abgeschmeckt wurde, kommt der Aufguß der roten Bete oder die Essenz aus den Gläsern hinzu. Die Konsistenz müßte nun bei Verkosten ein leichtes Kratzen im Hals verursachen, sonst noch etwas Weinessig dazugeben. Ganz zuletzt Achtelstückchen der frischen Tomaten oder Tomatensaft und die frischen Kräuter. Voilà – es kann serviert werden!
Zum Borstsch gehören ein Schälchen saure Sahne und Piroschki oder Schwarzbrot.

Zugegeben, dieser Wolfsche Borstsch ist keine Diät und ein etwas mühseliges Verfahren im Vergleich zu den meisten in Kochbüchern angegebenen Rezepten, aber eine kulinarische Besonderheit.

Der Borstsch muß in Berlin schon zu Beginn dieses Jahrhunderts, zumindest bei den aus Osteuropa stammenden Juden, bekannt gewesen sein. Sie wußten auch über das vom Essig herrührende Kratzen im Hals. In einem 1911 veröffentlichten Buch jüdischer Witze fand ich den folgenden:

– Frau Wirtin, der Borscht is heit nich genug sauer.
– Aber das is doch gar kei Borscht, das is doch Bolljong!
– As es is Bolljong, is es sauer genug!

Die Kochkunst bietet für Anhänger weniger aufwendiger Gerichte auch einen vorzüglichen *vegetarischen Borstsch*. Ganz in der vegetarischen Tradition der von unserer Meni gepflegten Wolfschen Küche, auch den Zwängen der dortigen Versorgung folgend, bereitet ihn meine in Moskau lebende Schwester Lena nach folgendem Rezept:

LENAS VEGETARISCHER BORSTSCH

Zutaten:
1,5 – 2 l Wasser,
2 große rote Bete (rote Rüben),
200 – 250 g frischer Weißkohl,
1 – 2 Möhren,
3 – 4 Kartoffeln,
1 kleine Petersilienwurzel,
1 – 2 Zwiebeln,
1 El Tomatenmark oder 2 frische Tomaten,
1 El Zucker,
1 El Speiseessig,
Salz nach Geschmack,
1 – 2 Knoblauchzehen,
1/2 Glas saure Sahne,
4 El Öl.

Das Wasser mit den ganzen geschälten Zwiebeln, der geputzten ganzen Möhre und der Wurzel Petersilie zum Kochen bringen (diese Zutaten werden am Ende des Kochens wieder entfernt). Im kochenden Salzwasser wird der grob geschnittene Kohl angekocht, danach die geschälten, zu feinen Stiften geschnittenen Kartoffeln hinzugegeben. 10 Minuten kochen lassen. Inzwischen wird die in etwas stärkere Stifte geschnittene rote Bete in Öl gedünstet und mit Zucker sowie Essig vorbereitet; davon getrennt, ebenfalls gedünstet, eine in Scheiben geschnittene Möhre, außerdem die Tomaten (ersatzweise das Tomatenmark).
Bei jeder Suppe, bei der vegetarischen insbesondere, ist wichtig, daß die verschiedenen Gemüsesorten entsprechend ihrer unterschiedlichen Garzeit zunächst getrennt vorbereitet bzw. in das kochende Wasser gegeben werden, damit sie ihren »Biß« behalten.
Nun kommt das fertig Gedünstete in die kochende Suppe bis alles gar ist. Bevor der vegetarische Borstsch vom Herd genommen wird, frische Kräuter (Schnittlauch, Dill, Petersilie) dazugeben. Beim Einfüllen kommen in jeden Teller noch ein Eßlöffel saure Sahne, etwas ausgepreßter Knoblauch und ein wenig Dill.

Eine Delikatesse für den Sommer ist die kalt servierte

OKROSCHKA (KWASSUPPE)

Geschälte rote Bete und Möhre in Wasser garen und abkühlen lassen. Kartoffeln ungeschält kochen und

abkühlen lassen. Eier hart kochen, abgekühlt schälen, halbieren, das Eigelb herauslösen, das Eiweiß kleinschneiden. Den Schnittlauch nach Waschen trockenschütteln und schneiden, mit Salz zerdrücken.
Das Eigelb mit Zucker, Salz, Senf, dem Schnittlauch und der sauren Sahne verrühren. Danach den Kwas unterziehen.
Die gewürfelten Kartoffeln, rote Bete, Gurken und Möhre mit dem Eiweiß dazugeben und etwa 2 Stunden kaltstellen. Als Zutat kann beliebig auch anderes Gemüse verwendet werden, z.B Rettich, Radieschen, Kohlrabi. Was normalerweise nicht roh gegessen wird, muß vorher gekocht oder gedünstet sein. Die Gurken können durch Sauerkraut oder eingelegte Pilze ersetzt werden.
Diese kalte Suppe kann nach Geschmack mit kleingeschnittenem Schinken, magerem Fleisch, Wild oder Geflügel angereichert werden. Beim Servieren in den Tellern die Suppe mit Dill bestreuen, bei hohen Außentemperaturen evtl. Eiswürfel dazugeben.
Okroschka kann auch mit Buttermilch oder Kefir angesetzt werden. Freunde behaupten, es gehe auch mit Bier.

Zutaten:
1 rote Bete,
1 Möhre,
2 Kartoffeln,
2 Eier,
2 frische Gurken,
1 Bund Schnittlauch,
1 Bund frischgehackter Dill,
4 El saure Sahne,
1 Tl Senf, Salz,
1 Tl Zucker,
2 l Brotkwas
(siehe unter Kwas).

Über Pelmeni

Ähnlich dem Brot haben viele aus Getreide und Mehl hergestellte Erzeugnisse für die russische Küche eine überragende Bedeutung. Die Kartoffel brauchte sehr lange, nachdem Kolumbus sie für Europa entdeckt hatte, bis sie den Weg nach Rußland fand. Während sie im westlicher gelegenen Bjelorußland zum Nationalgericht wurde, auch in Moskau gern verwendet wird, nimmt die Popularität ab, je weiter man nach Osten kommt. Während des Krieges habe ich in Alma Ata überhaupt keine Kartoffel gesehen. Die danach genossene erste Kartoffel schmeckte wie ein Festtagsmahl. Nudel- und Teiggerichte spielen dagegen eine wesentlich größere Rolle als in Deutschland.

Zuerst wurde wie bei anderen Völkern das mit einfachen Methoden gemahlene Mehl mit Wasser zu Nudelteig verrührt. Zu den Nudeln kamen mit der Zeit die *Pelmeni*, *Warenniki* und *Bliny*, denen wir uns zuwenden wollen. Charakteristisch für die russische Küche sind aber auch Backwaren aus Hefeteig. Neben den *Piroggen* und *Piroschki*, die wir schon kennengelernt haben, gibt es ungezählte Variationen der *Bliny* (Plinsen), *Oladi* (Löffelkuchen), *Pyschki* (Pfannkuchen), *Watruschki* (kleine Käsekuchen), *Kulebjaki* (gebackene Pastete, meist mit Fisch), *Bulotschki* (Brötchen), *Krendeli* (Kringel, Brezeln) und vieles andere Gebäck mehr. Besonders beliebt sind auch die verschiedenen *Pfeffer-, Honig- und Lebkuchen*, für die alte russische Städte wie Tula, Wjasma und Twer gerühmt wurden.

Beginnen wir mit den aus einfachem Nudelteig gezauberten, zum Nonplusultra der russischen Küche gehörenden *Pelmeni*.

ÜBER PELMENI

Pelmeni mit Ravioli oder gar mit schwäbischen Maultauschen vergleichen zu wollen, nur weil ihr Inhalt, gleich diesen, in Teig eingepackt ist oder weil diese Speise dem Leser gegenständlich vor Augen geführt werden soll, käme einer Lästerung gleich. Sicher können Pelmeni als gefüllte Plätzchen aus Nudelteig beschrieben werden. Doch wer käme auf die Idee einen Fasan mit einer Krähe zu vergleichen, nur weil beides Vögel sind? Dabei verdränge ich allerdings die Erinnerung an die auf Geheiß des ebenfalls nach Moskau emigrierten Schriftstellers Alfred Kurella mit Luftgewehren geschossenen jungen Krähen. Diese wurden in Peredjelkino der nichtsahnenden Gemeinde als gebratene Täubchen kredenzt und als wohlschmeckend gelobt.

Meine Nachforschungen erbrachten kein klares Bild darüber, wann Pelmeni in der russischen Küche aufgetaucht sind. Exakte Angaben konnte ich nicht finden. Dafür gibt es eine Unmenge von Märchen, Legenden und Mythen. Sie erzählen von den Feldzügen der ersten Kosaken zum Ural und hinter den Ural und wie diese von den Eingeborenen das »Brotohr« aus Teig formen lernten. »Ohr« heißt in der Sprache des Volksstammes der Komi *Pelmjan*.

Damit fing es an. Irgendwann mag den mongolischen Reitern aus den Weiten Asiens der ewige Verzehr des trockengerittenen Dörrfleisches zu eintönig gewesen sein. So wurde vielleicht von einem Koch oder einer Sklavin die Idee geboren, mit Hilfe der anspruchslosesten aller Teigsorten den Speiseplan durch eine großartige Abwechslung aufzubessern. Mögen die Legenden auch einiges verschweigen, aus dem »Pelmjan« wurde der russische *Pelmen*. Und da er nie als einzelner verzehrt wird, erscheint er in den Kochbüchern nur in der Pluralform »Pelmeni«. Auf die »Öhrchen« werden wir aber noch zurückkommen, denn sie sind aus der russischen Küche nicht mehr wegzudenken.

Über Pelmeni wurde sogar ein Poem verfaßt. 1879, von einem Dichter Blinow, der in der russischen Literatur ansonsten keine Spuren hinterließ. (*Blin* ist das russische Wort für die besonderen russischen Plinsen, die mit den Pelmeni zwar nur entfernt, aber doch verwandt sind.) Interessant ist, daß der Dichter das Poem mit dem Pseudonym »Sibirier« unterzeichnet hat, zumal die Pelmeni von allen Russen jenseits des Ural bevorzugt werden.

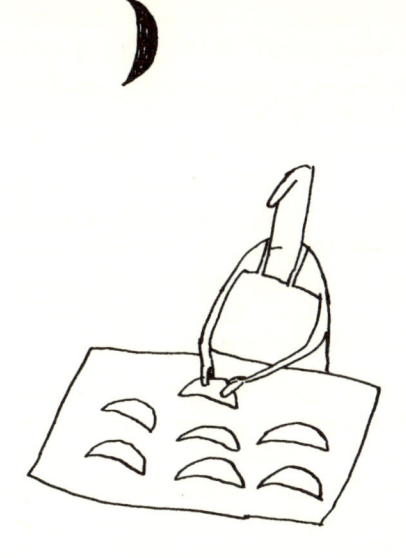

Zwei sibirische Kaufleute, so wird erzählt, hatten einen Streit, wer die meisten Pelmeni verdrücken könne. Keiner wollte zurückstehen. Zeugen berichteten später, der Sieger sei nach Verzehr des letzten Pelmen vom Stuhl gefallen und habe das Zeitliche gesegnet. Der Besiegte sei sodann dem Sieger gefolgt.

Möglicherweise beruht diese Geschichte nicht unbedingt auf Tatsachen. Wahr ist aber, daß Pelmeni nie in geringer Menge verzehrt werden. Pelmeni werden auf Vorrat zubereitet, entweder in der Familie, aber oft auch mit Freunden, Bekannten und Nachbarn. In Sibirien heißt dies, sich zu *Pomotschi*, zum Beistand, zu versammeln. Heute wird in einem Haus geknetet und geformt, morgen im zweiten und übermorgen im dritten Gehöft. Aberhunderte von Pelmeni werden dabei auf Kuchenblechen, Tischen, Brettern säuberlich ausgebreitet und dann dem Frost ausgeliefert. Die so tiefgefrorenen Pelmeni werden in Säcke oder Beutel geschüttet und im Schuppen wie Konserven aufbewahrt, solange der Frost anhält.

»Onkel Wanja«, wie der uns in Sibirien begleitende Fahrer genannt wurde, von Gestalt ein echter Recke, erzählte uns während einer Rast an einem Bach vom Nutzen der Pelmeni. Es war im Juli und sein Wintervorrat war schon längst aufgebraucht, so daß er uns damit nicht verwöhnen konnte. Dafür lernten wir von ihm, wie der Charius, die dort vorkommende Äsche, mit einfachsten Mitteln in Windeseile geangelt und danach schmackhaft am Lagerfeuer im eigenen Fett zubereitet werden kann.

ÄSCHE ODER FORELLE AUF JÄGERART

Dazu wird der Fisch ausgenommen, die Filets werden nach außen gewendet, auf eine angespitzte Haselnußrute gespießt und mit Gefühl über der Flamme gegart. Mit frischem Brot, Tomate und Gurke verzehrt, sind sie ein Genuß!

»Onkel Wanja« war wie viele Sibirier ein passionierter Jäger, für den die Jagd kein Zeitvertreib und auch kein Broterwerb ist, sondern eine wichtige Form der Fleischversorgung für die ganze Familie. Bis jeder von uns so viele Fische gebraten und verzehrt hatte, daß er satt war, blieb genügend Zeit für Jagdgeschichten.

Sibirier haben überhaupt viel mehr Zeit und wundern sich über unsere europäische Hast. Keiner dort konnte begreifen, weshalb wir sogar im Urlaub immer genau wissen wollten, wie lange wir von da nach dort unterwegs sein würden, und warum wir ähnliche, völlig überflüssige Fragen stellten. So erfuhren wir am Lagerfeuer, daß unser Fahrer im Spätherbst einen Maralhirsch, sein »Deputat«, schießt. Dessen Fleisch dient dann durchgedreht und gemischt mit Rind und Schwein zur Füllung der Pelmeni. Im Winter und bis weit in den Frühling hinein unternimmt Onkel Wanja keine Fernfahrt ohne einen Beutel Pelmeni. Auch bei den Holzarbeitern und wenn er Holz für den Haushalt in der Taiga beschafft, ersetzen die gefrosteten Teigtaschen Konserven. Zum Mittag- oder Abendessen braucht er seinen kleinen Henkeltopf nur mit Schnee zu füllen, die Pelmeni in das über dem Lagerfeuer kochende Wasser zu werfen – und schon duftet es wie am heimischen Herd, schmeckt wie dort, und er wird satt.

Nein, solche Geschichten wird man kaum über Ravioli oder schwäbische Maultaschen hören. Vielleicht eher über die chinesischen Wan Tan (Jiao Zi), die georgischen Chinkali oder die usbekischen Manty, bei denen wir später kurz verweilen werden. Doch sie erinnern an Pelmeni nicht mehr als die ukrainischen Warenniki oder die russischen Beljaschi. All diese Gerichte können wunderbar schmecken, es sind aber keine Pelmeni!

Siegesfeier mit Pelmeni

In Norwegen soll es ein Denkmal für den Hering geben. Ich habe es nicht gesehen. In Deutschland existiert aber ein Denkmal für Pelmeni. Für die russischen Pelmeni! Geschaffen wurde es von meinem Bruder Konrad. Es ist in seinem stärksten autobiographischen Film *Ich war neunzehn* vom Kinobesucher nicht einfach zu betrachten, sondern mitzuerleben, wie Pelmeni »geboren« werden.

Der Zuschauer, noch erschüttert von den Filmszenen über die letzten Tage des schlimmsten aller bisherigen Kriege, wie sie Koni nach seinen Tagebuchaufzeichnungen auf der Leinwand festgehalten hat, nimmt mit dem jungen deutsch-russischen Filmhelden in einem Saal des Schlosses Sanssouci an der Vorbereitung der Siegesfeier im Kreis von Offizieren der Sowjetarmee teil. »Man sieht Hände, die Fleischstücke und Zwiebeln durch einen

Wolf drehen, und andere Hände, die das Durchgedrehte mit Salz und Pfeffer würzen und kneten und mit Wasser verdünnen; man sieht Hände, die einen Mehlteig walzen, mit Hilfe einer Flasche, und andere Hände, die runde Plätzchen aus dem Teig stanzen, mit Hilfe von Gläsern sehr unterschiedlicher und teilweise kulturgeschichtlicher Herkunft; man sieht Hände, die Fleischkugeln drehen und in den ausgestanzten Teig wickeln. Das sind Pelmeni. Die fertigen werden zur Mitte gelegt, in Reihen, die aufeinander zuwachsen und sich schließen, wie die Reihen einer Armee.«

Dies läßt sich im Drehbuch zum Film nachlesen und natürlich viel eindrucksvoller im Film ansehen. Im Regiebuch fand ich neben den Handzeichnungen für die einzelnen Einstellungen Genaueres über den Bedarf an Requisiten für diese Szene: »22 sowj. Pistolen, große Mengen Pelmeni und Zutaten: Schabefleisch, Hackepeter, Zwiebeln, Pfeffer, Salz, Milch, Essig, Mehlteig, Mehl; leere und volle Wodkaflaschen, 2 Fleischwölfe, Teigwalzen, Gläser unterschiedlicher Herkunft, Emaillewaschschüsseln.«

Die Pelmeniköche sind eifrig am Werk. Einer steht auf und zählt die gerade neu aufgereihte Fertigware. Bei jedem Tausend – ein Jubelschrei. Da erscheinen Flaschen auf den Tischen. In dieselben Gläser und Pokale, die zum Ausstechen der Teigplätzchen dienten, wird jenes Naß gegossen, ohne das nicht nur der Verzehr, sondern auch die Herstellung von Pelmeni undenkbar ist. Ganz besonders bei einem solchen Anlaß wie im Film: der Siegesfeier nach der Kapitulation Hitlerdeutschlands.

Im Regiebuch ist an der Stelle des mit Schreibmaschine geschriebenen Textes: »Auf die Zweitausend, hurra!«, die Zahl durchgestrichen und von der Hand des Bruders eingesetzt – »Dreitausend«. »Auf Dreitausend – ein Hurra!« ertönt der Ruf. Alle stimmen ein, die Gläser werden in einem Zug geleert, und dann erklingt der bei ähnlichen Gelegenheiten obligatorische Männergesang über Stenka Rasin und die Wolga.

ÜBER PELMENI

Der Sieg und Pelmeni! Als Künstler hat Koni die Rolle dieses einfachen Gerichts für diese Feier und für die russische Küche überhaupt so erfaßt, wie es nur ein zutiefst mit der »russischen Seele« verwachsener Mann tun konnte.

Obwohl es uns beiden nie schwer fiel, ein russisches Fell überzuziehen, wurde uns erst viel später bewußt, wie sehr wir uns mit der Einführung des Pelmeni-Ritus in unseren größer werdenden Familien den Geheimnissen der alten russischen Bräuche genähert hatten. Wie bei den erwähnten Pomotschi in Sibirien entwickelten sich Geselligkeit und Arbeitsteilung bei der Herstellung der Wunderbällchen allmählich zur Meisterschaft und Tradition. Es ist eben ein Unterschied, ob man sich zur Feier einfach an eine fertig gedeckte Tafel setzt oder ob zuvor am selben Tisch etwas Feines und Gutes gemeinsam »geschaffen« wird. Es können die gleichen Pelmeni sein. Doch wenn beim Ausrollen des Teigs, beim Ausstechen der Plätzchen, beim Formen der Teigtaschen rund oder halbmondförmig, mit oder ohne Öhrchen, die letzten Familienneuigkeiten ausgetauscht werden, die Politiker ihre Schelte abbekommen, eine Anekdote aus einer Zeitschrift oder eine lustige Geschichte aus einem Buch vorgelesen wird, dann erhält die so selten gewordene Gemeinsamkeit den Reiz einer kultischen Handlung. Und wenn gar nach den ersten Gläschen ein deutsches oder ein russisches Lied angestimmt wird ...

Im Reigen der Erinnerungen fällt mir ein, daß bei Maxim Gorki im *Werk der Artomonows* ausführlich die Vorkehrungen zu einer Hochzeit geschildert werden. Ähnlich wie in Konis Film hat mich dabei die Schilderung der Anfertigung Tausender Pelmeni auf dem Gutshof beeindruckt. In den Teig der kleinsten wurde jeweils nur eine Kirsche eingewickelt!

Wie oft haben Koni und ich gemeinsam oder jeder für sich bei russischen Freunden erlebt, wie nach einer langen Folge verschiedener Gerichte schließlich noch eine dampfende Schüssel Pelmeni auftauchte. Der Magen streikt, doch die Augen können nicht wegschauen. Wie soll man solcher Verlockung widerstehen? Es geht einfach nicht. Es war also kein Zufall, sondern gesetzmäßig, daß nicht Schaschlyk oder Plow, sondern Pelmeni den Zankapfel im kulinarischen Streit der Brüder hergaben. Wer von uns beiden besaß das bessere Rezept, das der eigentlichen, wahren Pelmeni? Das bessere Maß für die Größe, die Form, die Konsistenz der Füllung?

Pelmeni auf Alaska

Zu seinem 50. Geburtstag am 20. Oktober 1975 lud Koni in den Berliner Künstlerklub »Die Möwe« ein. Viele Gäste kamen. Jeder Gast hatte mit seiner Einladung Konis Pelmeni-Rezept erhalten, nahm beim Einlaß eine Schürze mit der Auflage entgegen, in der Reihe der Hilfsköche sofort mit der Anfertigung eines Minimums der Kultobjekte zu beginnen. Erst nach Abnahme durch den Chefkoch durfte er sich den bereits anerkannten Teilnehmern der Feier anschließen. Meine Familie fiel durch fast professionelle Teamarbeit neidvoll auf. Der Einfall des Jubilars trug zur Bereicherung des Speiseangebots und auf jeden Fall zur ausgelassenen Stimmung an jenem Abend bei.

Im selben Jahr hatte Koni übrigens mit dem in Westberlin lebenden Freund Lothar Wloch den Dritten der Moskauer Kindheitstroika, Vitja oder Vic Fischer, in den USA besucht. Obwohl oder gerade weil sie das Leben nicht nur geographisch weit auseinandergeworfen hatte, waren Pelmeni nicht zufällig Gegenstand ihrer ersten gemeinsamen Handlung nach der Wiederbegegnung im fernen Alaska. Nach jahrzehntelanger Trennung symbolisierten sie gewissermaßen die wiedergewonnene Freundschaft.

Obwohl ich das auf der Geburtstagsfeier von Koni empfohlene Rezept durchaus akzeptieren kann und in diesem Buch verwende, begann unser kulinarischer Widerspruch dort, wo Konis Pelmeni von der sibirischen Tradition abwichen. Die seinen wurden immer kleiner und die Füllungen, offenbar unter dem Einfluß seines Lehrmeisters und späteren Kollegen in Sachen Film und Kochkunst, Sergej Gerassimow, immer ausgefallener. So ließ er sich tatsächlich dazu hinreißen, die mehrfach durch den Fleischwolf gedrehte Füllung noch mit Knochenmark anzureichern.

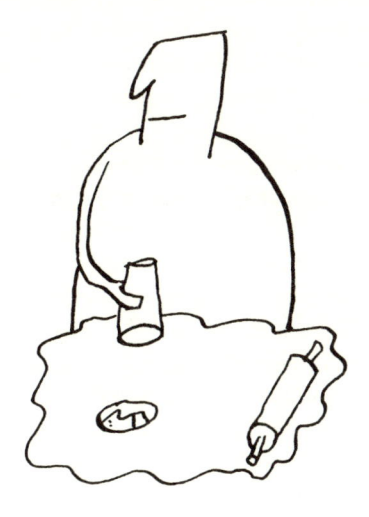

Zu meinen Geburtstagen erschien Koni des öfteren mit einem bis an den Rand mit Minipelmeni gefüllten kleinen Tiegel oder Töpfchen. Es war wohl seine freundliche Kritik an dem von mir bevorzugten gröberen Kaliber, mehr aber doch Ausdruck unserer brüderlichen Nähe. Große Worte lagen uns nicht. In jedem dieser in hauchdünnen Teig eingehüllten liebevoll angefertigten Unikate steckte unendlich viel Mühe. So verschieden unsere Ansichten in kulinarischen Fragen auch gewesen sein mögen, so weit die Felder unserer Mühen in der Arbeit auch auseinanderlagen, in unserer Weltsicht und auch den zunehmenden Zweifeln an der Realisierbarkeit unseres Wollens stimmten wir überein. In dieser Hinsicht seien wir beide austauschbar, meinte Koni zu engen Freunden.

So wie ich mich für die Filmprojekte des Bruders interessierte, beschäftigten ihn Begegnungen mit ehemaligen Kundschaftern und die Biographien von Menschen, für die ich Verantwortung trug. Er wußte, daß mir in meiner Tätigkeit deren Schicksal oft quälend nahe war, wie ihm seine schöpferischen und kulturpolitischen Probleme, hinter denen auch wieder Einzelschicksale standen.

Über die »wunderbare Fülle«

1993, während meines Prozesses, charakterisierten mich die Ankläger in ihrem Plädoyer als »charismatischen Repräsentanten der Aufklärung der DDR«. Wenn charismatisch wie im theologischen Sprachgebrauch »wunderbare Fülle« bedeutet, gelangen wir wieder zu den Pelmeni!

In der Tat versagten die Pelmeni nie ihre wunderbare Wirkung, wenn ich einem unserer Kundschafter aus dem Westen (in den Strafprozessen als »Agenten« bezeichnet) eine besondere Aufmerksamkeit erweisen, »ihn in den Bann meines Einflusses ziehen« wollte, wie die Ankläger meinten. Befragt nach dem Inhalt der Begegnungen mit mir, bekundeten im Prozeßverlauf mehrere Spitzenquellen als Zeugen, bei den Treffen mit mir hätten vor allem auch kulinarische Geheimnisse eine herausragende Rolle gespielt.

So erinnerte sich Gaby, die in die oberen Etagen des Bundesnachrichtendienstes eingedrungen war, an die bei einer Begegnung in Berlin unter konspirativen Bedingungen genossenen Pelmeni. Als wir uns in einer Prozeßpause in einem italienischen Restaurantschiff auf dem Rhein gegenübersaßen, war sie seit dem an ihr begangenen Verrat und durch die jahrelange Haft hart geprüft. Wer einmal die Entbehrungen eines Gefängnisses kennengelernt hat, kann vielleicht nachempfinden, wie ein Geruch, wie der Geschmack auf der Zunge plötzlich Erinnerungen und eine ganze Kette von Gedanken auszulösen vermag. Ich konnte Gaby damals nicht fragen, doch vielleicht gab es einen Moment, da die Erinnerung an das russische Essen in Berlin jenes Gefühl der Gemeinsamkeit und eine neue Hoffnung wieder gestärkt hat, das durch die Haft geschwunden war. Unsere menschliche Bindung ist in dieser Prüfung nicht verlorengegangen, wie ich heute weiß.

Unlängst hatten wir Besuch von Moskauer Freunden. Es war vor Weihnachten. Natürlich haben wir ihnen etwas vom heutigen Berlin gezeigt, haben im Georgsbräu vor unserer Haustür im Nikolaiviertel Bier getrunken, gingen mit ihnen durch ein paar Geschäfte. Wir besuchten auch gute deutsche Freunde. Bei einer Familie war ich sicher, daß uns Gastfreundschaft auf russische Art erwartete. Ich arbeitete bereits an diesem Buch, ein paar Rezepte mußten von Kennern begutachtet werden. Was lag näher, als die Herstellung von Pelmeni zum wichtigsten Teil des Abends zu erklären?

Während wir das Wohnzimmer in einen kulinarischen Arbeitsraum verwandelten, konnte sich unser Besuch kaum von dem Blick aus dem Fenster auf das Brandenburger Tor losreißen. Vor den Strahlen der Abendsonne und dem dunkel werdenden Himmel hob es sich wie auf einer Opernbühne ab. Jener Ort, an dem 1945 die Leiche des Führers des »Tausendjährigen Reichs« in Flammen aufgegangen sein soll, lag schon im Dunkeln. Zwölf Jahre hatten ihm genügt, um ganz Europa anzuzünden und zuletzt auch Berlin in Schutt und Asche zu legen. Die Zahl Zwölf fiel uns ein, weil wir an diesem Abend zufällig zwölf Personen waren.

Gemeinsam fertigten wir, exakt nachgezählt, 328 Pelmeni an. Als Werk unterschiedlicher Schulen der russischen Küche waren sie teils rund, teils halbmondförmig wie Ohren. Während sie im Wasser siedeten und garten, sprachen wir mit Vergnügen der von der Hausfrau schon vorher vorbereiteten Sakuska zu. Schließlich kamen die Pelmeni auf den Tisch, wurden für gelungen befunden und restlos verzehrt.

Auch Koni hätte seine Freude an diesem deutsch-russischen Abend gehabt.

Deshalb will ich dem Leser nun Konis Originalrezepte für Pelmeni unterbreiten. Sie liegen mir in seiner Handschrift neben einer Reihe von Fotografien vor, die ihn und Sergej Gerassimow in weißen Schürzen und Kochmützen mit Freunden bei der Anfertigung des Lieblingsgerichts zeigen.

REZEPTUR

Sibirische Pelmeni sind Teigtaschen mit Fleischfüllung und diversen Saucen.

Teig: *simpler Nudelteig, so fertigen und ausrollen, daß er möglichst dünn wird, jedoch bei Formung und Kochen der Pelmeni nicht platzt.*

Füllung: *Rindfleisch (Schabefleisch) und nicht zu fettes Schweinefleisch (Gehacktes) im Verhältnis 2:1. Geriebene Zwiebeln, Salz, Pfeffer.*

Saucen: *Essig und Pfeffer, saure Sahne, braune Butter, scharfe Tomatensauce.*

Varianten:
  1. Rindfleisch mit Knochenmark mischen (empfiehlt der Moskauer Pelmenikönig S.A. Gerassimow!)
  2. Rindfleisch – Schweinefleisch – Geflügel = 1:1:1 (nach dem berühmten Buch der Molochowez)
  3. Fein gehackte Pilze (getrocknete Steinpilze!) beimischen.

Mengenlehre:
  Nach Molochowez *(etwa 60 Stück für 6 – 8 Pers.)*
  Teig:
  3 Glas Mehl
  7 Eßlöffel (1/2 Glas) Salzwasser

2 Eier
1 Teelöffel Salz
Füllung:
750 g Rinderfilet mit Fett oder 500 g Rindfleisch
250 g Nierenfett
2 Zwiebeln
Pfeffer, Salz

☆

Nach Knobloch
(1 kg für 4 – 5 Pers.)
Teig:
330 g Mehl
0,1 l Wasser
1 Ei
Salz
Füllung:
200 g Rindfleisch
200 g Schweinefleisch
40 g Zwiebel
0,1 l Wasser
Pfeffer, Salz

Man kann alles so machen, wie angegeben, oder selbst variieren. Jedem Leser werden schon bei den Beschreibungen der Praktiken des »Pelmenikults« die unterschiedlichen Möglichkeiten aufgefallen sein. Eigene Erfahrung und Übung sind wichtiger als das genaue Befolgen der Rezepte.

Sehr zu bezweifeln ist die in dem Molochowez-Rezept enthaltene Angabe 60 Stück für 6 – 8 Personen. Auf 60 Pelmeni hat es jedes meiner erwachsenen Kinder gebracht, als sie noch nicht auf ihr Gewicht achten mußten. 15 – 20 Pelmeni pro Person würde ich schon als Durchschnittszahl empfehlen, wenn Sie Ihre Gäste nicht hungrig entlassen wollen.

Weiter wundert mich sehr, daß Koni den Knoblauch nicht erwähnt. Vielleicht hat er ihn zu der Geburtstagsfeier aus Rücksicht auf einige weibliche Gäste auch weg-

ÜBER PELMENI

gelassen. Er hat ihn sonst nie vergessen. Dieses Gewürz gehört unbedingt dazu, allerdings in dem Maße, wie Sie es Ihren Gästen zumuten möchten. Für die angegebenen Mengen würde ich mindestens 1 Zehe empfehlen.

Dem Hobbykoch, der noch keinen *Nudelteig* zubereitet hat, sei folgendes Vorgehen empfohlen:

Zur Vorbereitung und zum Ausrollen des Teiges die angegebene Menge Mehl in eine Schüssel oder auf ein größeres Kuchenbrett schütten, eine Vertiefung in die Mitte drücken. Salz, drei Eigelb und zunächst etwas von der angegebenen Wassermenge kalt hineingeben. Mit einem Messer oder großen Löffel das Eigelb mit dem Wasser vermengen. Danach allmählich das restliche Wasser in das Mehl geben und so lange mit beiden Händen kneten, bis der Teig ohne Klümpchen völlig geschmeidig ist. Für 400 g Mehl wird etwa 1 Glas Wasser benötigt. Man kann für etwa ein Viertel oder ein Drittel dieser Menge Flüssigkeit auch Milch nehmen.

Ich gestehe, daß ich den Teig, abweichend von der Tradition, mit dem Kneter der Küchenmaschine zubereite. Er wird dann ohne Kraftaufwand nicht weniger geschmeidig und läßt sich bei Zugabe der Flüssigkeit ständig kontrollieren. Ist er zu klebrig, gibt man wieder etwas Mehl dazu. Er muß sich zu einer festen Kugel zusammenballen lassen.

Der nicht sofort verwendete Teig muß in einem feuchten Tuch aufbewahrt werden, damit er nicht austrocknet. Einige Hausfrauen empfehlen, ihn 1 – 2 Stunden ruhen zu lassen. Er läßt sich dann besser ausrollen.

Beim Variieren der Füllung wird, je näher die Köche in Richtung Asien beheimatet sind, auch Hammel, besser Lamm verwendet, dann mit Rind und Schwein, alles im Verhältnis 1 : 1 : 1.

Die Zwiebel wird mit dem Fleisch und Knoblauch durch den Wolf gedreht oder bei Verwendung von Gehacktem feingehackt beigemischt. Frisch gemahlener

ÜBER PELMENI

*Pfeffer gibt natürlich den besseren Geschmack.
Beim Ausrollen Mehl dünn auf das Brett oder den Tisch
schütten, damit der Teig nicht anklebt. Diesen dann
etwa 1 mm stark ausrollen. Nach unserer Familientradition werden die Plätzchen ca. 40 mm groß mit einem
scharfkantigen Glas ausgestochen. Auf je einen Kreis
wird etwa 1 gehäufter Teelöffel Füllung gelegt, ein anderer Kreis kommt als Decke darüber. Die Ränder
beider Plätzchen werden fest zusammengepreßt. Damit
sie besser halten, können sie mit Wasser befeuchtet werden. Die fertigen runden Pelmeni haben bei uns etwa
die Größe eines Fünfmarkstücks.
Bei der halbmondförmigen Pelmeniart, die zu Öhrchen
geformt werden können, werden die Kreise aus dem
Teig etwa in der Größe eines Wasserglases ausgestanzt
(6 – 8 cm). Dann kommt ein reichlicher Teelöffel Füllung
in die eine Hälfte des Kreises, die andere Hälfte wird
darüber geklappt, und wieder werden die angefeuchteten
Ränder zusammengepreßt. Die Finger wieder in Wasser
tauchen, die beiden Teigecken anheben und aneinanderdrücken, so daß sie zum »Öhrchen« verbunden werden.
Die fertigen Pelmeni kommen am besten zunächst auf
Pergamentpapier oder auf eine mit Mehl bestreute
Unterlage. Dabei werden sie gezählt, um das Ergebnis
der gemeinsamen Mühen genau bestimmen und begießen zu können (siehe Konis Drehbuch!).
Das weitere Vorgehen hängt nun von Ihren Absichten
ab. Sollte keine große Feier mit vielen Teilnehmern ins
Haus stehen, werden Sie einen Teil einfrosten. Unter
klimatischen Bedingungen, die sich von denen Sibiriens
unterscheiden, können es je 100 Stück im Gefrierbeutel
sein. Im Unterschied zu anderer Fleischware beeinträchtigt das Einfrieren die Qualität der Pelmeni einige
Monate lang nicht. Im Gegenteil: Das Kochen wird
Ihnen noch besser gelingen.
In einer mindestens 4 – 6 l fassenden Kasserolle werden
3 l Wasser zum Kochen gebracht, zuvor 2 Teelöffel Salz
dazugegeben. Bei dieser Menge Wasser nicht mehr als*

20 – 25 Pelmeni in das sprudelnde Wasser schütten. Nun besteht die Kunst darin, den Herd rechtzeitig so weit herunterzuschalten, daß die Pelmeni nicht in kochendem, sondern nur in siedendem Wasser gar werden.
Kein einziger Pelmen darf aufplatzen!
Das Garen wird in dem unbedeckten Topf etwa 10 Minuten dauern. Die fertigen Pelmeni erkennt man daran, daß sie an der Oberfläche schwimmen. Die zuerst auftauchenden sind für den Koch zum Verkosten bestimmt. Die Pelmeni können nun auf zweierlei Art serviert werden: Als Einlage in klarer Rinder- oder, noch besser, Hühnerbrühe. Als Hauptgericht – von mir bevorzugt – mit Essig und gemahlenem Pfeffer, mit saurer Sahne, in welcher der Löffel steht (Schmand), oder in zerlassener brauner Butter. Einige meiner Kinder und Enkel – ich betrachte das als Frevel – geben noch Ketchup dazu.
Ein Gläschen Wodka darf indessen nie fehlen!

Nicht mit Pelmeni gleichzusetzen, aber auch nicht zu verschmähen, sind folgende Abarten der Teigtaschen:

USBEKISCHE MANTY

Der Teig ist noch einfacher als der für Pelmeni: 450 g Mehl werden lediglich mit 3/8 l Wasser kräftig geschlagen und geknetet, bis der Teig glatt ist.
Die Füllung *besteht aus 750 g magerem durchgedrehtem Lammfleisch, 225 g feingehackten Zwiebeln, 2 Tl Salz, 1/2 Tl frischgemahlenem schwarzem Pfeffer. Nach Zubereitung der Füllung durch gründliche Vermengung der Zutaten mit einem Holzlöffel werden wir bei der Formung der Manty noch 100 g Butter benötigen.*
Der Teig wird ähnlich wie bei den Pelmeni behandelt. Er wird aber etwa 2 mm dick auf einer bemehlten Arbeitsplatte ausgewalzt.
Dann werden Kreise von 10 – 12 cm Durchmesser ausgestochen, auf deren Mitte jeweils 5 Teelöffel Füllung und 1 Teelöffel Butter kommen. Dann werden die Ränder der Kreise über der Mitte zusammengerafft, so daß

sie sich über der Füllung wie eine Zwiebel schließen.
Den oben entstandenen Bund mit in Wasser getauchten
Fingern fest zusammenpressen.
Manty werden im Gegensatz zu Pelmeni nicht gekocht,
sondern gedämpft. Dazu wird ein großer Topf etwa 3 cm
hoch mit Wasser gefüllt und das Wasser zum Kochen
gebracht. Dann werden die Manty in einem Durchschlag in den Topf gehängt; dieser wird zugedeckt und die Hitze verringert. Nach ca. 15 Minuten sind die Manty fertig.
Sie werden in einer Schüssel oder einzeln für jeden Gast
in Schälchen mit Joghurt serviert und vorher mit Minze
oder Dill bestreut.
Manty eignen sich ähnlich den Pelmeni auch als Beigabe zu klarer Brühe.

UKRAINISCHE WARENNIKI

Den Teig ähnlich dem für Pelmeni mit folgenden Zutaten zubereiten (für etwa 16 Teigtaschen): 300 g Mehl, 1 Ei, 1/8 l Milch, 1 Tl Salz. Die Teigkugel einschlagen und etwa 30 Minuten kaltstellen.
Quarkfüllung: *500 g Schichtkäse (oder groben Quark), 30 g Zucker, 1 Eigelb, 5 El zerlassene Butter, 1/2 Tl Salz, 1/2 l saure Sahne, 2 Eiweiß.*
Den Schichtkäse durch den Fleischwolf drehen oder mit dem Rücken eines Kochlöffels durch ein Sieb in eine Schüssel streichen. Dann Zucker, Eigelb, zerlassene Butter und Salz dazuschlagen und die saure Sahne allmählich hineinrühren. Zucker nach Geschmack dazugeben.
Fruchtfüllung: *1 kg Obst und Früchte nach Angebot und eigenem Geschmack (pur oder gemischt), 150 g Zucker, 2 Eiweiß (schaumig geschlagen), 4 El heiße, zerlassene Butter.*
Nachdem die Hälfte der Früchte in einen Topf gegeben wurde, die Hälfte des Zuckers darüberstreuen. Danach mit dem Rest in Schichten ähnlich verfahren. Mit starker Hitze zum Kochen bringen, danach 3 – 5 Minuten auf niedriger Hitze köcheln. Obst und Beeren heraus-

nehmen, den Saft weiter köchelnd eindicken lassen.
Der Teig wird auf einer bemehlten Arbeitsunterlage 1/4 cm dick zu einem Kreis ausgerollt. Davon werden mit einem Glas (etwa 10 cm Durchmesser) Kreise für die Taschen ausgestochen. (Die Teigreste können wiederverwendet werden.) Jeder Kreis wird mit geschlagenem Eiweiß bepinselt. Dann wird, wie bei den halbmondförmigen Pelmeni, je 1 Tl Füllung auf die eine Hälfte des Kreises gelegt, die mit der anderen Hälfte anschließend zugedeckt wird.
4 l Salzwasser in einem 5 – 6 l fassenden Topf zum Kochen bringen und die Warenniki genauso behandeln wie Pelmeni. Auf vorgewärmter Platte im Backofen warmstellen, bis alle gekocht sind. Auf der vorgewärmten Platte servieren.
Zu Warenniki mit Fruchtfüllung gibt man den eingedickten Saft; zu denen mit Quarkfüllung saure Sahne.

Warenniki mit Sauerkraut *sind eine weitere Abart dieser gefüllten Teigtaschen.*
Dazu wird für die Füllung 500 g feingehacktes Sauerkraut mit 15 g Butter in einer Pfanne gegart, dann mit 150 g feingehackten Zwiebeln vermischt, die in 45 g Butter glasig gedünstet wurden. Diese Mischung wird nach Zugabe von 1/2 Tl Salz, 1/4 Tl Zucker und etwas Pfeffer weitere 10 – 15 Minuten geschmort und dann mit 2 El saurer Sahne abgeschmeckt.
Weiter wird wie oben geschildert verfahren und das Gericht mit brauner Butter oder saurer Sahne serviert.

BELJASCHI

Beljaschi sind eine aus Hefeteig zubereitete Art russischer Teigtaschen.
Für den Teig nehmen wir auf 5oo g Mehl 1 Glas Wasser oder Milch (oder zur Hälfte beides), 15 g Hefe und 1/2 Tl Salz. (Die Zubereitung des Hefeteigs haben wir schon auf S. 80 behandelt.)
Die Füllung *kann genauso wie bei Pelmeni variiert*

*werden. Für die genannte Menge Mehl etwa 400 g
Fleisch und 2 – 3 Zwiebeln nehmen, dazu entsprechend
Pfeffer und Salz.
Aus dem etwa 2 mm stark ausgerollten Teig werden
8 – 10 cm große Kreise ausgestochen. Je 1 El Füllung
darauf legen und danach die Ränder um die offen blei-
bende Füllung herum hochdrücken.
Beljaschi werden in einer Pfanne in heißem Öl oder
Fett (insgesamt etwa 100 g) gebraten. Zunächst wird die
mit der Füllung offene, danach die untere Seite ange-
braten.
Die fertigen Teigtaschen auf einer Platte warm stellen.*

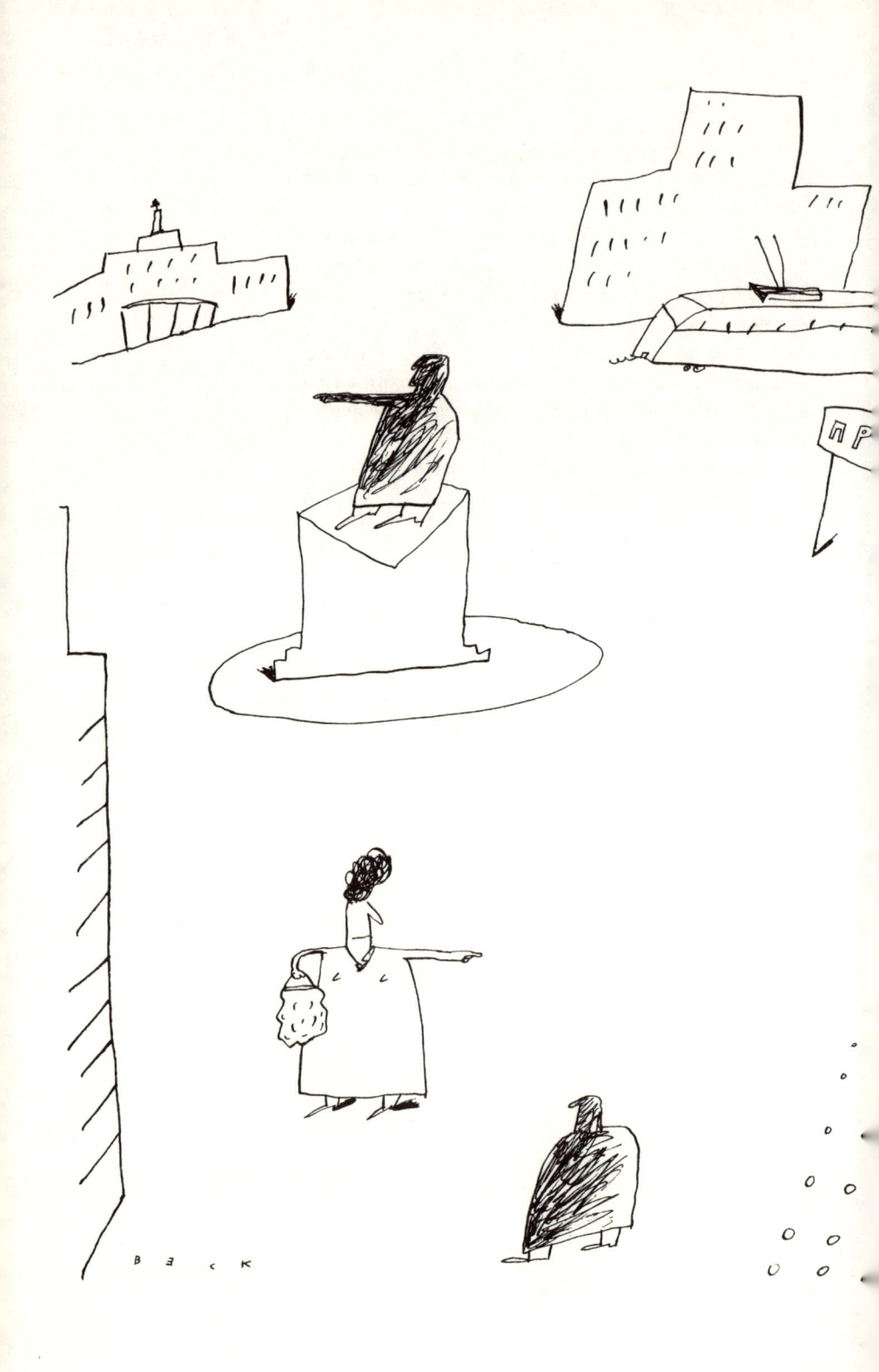
ПР

ÜBER »ANDRIETTEN«, PLOW UND SANSIBAR

Unter Verletzung der in Kochbüchern üblichen Systematik und der Gefängnisregel »Alles der Reihe nach« sind wir mit den Teigtaschen bei den Fleischgerichten gelandet. Bei der Verwendung von gehacktem Fleisch haben wir es aber mit einer Zwischenform von Piroggen und Fleisch zu tun. So mag mir dieser Gedankensprung, wie manch anderer auch, vom großzügigen Leser nachgesehen werden.

Bei den folgenden Fleischrezepten werde ich mich ohnehin nur auf einige ausgewählte beschränken. Die Lektüre russischer Kochbücher genügt, um sich von den vielfältigen fremden Einflüssen gerade bei Fleischgerichten zu überzeugen. Wir finden das *Beefsteak*, in kyrillischen Lettern geschrieben, ebenso wie *Langette* oder das *Kotelett*. Bei vertraut klingenden Worten ist allerdings Vorsicht geboten. Sollten sie zum Beispiel in einem Moskauer Restaurant ein Kotelett bestellen, erhalten sie nicht ein Kotelett vom Stück am Rippchen (das Wort stammt vermutlich vom italienischen *castoletta* ab), sondern eine gewöhnliche Bulette aus Gehacktem. Der aus dem Französischen stammende Name der Bulette ist eigenartigerweise von der sonst vor französischen Begriffen nur so strotzenden russischen Kulinarie nicht übernommen worden.

Mit diesen in Westeuropa wohlbekannten Gerichten will ich das Buch nicht belasten. Aber über die mit seiner Entstehung verbundenen »Andrietten« will ich sprechen. Ihren Namen erhielten diese Buletten, als wir mit Lena und Jascha gerade die Auswahl der Fleischgerichte für dieses Buch berieten und dabei auf Sprachkalamitäten stießen. Es war Mittagszeit, wir waren zu beschäftigt, um an die Zubereitung einer Mahlzeit zu denken. Unbemerkt machte sich Andrea in ihrer unnachahmlich flinken Art in der Küche zu schaffen. Es war keine halbe Stunde vergangen, als wir aufgefordert wurden, unsere Papiere und Bücher wegzuräumen, und das in Windeseile improvisierte Mahl kredenzt bekamen. Es waren Buletten mit Bratkartoffeln und frischem Salat.

Die Russisch *kotlety rublennyje* genannten Buletten schmeckten so hervorragend, daß sie von den Moskauer Freunden kurzerhand »Andrietten« getauft wurden. Das Rezept ist ganz einfach:

ANDRIETTEN

Zutaten:
300 g Schabefleisch,
300 g Hackepeter,
2 mittelgroße Zwiebeln,
2 Eigelb,
2 Knoblauchzehen,
1 Brötchen,
Pfeffer, Salz.

Zwiebel und Knoblauch kleinschneiden (oder letzteren mit der Knoblauchpresse auspressen), das Brötchen in Wasser einweichen. Alles zu einer Masse vermengen, dabei das Wasser vom Brötchen hinzugeben, damit die Buletten schön saftig werden. Mit Pfeffer, Salz und anderen Hackfleischgewürzen abschmecken. Mittelgroße Kugeln (französisch: boules) formen und in der Pfanne mit aufgehitztem Öl oder Schmalz zunächst scharf anbraten, danach auf mittlerer Hitze zu Ende braten.

Vor lauter Begeisterung über die Andrietten zauberte Lena genauso schnell einen Nachtisch:

GEBRATENE APFELSCHEIBEN

Zutaten:
8 große Äpfel,
Butter, Mehl,
Zucker,
Zitronensaft,
Marmelade
(Konfitüre).

Die Äpfel waschen und entkernen, in je vier Scheiben schneiden. In Mehl wälzen und beide Seiten in Butter goldbraun braten. Vor dem Servieren mit Zucker bestreuen und mit Zitrone beträufeln. Jedes Stück mit 1/2 Tl Konfitüre verzieren. Schlagsahne kann, muß nicht gereicht werden. Dazu eine Tasse heißen Tee mit Zitrone.

Das im vorigen Jahrhundert für den russischen Grafen und Diplomaten Grigori Alexandrowitsch Stroganoff kreierte und in der ganzen Welt berühmt gewordene Rezept gehört zu meinen Leib- und Magengerichten. Der Graf gehörte einer der reichsten Familien Rußlands an, konnte sich auch eine entsprechende Zahl guter Köche halten und starb im respektablen Alter von 87 Jahren. Ein Zeichen dafür übrigens, daß Gourmets recht alt werden können. Böse Zungen lästern, der zahnlos gewordene Graf habe ein normales Steak nicht mehr beißen können, und da er Gehacktes nicht leiden konnte, das neue Gericht erfunden. Zahnprothesen in der Güte unserer Zeit gab es schließlich noch nicht.

Beef Stroganoff ist einfach in der Zubereitung, doch an der Sauce scheiden sich die Geister, wie sich der Meisterkoch überhaupt durch Saucen seinen Ruf verschafft. Da Andrea und ich diese Art der Zubereitung von Rinderfilet mögen, hat jeder seine eigenen Nuancen für die Zubereitung der Sauce.

Nach meiner Entlassung aus dem Gefängnis im Oktober 1991 empfing mich Andrea mit Beef Stroganoff. Nicht weil ich die Schwierigkeiten des Grafen mit den Zähnen gehabt hätte (ich konnte schon noch zubeißen), sondern weil sie mir eine Freude machen wollte.

BEEF STROGANOFF

Das Fleisch quer zur Faser in 1 cm dicke Scheiben, diese dann in Richtung der Faser in breite Streifen schneiden.
Das Fleisch mit Öl bzw. Fett in einer Pfanne unter Wenden bis zur leichten Bräunung anbraten.
Wiederum Öl bzw. Fett in einer anderen Pfanne erhitzen, Zwiebel, Gurke und Pilze hineingeben, die Pfanne zudecken und die Hitze zurückschalten.
Das Gewürz für die Sauce müssen Sie selbst ausprobieren. Adshiga ist eine auf jedem russischen oder kaukasischen Markt erhältliche, mehr oder weniger scharfe Paste aus verschiedenen Gewürzen, zu denen Knob-

Zutaten:
750 g Rinderfilet,
Öl oder Bratfett,
1/2 l saure Sahne,
500 g in dünne
Scheiben geschnitte-
ne Champignons,
2 in dünne Scheiben
geschnittene
Zwiebeln,
2 in Streifen
geschnittene
Gewürzgurken,
50 g Tomatenmark,
Adshiga- bzw.
Sambalpaste,
Pfeffer, Salz,
kleingehackte
Petersilie.

lauch, Chili u.a. gehören. Diese Mischung kann durch eine der Sambal-Pasten aus Ostasien ersetzt werden, die im Handel erhältlich sind. Das Tomatenmark wird mit etwas saurer Sahne, Pfeffer, Salz und dem individuell zubereiteten bzw. fertig ausgewählten Gewürz vermischt.
Bei mittlerer Temperatur wird das angebratene Fleisch zu den Zwiebeln und Pilzen gegeben, die gewürzte Tomatensauce untergerührt; bei niedrig geschalteter Temperatur die restliche saure Sahne löffelweise hineinrühren. Die Mischung darf nicht kochen.
Man kann die Pilze auch für sich dünsten und servieren. Bei dieser Variante wird das angebratene Fleisch mit etwas Rinderbrühe gelöscht, weniger oder kein Tomatenmark genommen, damit die Sauce mehr den Bratengeschmack erhält. Probieren Sie es aus.
Das klassische Stroganoff wird mit einer Senfsauce zubereitet. Diese entsteht, wenn 1 El angebräuntes Mehl mit Kraftbrühe und 1 Tl scharfem Senf verrührt wird. Bei Beef Stroganoff kommt es nicht auf die Würzschärfe, sondern auf das besondere Aroma des Gerichts an. Auch da gilt das bekannte Sprichwort: »Wenn das Essen nichts taugt, wird es vom Salzen nicht besser.«
Vor dem Auftragen auf einer vorgewärmten Platte wird die feingehackte Petersilie über das Fleisch gestreut. Dazu Reis oder Schwenkkartoffeln servieren.

Vom Vegetarier zum Schaschlyk

Das Braten von Schaschlyk am Spieß hat sich weit über den Orient hinaus eingebürgert, so daß uns die ethnologische Herkunft dieses Gerichts nicht sonderlich zu beschäftigen braucht. Ob mit den Gipfeln des Kaukasus im Hintergrund oder den bulgarischen Rhodopen, ob am Ufer eines Stausees in der Umgebung von Moskau oder auf unserem Waldgrundstück in der Mark Brandenburg, das Schaschlykgrillen wurde stets zum Höhepunkt der Geselligkeit und war Anreiz für blumige Trinksprüche. Oft lange über das allmähliche Erlöschen der Glut in der hereinbrechenden Dunkelheit hinaus dauerten die durch die gelöste Stimmung angeregten Gespräche unter Freunden.

Koni, der sich als von den Eltern vegetarisch erzogenes Kind vorgenommen hatte, später einen ganzen Ochsen zu essen, hat gerade beim Schaschlykbraten früher als ich die Freuden des Hobby-Kochs entdeckt. Zuerst versuchte er es mit einem auf vier Ziegelsteinen liegenden einfachen Schuhabtreter aus Metall. Darunter wurde die Glut entfacht. Das ging schon ganz gut. Dann legte er sich einen Gartengrill zu, wie man ihn in Deutschland kennt und benutzt. Doch einmal kam er von einer Reise aus Georgien zurück, wo er einen seiner Filme vorgestellt hatte, und brachte von dort einen echten *Mangal* mit. Glücklich führte er mir dessen Vorzüge vor: Die Spieße mit dem Fleisch werden vertikal in das Gerät vor die übereinanderliegenden Fächer mit Glut gehängt. Sie werden nacheinander gedreht und untereinander ausgetauscht; dadurch bleibt das Fleisch saftig und zart, vorausgesetzt, es stammt von keinem uralten Tier.

Im Gegensatz zum brüderlichen Streit um die besten Pelmeni entwickelte sich das Grillen eher zu einem gemeinsam gepflegten Kult. Hier deckten sich unsere Ansichten, beispielsweise in der gemeinsamen Ablehnung der in Deutschland eingebürgerten Minischaschlyks, auf die meist völlig ausgetrocknete Stückchen Fleisch gespießt sind. Auf unseren Spießen, den vom Kaukasus ins Russische übernommen *Schampuri*, mußten die Fleischstücke mindestens 4 cm groß und 3 cm dick sein.

Die Kombination der Zutaten auf den Spießen kann stark variiert werden. Wir verwendeten neben verschiedenen Sorten Fleisch in der Regel durchwachsenen Speck, saure Gurken, Zwiebeln, manchmal auch Tomaten.

SCHASCHLYK

Zutaten (für 6 Personen):
1,5 kg Fleisch, dem Grillgerät angepaßt, in 3 cm dicke Stücke geschnitten.
100 g Speck,
3 große Zwiebeln,
4 Zehen Knoblauch,
5 mittelgroße Gewürzgurken,
2 EL Öl,
1/2 Tl schwarzer Pfeffer,
2 EL Granatapfelsirup,
6 Tomaten, Frühlingszwiebeln.

Im Kaukasus oder in Bulgarien wird in der Regel nur Lamm vom besten Stück genommen. Wir nehmen meist Filets halb und halb vom Rind und Schwein. Als Koni noch lebte, gaben wir ab und zu Wild dazu, etwa zu einem Drittel Wildschwein. Manche Liebhaber von Schaschlyk verwenden auch Leber und Nieren. Bei diesen Zutaten ist die Gefahr des Austrocknens allerdings besonders groß.

100 g Speck und 3 große Zwiebeln werden in dicke Scheiben geschnitten. 4 Zehen Knoblauch, 5 mittelgroße Gewürzgurken werden geteilt und in der Größe den Fleischstücken angepaßt, 2 EL Öl, 1/2 Tl gemahlener schwarzer Pfeffer oder Chinagewürz, 2 El Granatapfelsirup oder Zitronensaft und Sojasauce zum Abwürzen genommen.

Zum Garnieren: 6 Tomaten, in Achtel geschnitten, und Frühlingszwiebeln.

Am Abend zuvor oder spätestens 2 – 3 Stunden vor dem Grillen werden die Fleischstücke mit Knoblauchstiften gespickt, mit China- oder Schaschlykgewürz eingerieben, mit Granatapfelsirup oder Zitronensaft sowie etwas Sojasauce beträufelt und mit den Zwiebelscheiben in eine Schüssel gelegt und zugedeckt.

Unmittelbar vor dem Grillen wird in einem Schälchen eine Mischung aus Öl, Pfeffer und Salz angerührt. Damit werden die Fleischstücke eingepinselt. Dann werden die Spieße in abwechselnder Folge mit dem vorbereiteten Fleisch, Speck, Zwiebelscheiben und Gurke so bestückt, daß jeder Gast mit seinem Spieß von jeder Sorte etwas angeboten erhält. Ist eine besondere Vorliebe oder Abneigung bekannt, zum Beispiel gegen Knoblauch oder Hammel, wird das vom aufmerksamen Gastgeber beim Bestücken und Zuteilen der Spieße berücksichtigt.

Das Grillen ist eine Kunst für sich, die nötige Erfahrung voraussetzt. Das Fleisch muß in jedem Fall saftig sein. Soll es innen rosig bleiben, benötigt es bei normaler, das heißt bereits von weißer Asche bedeckter Glut, etwa 10 Minuten, gut durchgebraten 15 Minuten.

Zum Schaschlyk gehören mehrere Saucen zur Auswahl, schärfere und weniger scharfe. Das können die an anderer Stelle beschriebene Sauce *Tkemali* sein, auch *Narscharap* (Granatapfelsirup) oder verschiedene Mischungen von Ketchup mit Chilipulver, Sambal-Gewürzen und ähnlichem.

Zu der Garnierung mit Tomaten und Frühlingszwiebeln kann frisches Weißbrot anstelle des kaukasischen Fladenbrots oder auch Reis gereicht werden. Wichtig ist ein guter Rotwein, wenn nicht nach russischer Art Wodka und neuerdings auch Bier getrunken wird. Dazu gehört auch der mehr oder weniger blumenreiche Trinkspruch des Wortführers an der Tafel, *Tomada* genannt, dem sich mit oder ohne dessen Genehmigung weitere Toasts der Tischgäste anschließen können.

Über Plow

Während meiner Studentenzeit habe ich Plow für ein normales russisches Gericht gehalten. Es bestand aus Reis mit Fleisch, manchmal besser schmeckend, manchmal wegen des pappigen Reises nur bei großem Hunger genießbar. Dann lernte ich bei Jelisawete Michailowna Lawrenjowa, der Witwe des Schriftstellers Boris Lawrenjow und Freundin unserer Familie, die wir Saja nennen, das Geheimnis des echten Plow kennen.

Saja lebte mit ihrem Mann nach den Wirren des Bürgerkrieges in den zwanziger Jahren im mittelasiatischen Usbekistan und erlernte dort die Kunst der Zubereitung des echten Plow. Einige Male durfte ich zusehen, wie sie, gleich einer Zauberin, die Zutaten für dieses köstliche Gericht vorbereitete, in einem speziellen schweren Topf, *Kasan* genannt, schichtete, diesen mit einem Deckel fest verschloß und erst ganz am Ende des Kochvorgangs den

Deckel kurz lüftete. Dabei gab sie höchstens ein bis zwei Eßlöffel warmes Wasser hinzu und streichelte mit einem Löffel zärtlich den fast garen Reis. Von ihr erfuhr ich, daß dieses orientalische Gericht erst seit relativ kurzer Zeit Einzug in die russische Küche gehalten hat.

Die Legende berichtet von einem mohammedanischen Herrscher, der seine erschöpfte Armee durch die Wüste geführt habe. Er befahl seinem Weisen: »Denke Dir einen Schmaus aus, der meine Krieger so satt macht, daß sie noch viele Tage ohne Unterbrechung marschieren können.« »Bringt mir einen großen gußeisernen Topf und alles vorhandene Hammelfleisch, Fett, Reis, Möhren, Zwiebeln und Gewürze«, sagte der Weise. Unter dem Topf entfachte man ein Feuer, die Zutaten wurden gebraten und der Reis gekocht. Jeder Kämpfer erhielt nur einen Becher voll von dem Gericht. Gestärkt bezwang das Heer die Wüste und besiegte den Feind.

Die neue Speise erhielt die Bezeichnung *Plow* oder Persisch *Pilaw*, man nennt sie auch einfach *Osch*, das Essen. Seit Menschengedenken ist Plow im Orient das Lieblingsgericht für den *Dastarchan*, den Festtagstisch. So wie die russische Braut mit einer selbstgefertigten Pirogge ihre hausfraulichen Fähigkeiten beweisen mußte, wurde der mohammedanische Bräutigam als Hausvater durch die Zubereitung von Osch auf die Probe gestellt. Er mußte den Plow schmackhaft zubereiten und wenigstens einen *Ljagan*, eine große Schüssel, davon aufessen können. Bis heute besteht diese Tradition, und der Volksmund behauptet zudem, wer Plow zubereite, dessen Seele werde jünger.

Auf Suaheli Pilaw

Bevor ich dem Leser Sajas Geheimnis der Zubereitung des echten usbekischen Plow offenbare, muß ich ihn zu einer Afrikareise einladen. Nie in meinem Leben habe ich so viel Pilaw gegessen wie bei unserem Koch Issa auf Sansibar. *Pilaw ya nyama* heißt auf Suaheli dieses Reisgericht aus Fleisch, außerdem gibt es noch *Pilaw ya kuku* (mit Huhn) und *Pilaw ya samaki* (mit Fisch). Zu meiner Überraschung entdeckte ich bald nach unserer ersten Reise auf diese malerische Insel im Indischen Ozean die Verwandtschaft mancher Worte des Kisuaheli mit dem Russischen, wie mir schien. Ich kannte das in alten Kochbüchern benutzte Wort Pilaw für Plow. *Tschai* für Tee war mit dem russischen Wort identisch. *Sunduki* für Koffer erinnerte an das russische Wort *Sunduk* für Truhe. Das Geheimnis dieser scheinbar seltsamen Übereinstimmung ist genau so einfach zu enträtseln wie die Einbürgerung von Speisen gleichen Namens in den verschiedenen Sprachen. Die Verwandtschaft der genannten Sprachbeispiele rührt einfach von den historisch engen Beziehungen her, die jedes dieser Länder unabhängig voneinander zur arabischen bzw. mohammedanischen Welt hatte.

Wie aber hat es mich nach Sansibar verschlagen? Am 12. Januar 1964 wurde der auf dem kleinen Inselreich herrschende Sultan durch eine Revolution gestürzt. Wie ich während meines kurz danach folgenden Aufenthaltes erfuhr, reichten ein paar Dutzend Aufständische, bewaffnet mit fünf Gewehren, einigen Pistolen, Pfeil und Bogen, Lanzen und Speeren, um das jahrhundertealte arabische Sultanat abzuschütteln.

Über Sansibar hatte ich bis zu jenem Jahr ähnlich verschwommene Vorstellungen, wie sie vermutlich die meisten meiner Leser haben. Als Schüler und Briefmarkensammler faszinierten mich auf Postwertzeichen aus einem Land namens Sansibar riesig hohe, spitze Hüte auf den Köpfen der dargestellten Könige oder Sultane. Und irgendwann hörte ich, daß die Nordseeinsel Helgoland Ende des vorigen Jahrhunderts gegen Sansibar eingetauscht und so dem deutschen Kaiserreich zugeschlagen wurde, während die ferne Nelkeninsel zu Britisch-Ostafrika kam.

An der Spitze der unabhängig gewordenen Inselrepublik stand 1964 ein Revolutionsrat, der den Vorsitzenden der Hafenarbeitergewerkschaft, Abeid A. Karume, zum Präsidenten wählte. Welche Interessen und Einflüsse die neuen Machthaber bewogen haben, als erstes nichtsozialistisches Land die Deutsche Demokratische Republik anzuerkennen und die von der westdeutschen Bundesrepublik zum außenpolitischen Gesetz erhobene Hallstein-Doktrin zu ignorieren, blieb für mich lange ein Geheimnis.

Die Ratschlüsse großer oder plötzlich in der Politik groß gewordener Männer sind nicht nur in Afrika oft unergründlich. Agenten und Analytiker in den Geheimdiensten mühen sich unentwegt mit großem Aufwand und hohem Risiko um sichere Prognosen, bis ein Präsident oder Staatsratsvorsitzender plötzlich – einer unerwarteten Eingebung folgend – ganz andere Wege geht, vielleicht um ein armes Land reicher und sein Volk glücklicher zu machen, und schon beginnen die Agenten und Analytiker eine neue Runde. Das Leben entscheidet in der Regel auch dann meist wieder anders, und alles geht, wie gehabt, seinen alten Gang.

Vermutlich hat sich Karume, der von jungen sozialistischen Feuerköpfen unterschiedlicher Couleur umgebene Senior der Revolutionäre auf Sansibar, mit der Erfahrung des durch die Schule der britischen Trade Unions gegangenen Pragmatikers gesagt: Wenn schon Sozialismus, dann keinen, der uns in Konflikt mit den Großen stürzt. Dann lieber einen nach dem Beispiel der Deutschen mit ihrer preußischen Organisation und ihrer hochentwickelten Technik. Vielleicht spielten auch Reminiszenzen eine Rolle, bei denen die ehemaligen deutschen Kolonialherren besser abschnitten als die britischen. Ein mit der Revolution zum Bürgermeister der Stadt Sansibar aufgestiegener, recht betagter Herr und enger Freund des Präsidenten schwärmte noch immer von seinem Dienst unter dem deutschen Obersten Hoffmann. Er war in der kaiserlichen Schutztruppe des Generals von Lettow-Vorbeck dabeigewesen, die sich bis zum Ende des Ersten Weltkrieges gegen die überlegenen britischen Streitkräfte behauptete. Zu den Feuerköpfen in der Umgebung Karumes zählten auch zwei der aktivsten jugendlichen Mitglieder des Revolutionsrates, die

in der Nähe von Berlin die Schule der Freien Deutschen Jugend (FDJ), des sozialistischen Jugendverbandes der DDR, besucht und unser Land als nachahmenswertes Beispiel empfunden hatten.

Wie dem auch gewesen sein mag, die DDR war von Sansibar zur Hilfe aufgerufen und mußte handeln. Daran gab es für uns keinen Zweifel. Da zu dem Ersuchen um wirtschaftliche Unterstützung auch die Bitte um Beratung bei der Sicherung der jungen Staatsmacht gegen Angriffe von außen kam, wurde ich um meine Meinung gefragt. Jedes Rezept will erprobt sein, ob der Arzt dem Kranken eine Medizin verschreibt oder der Koch den Gästen eine neue Mahlzeit vorsetzt. Für Afrika besaß ich kein Rezept. Der Kontinent war für mich noch ein Buch mit sieben Siegeln, die Erfahrungen meines Dienstes in der Dritten Welt waren gleich Null.

Gegenüber der Arbeit am Schreibtisch, an den ich die meiste Zeit gebunden war, empfand ich eher eine innere

Abwehr als Genugtuung. Viel mehr interessierte mich der lebendige Kontakt zu Menschen, die hinter wichtigen Ereignissen standen, insbesondere zu jenen, mit denen mein Dienst auf oft ganz unterschiedliche Weise zu tun hatte. Mich beschäftigte, daß für uns wichtige Frauen und Männer hinter Bergen von Papier zu verschwinden drohten. Mit der Anfrage der Sansibaris sah ich eine Chance, dem Schreibtisch für einige Zeit zu entfliehen.

Kurzerhand schlug ich Minister Mielke vor, selbst einen kleinen Vortrupp zum Rekognoszieren der Lage vor Ort zu leiten, weil erst dann solide Empfehlungen gegeben werden könnten. Nach erster ablehnender Reaktion setzten sich meine Argumente durch. Die Reise des Leiters des Nachrichtendienstes durch Gebiete, die unter dem Einfluß von NATO-Staaten standen und von deren Geheimdiensten kontrolliert wurden, mußte natürlich geheimer als streng geheim vor sich gehen. Bis ins letzte Detail wurden die zu treffenden Tarn- und Sicherheitsmaßnahmen beraten.

Ich wurde Kurt Seifert, Experte für Erwachsenenbildung. Für den Fall aller Fälle waren in den Boden meines Reisenecessaires BRD-Papiere auf den Namen Dr. Kurt Werner eingeschweißt. Während die Fotos für die eine Identität mein Seniorenalter vorwegnahmen, wurde ich auf den anderen mit Hilfe guter Maskenbildner fast wieder zum Jüngling. Für die Verbindung mit der Zentrale gab es Decknamen, ich glaube, es waren weibliche, vielleicht Eva-Maria oder Sieglinde, ich habe sie vergessen. Dazu fällt mir aus der russischen geheimen Küche ein, daß Talleyrand, der berühmte französische Diplomat und Außenminister unter Napoleon, von der Geheimpolizei des Zaren Alexander I. angeblich als Agent unter dem Decknamen »Anna Iwanowna« geführt worden ist.

Trotz aller Vorsichtsmaßnahmen unterlief mir ein Fauxpas, der einem Profi eigentlich nicht passieren darf. Zum Glück blieb er ohne Folgen und meinen Untergebenen bis in die Gegenwart unbekannt. Wir waren schon einige Wochen auf Sansibar, als Gerüchte über die bevorstehende Vereinigung mit Tanganjika in Umlauf kamen. Da kramte ich in den Fächern meiner Brieftasche und brachte zu meinem Erstaunen eine DDR-Fahrerlaubnis mit meinen richtigen Personalien auf den Namen Wolf zum Vorschein. Das sind die Situationen, bei denen einem Agenten das Herz stillzustehen droht.

Doch das war später. Der Reihe nach – zurück zur Ankunft. Mit East African Airlines landeten wir auf der kleinen Landepiste des Flughafens von Sansibar. Mit mir waren mein Gehilfe Rolf, der als Berater unserer neuen Partner auf der Insel bleiben sollte, und der Dolmetscher Dieter, ein junger Absolvent der Moskauer Diplomatenschule (IMO), der aus unerfindlichen Gründen neben Englisch Suaheli als zweite Fremdsprache gewählt hatte. Seine Mitreise wäre beinahe von der Personalabteilung gestoppt worden, denn seine Akte enthielt einen Bericht über einen Verstoß gegen die Regeln des Dienstes und der Moral. Mit einigen Kumpeln hatte er nach reichlichem Alkoholkonsum im Ausland erheblich über die Stränge geschlagen. Den gerade zum Offizier ernannten jungen Mann kannte ich bis dahin nicht, wußte aber über die studentischen Sitten in Moskau aus eigener Erfahrung ziemlich gut Bescheid. Sie sind ebenfalls den Geheimnissen der russischen Küche zuzurechnen. Dieses Wissen bewog mich, Dieter mitzunehmen. Auf Sansibar waren wir die meiste Zeit zusammen, aßen und tranken gemeinsam, entsprechend der ärztlichen Empfehlung erst nach Sonnenuntergang, nach unserer Eingewöhnung auch früher. Während dieser Monate fiel unser Dolmetscher nicht ein einziges Mal aus dem Rahmen, und dank seiner Suahelikenntnisse war er unser bester Mann, unser Renommierstück.

Sansibar ist eine traumhaft schöne Insel. Auf kleiner Fläche vereint sie vieles von dem, was sich der Europäer unter der malerischen Exotik afrikanischer Natur vorstellt: Palmenhaine, helle Sandstrände, Korallenriffe und ein buntes Gemisch von Menschen verschiedener Rassen und Hautfarben. Die Hauptstadt gleichen Namens bietet mit ihren engen Straßen und Gassen ein ähnliches orientalisches Bild, wie man es in Kairo oder Damaskus findet, nur ist alles *en miniature*. Das Straßenbild der »Steinstadt« wird von arabischen und indischen Händlern bestimmt, der davon abgegrenzte Stadtteil Ngambo von den Schwarzafrikanern. Im nahen Dau-Hafen schaukelten die Masten der traditionellen Segelschiffe, die ihre Fracht meist zur arabischen Halbinsel befördern. Der Reichtum Sansibars waren und sind die Nelken. Sie machen 80 Prozent der Weltproduktion aus. Der geringere Teil geht als gefragtes Gewürz in die ganze Welt, der größere wird in Ostasien geraucht und als Droge konsumiert.

Wir sahen Gestalten, die Filmen über die Zeit der Piraten und des von dieser Insel ausgehenden Sklavenhandels entsprungen zu sein schienen. Das Heck mancher verwitterter Dau war museumsreif mit Schnitzereien geschmückt. So müssen diese Segler vor zweihundert, dreihundert, vielleicht auch fünfhundert Jahren an eben dieser Stelle angelegt und neu beladen ihre Segel den Winden des Ozeans ausgesetzt haben. Auf den am Bug ausgebreiteten Matten werden die Kinder genauso gespielt haben, wie wir sie sahen, werden sich der Fischgeruch und der Duft arabischer Gewürze ausgebreitet haben. Die ersten, die ihren Fuß auf den Boden dieser Insel gesetzt haben, waren die Araber, die den Eingeborenen den Glauben des Islam brachten. Es kamen und blieben die Inder, später lösten Portugiesen, Engländer, Deutsche einander ab ...

Die Europäer haben im anderen, dem eigentlichen Hafen ihre Spuren hinterlassen. Allerdings war zur Zeit unserer Ankunft der Kai wie leergefegt, und leer war auch die Reede.

Die alten Kunden blieben aus. So wurde es zur Sensation, als nach etwa einem Monat die »Halberstadt« einlief, ein stolzer 35.000-Tonner aus der DDR. Der gesamte

Revolutionsrat mit Rais Karume an der Spitze ließ es sich nicht nehmen, der Einladung des DDR-Botschafters an Bord des Schiffes zu folgen. Trotz Wellengangs wurde ein Ehrenwerter nach dem anderen von der Barkasse über das Fallreep an Bord gehievt. Auf der Kapitänsbrücke gab sich der Präsident gewordene frühere Hafenarbeiter als erfahrener Seemann und erklärte seinen staunenden Gefährten die Geheimnisse der Navigation des Riesendampfers.

»Wodka do dna« oder »It's time for whisky«

In meiner Erinnerung hat der Besuch an Bord des offensichtlich altgedienten rostigen sowjetischen Schiffs »Artybasch« tiefere Spuren hinterlassen. Die Unscheinbarkeit und geringere Tonnage dieses Dampfers hatten den Vorteil, daß das Schiff direkt am Kai anlegen und in der Dunkelheit unbemerkt den geheimen, militärischen Teil seiner Fracht entladen konnte. Die inzwischen eingetroffen russischen Kollegen hatten uns vom Kapitän zu einem *Ushin*, einem Dinner, an Bord einladen lassen. Nur wer einmal länger in solcher Ferne weg von zu Hause war und meine innere Nähe zu dem Land berücksichtigt, das zu meiner zweiten Heimat wurde, wird die Gefühle an solch einem Abend nachempfinden können.

Es gab echte russische Sakuska, angereichert mit den Meeresfrüchten des Indischen Ozeans. Der Schiffskoch tischte einen wunderbaren Borstsch nach Seemannsart auf, und es gab nach Wochen weißen Wattebrotes frisch gebackenes Schwarzbrot! Und reichlich Wodka, für jeden Trinkspruch nicht weniger als *sto gramm*, das heißt hundert Gramm, also ein Zehntelliter. Neben mir saß der Bootsmann, ein richtiger Seebär, der mir beibrachte, wie man eine Mangofrucht ganz aus der Schale ißt. Doch mehr wachte er aufmerksam darüber, daß mein Glas nach jedem Trinkspruch *do dna*, das heißt auf ex leergetrunken war. Natürlich durfte unter den Trinksprüchen *Sa tech, kto w morje*, nicht fehlen. Damit wurde derer gedacht, die auf hoher See sind, wobei unsere sowjetischen Partner die in ihrem Auftrag unter Gefahren Tätigen in ihre Wünsche auf gutes und sicheres Gelingen einbezogen. Das Gastmahl unter Freunden half uns, mit dem Kulturschock besser fertig zu werden, der uns in den ersten Wochen zu schaffen machte.

Es war nicht leicht, in die Mentalität unserer neuen Partner einzudringen und Formen der Zusammenarbeit zu etablieren, wie wir sie gewöhnt waren. Das begann schon damit, daß die von Präsident Karume vorgestellten Leiter für Abwehr und Aufklärung während unseres ersten Treffens den Mund nicht auf bekamen. Beim Vorstellen nannten sie nicht einmal ihre Namen. Sie hätten doch, wie wir es taten, wenigstens falsche benutzen können! Doch von ihrem Präsidenten offenbar angewiesen, nur zuzuhören und selbst nichts zu sagen, schwiegen sie hartnäckig.

Das tiefe Schwarz ihrer Hautfarbe kontrastierte mit dem Weiß ihrer zu besonderen Anlässen angelegten Gewänder, die bis zur Erde reichten. Als Kopfbedeckung gehörte die Koffia dazu. Trotz gleicher Hautfarbe und Kleidung hätte der Kontrast zwischen den beiden Chefs für Staatssicherheit in spe nicht größer sein können. Der eine, klein und zierlich, breitete zur vorgeschriebenen Stunde seinen Gebetsteppich aus, um in Richtung Mekka seiner Pflicht als Sheikh nachzukommen. Bei einem späteren Besuch auf Sansibar, als unsere Beziehung schon eng und freundschaftlich geworden war, wurde ich selbst als Sheikh angesprochen. Da erfuhr ich, daß dies ein Titel für ausgewiesene Kenner des Koran sei. Der andere der beiden war von ungewöhnlich hohem Wuchs, wie ich ihn in Afrika nur bei Nubiern im Norden des Kontinents gesehen habe.

Nachdem alle Versuche, ein Gespräch in Gang zu bringen, gescheitert waren, sagte ich resignierend: »I think it's time for whisky.« »Oh, yes«, war die Antwort des Hünen. Der Kleine wehrte entsetzt ab, aber der Bann war gebrochen. Ibrahim nannte sich *Simba* (der Löwe), und wir verabredeten einen neuen Termin für ein weiteres Gespräch, das allerdings erst nach öfterem Anmahnen mit mehrtägiger Verspätung stattfand. Unser Koch lüftete nach dem Weggang des Großen das uns gegenüber so sorgsam gehütete Geheimnis. Vor der Revolution, erzählte Issa, sei Mister Ibrahim M. Sergeant bei der von den Engländern ausgebildeten Kriminalpolizei gewesen. Er sei als populärer Verteidiger der Fußballnationalmannschaft von Sansibar auf der ganzen Insel bekannt. So erfuhren wir den Namen *Brahims*, wie ihn seine Freunde und später auch wir freundschaftlich nannten.

An die von den unseren weit abweichenden Begriffe von Zeit und Arbeitsintensität mußten wir uns gewöhnen, so schwer es auch fiel. Es schien, als ob das Zeitmaß nicht in Stunden und Tagen, sondern aus Wochen und Monaten bestünde. Oft hatten wir das Gefühl, daß nichts geschieht und die Zeit still steht. Erst allmählich begriffen wir, daß die beste Zeit für Gespräche mit den neuen Freunden die Stunden nach Sonnenuntergang waren. Der Wechsel vom Tag zur Nacht geht in den Tropen ganz anders vor sich als in unseren Breiten. Plötzlich werden das Licht und die Landschaft grau, man erhascht gerade noch einen purpurnen Glanz über dem Horizont des Meeres, und schon versinkt die Natur in samtenem Dunkel.

Über den Markt und Lenin

Bei einem dieser nächtlichen Gespräche fragte mich der für die Aufklärung verantwortliche kleinere Partner Hamid A., wir kannten ihn inzwischen unter seinem Namen, unverhofft: »Stimmt es, daß Lenin die Religion

Opium für das Volk genannt hat?« Und schon war ich in ein langes »Urwaldpalaver« verstrickt, wie mein Gehilfe solche Gespräche über Karl Marx und den lieben Gott, Mohammed und Christus, Staat und Kirche respektlos nannte. Bei dem gläubigen Sheikh war dies nicht so verwunderlich wie bei Issa, als dieser mich eines Tages nach dem Einkauf mit derselben Frage überfiel. »Wo hast Du denn das aufgeschnappt?« fragte ich.« »Auf dem Markt«, antwortete er.

Nachdem ich den *marketi*, den Markt im afrikanischen Viertel Ngambo, mit Issa besucht hatte, wunderte ich mich nicht mehr. Dort fand ich nicht nur bestätigt, daß der Handel das uneingeschränkte Wohlwollen Allahs genießen muß. Der Markt ist nicht nur der Ort, an dem Ware und Geld den Besitzer wechseln. Männer und Frauen, Arme und Reiche, Alte und Junge geben sich dem Geschäft und dem Feilschen mit einer Leidenschaft hin, die unsereins beim Einkaufen nicht kennt. Der Markt ersetzt auch Zeitung, Radio und Fernsehen. Dort werden die letzten Neuigkeiten kommentiert und kolportiert, wird öffentliche Meinung gemacht. Die mit der politischen Entwicklung anscheinend nicht sehr zufriedene Geistlichkeit hatte unters Volk gebracht, daß wir Kommunisten seien und keinen Gott hätten. Daher kam wohl auch Issas Frage nach dem Lenin-Zitat über die Religion!

Ein Problem ganz anderer Art beschäftigte mich, als ich mit Issa die Reihe der Fleischstände aufsuchte: Abertausende Fliegen waren zu sehen, und ein Geruch herrschte, der mir den Atem verschlug. Das war nicht anders auf dem nahe des Dau-Hafens gelegenen Fischmarkt. Von dem sonst bei jeder Brise die Insel einhüllenden feinen Nelkenduft war hier keine Spur. Wie herrlich hatten uns die Pilaw-Variationen von Issa gemundet. Nun verging mir der Appetit.

Die Stände mit Pyramiden von geflochtenen Körben und den verschiedenen Tongefäßen brachten mich auf einen Gedanken. Ich hatte Issa versprochen, mit ihm einmal russisch zu kochen. Mir ging es darum, ihn als wirklich guten Koch nicht zu beleidigen und selbst nicht als überheblicher Weißer zu erscheinen. Nun kam ich auf mein Versprechen zurück. Nachdem wir auf dem Markt Grünzeug und Obst gekauft hatten, lenkte ich unsere Schritte in die »Steinstadt«. Bei einem der indischen Kaufleute wurde Fleisch und Wurst aus Kühlschränken und Tiefkühltruhen sauber verpackt zum Verkauf angeboten. Für die Schwarzafrikaner zu unerschwinglichen Preisen. Issa versuchte mich vom Kauf eines Rinderfilets abzuhalten. Ich berief mich auf die Geheimnisse der russischen Küche und kaufte das Stück.

Die russische Küche wäre ohne den Steinguttopf nicht denkbar, wie wir bereits wissen.

Es war nicht schwer, dem Afrikaner die Vorzüge des Kochens im Tongeschirr nahezubringen. Die kannte er sehr wohl, denn viele Gerichte werden in Afrika auf den Feuerstellen vor den Hütten so zubereitet. Zum alten russischen Ofen gehörte eine ganze Galerie von Töpfen, und jeder hatte seine Bestimmung: der eine war für Stschi, der andere für Kascha, weitere zum Einmachen von Pilzen oder Beeren, zum Kochen und »Backen« der Milch, zum Brauen von Bier und Met, und natürlich gab es auch einen für Fleischgerichte. Eines dieser Fleischgerichte habe ich an einem Tropenabend gemeinsam mit Issa nach folgendem Rezept in einem Tontopf mit fest schließendem Deckel zubereitet. Zu Hause nehme ich den vertrauteren Römertopf, der alle Vorzüge des Tongeschirrs und des russischen Ofens in sich vereinigt.

RINDERBRATEN AUF KAUFMANNSART

Die kleingehackten Zwiebeln mit den Pfefferkörnern und dem Lorbeerblatt in den gewässerten Topf, darüber das gesalzene Fleisch geben und den Deckel schließen. Auf Sansibar habe ich mich auf Issas Kenntnis des Geschirrs und des Herdes verlassen. Meinen Römertopf

ÜBER »ANDRIETTEN«, PLOW UND SANSIBAR

Zutaten:
750 g Schmorfleisch,
2 große Zwiebeln,
schwarze
Pfefferkörner,
Lorbeerblatt,
Salz.

stelle ich in die kalte Backröhre, die ich dann auf 225°C schalte. Nach ca. 2 Stunden ist der Braten fertig. Um den russischen Braten auf Kaufmannsart zu vollenden, wird dazu eine Sauce wie folgt zubereitet: Mehl auf einer trockenen Pfanne etwas bräunen, 0,4 l saure Sahne dazugeben. Nachdem die Sahne mit dem Mehl verrührt ist, kommem 3 El von möglichst scharfem (russischen) Senf, etwas Majoran und 2 Zehen ausgepreßter Knoblauch dazu. Das Ganze vermischen und über das Fleisch gießen. Den Topf weitere 20 – 25 Minuten in die warme (nicht heiße) Röhre stellen.

Wäre ich in der Lage gewesen, dazu noch Buchweizen-Kascha zuzubereiten, natürlich exzellent körnig und locker, hätte ich den Präsidenten samt Gefolge zu Tisch bitten können. Wir mußten mit dem von unserem Koch nicht weniger hervorragend gekochten Reis vorlieb nehmen, auf die Buchweizen-Kascha muß ich aber noch zurückkommen.

Ähnlich wie der Rinderbraten kann Schweine- oder Lammbraten, auch Huhn zubereitet werden. Legt man auf die gehackten Zwiebeln Fischfilet, sollte dieses mit einer Mischung von Milch und kleingehacktem hart gekochtem Ei bedeckt werden (1/2 Glas auf 1 kg Fisch). Nach 30 – 45 Minuten (bei 200°C) ist das Gericht fertig und heißt mit frischem Dill bestreut Fisch auf Moskauer Art.

Da wir etwas spontan mitten in Afrika wieder bei den russischen Fleischrezepten gelandet sind, muß ich noch ein anderes Rezept für Fleisch im Tontopf weitergeben.

Als ich mit Lena und Jascha an diesem Buchmanuskript arbeitete, spannte ich beide mit Andrea zum Probekochen ein. Daß sich Lena und Andrea gut verstehen, erwähnte ich schon. Jascha meinte dazu: »Möchte wissen, worüber sich die Frauen den ganzen Tag unterhalten, wo doch die eine kein Wort Deutsch, die andere kaum Russisch kann.« Dabei hat Lena Sacharowa ein mir bis dahin nicht bekanntes Gericht kreiert, das uns vorzüglich schmeckte und meine »Geheimnisse der russischen Küche« um ein weiteres bereichert hat:

*LENAS SCHMORBRATEN MIT
BACKPFLAUMEN*

Das Fleisch in ca. 4 cm große Stücke schneiden, mit Pfeffer und Salz einreiben. Die gehackten Zwiebeln und den kleingeschnittenen Koblauch in den gut gewässerten Römertopf geben, darüber das Fleisch, die Backpflaumen mit der Petersilie und den Dill. Bei 225°C ist nach ca. 2 Stunden ein Fleischgericht fertig, bei dessen Duft Ihnen das Wasser im Munde zusammenlaufen wird.

*Zutaten:
750 g Rinderfilet,
2 große Zwiebeln,
2 Knoblauchzehen,
1 El kleingehackte Petersilie,
2 El kleingehackter frischer Dill,
7 entkernte Backpflaumen,
schwarzer Pfeffer ganz, schwarzer Pfeffer gemahlen,
Salz.*

»Kascha ist unsere Mutter«

Auch auf die Gefahr hin, den afrikanischen Faden zu verlieren, die Kascha läßt sich nun nicht mehr auf die lange Bank schieben. Das Wort »Kascha« heißt übersetzt »Brei«. Doch wie wir schon bei anderen Gerichten gesehen haben, gibt das Wort »Brei« das Wesen dessen nicht wieder, was sich hinter »Kascha« verbirgt. Was für viele Afrikaner die Kasawa- oder Maniokwurzel, für Deutsche die Kartoffel ist, bedeutet den Russen die Kascha. Auf dem russischen Tisch nahm der Brei bei arm wie bei reich einen besonderen Platz ein. Kascha soll das Leibgericht des Zaren Peter des Großen gewesen sein.

Kascha – matj nascha – »Brei ist unsere Mutter«. *Stschi i kascha pistscha nascha –* »Stschi und Brei sind unser Essen«. Das sind nicht zufällig geflügelte Worte im Russischen. Im alten Rußland wurde das Wort »Kascha« für die Bezeichnung der Hochzeitsfeier benutzt. Gemeinsam Kascha kochen bedeutete, eine Verwandtschaft oder Freundschaft einzugehen. Ohne Kascha gab es keine

ÜBER »ANDRIETTEN«, PLOW UND SANSIBAR

Weihnacht, keine Geburt eines Kindes, keine Hochzeit, keine Beerdigung. Der Russe lebte mit Kascha. Sie begleitete ihn auch auf seiner letzten Reise. Dient bei uns mancherorts der Kaffeesatz zur Weissagung, erfüllt in Rußland Kascha diese Funktion. Nahm der Bauer früher einen Löffel voll Kascha und warf ihn an die Zimmerdecke, so versprach es eine gute Ernte, wenn viele Körner an der Decke haften blieben. Zum alten Brauchtum gehörte, daß Jungvermählte zur Hochzeit Kascha essen mußten und vor dem Betreten des gemeinsamen Heims mit Getreidekörnern bestreut wurden. Dies sollte eine gute Ernte, sollte Fruchtbarkeit versprechen und dem Brautpaar lange Schönheit erhalten.

Schlechtes verheißt dagegen der Ausspruch »eine Kascha zum Kochen bringen«. So haben Saddam Hussein und George Bush wegen Kuwait die Kascha im Irak zum Kochen gebracht, die Russen in jüngster Zeit in Tschetschenien. Wenn bei einem Konflikt die Verhandlungspartner zu keiner Einigung gelangen können, sagt der Russe über ihn: »Mit dem läßt sich keine Kascha kochen.«

Kascha wird in Rußland aus fast allen Getreidearten zubereitet. Viele dieser Arten Brei werden auch bei uns gekocht. Wenig bekannt ist bei uns jedoch der Buchweizen. Wenn auch die Russen sagen »Die Buchweizenkascha lobt sich allein«, muß ich sie dennoch besonders hervorheben. Keine andere Beilage paßt zu den oben beschriebenen Rezepten besser, gibt ihnen eine so spezifische russische Färbung wie diese.

BUCHWEIZENKASCHA

Buchweizen zu kochen ist im Grunde genommen genauso einfach oder schwer, wie Reis zu kochen. Das Verfahren ist annähernd das gleiche. Wichtig ist das richtige Verhältnis der Körnermenge zum Wasser. Wie beim Reis hängt dieses von der Qualität ab, müßte eigentlich für jede Sorte erprobt werden. In Deutschland

muß darauf geachtet werden, daß man Buchweizen ganz, nicht als zerkleinerte Körner kauft, die als Buchweizengrütze angeboten werden.
Für eine gute, körnige Buchweizen-Kascha empfehle ich als Faustregel: Auf ein Glas Buchweizen kommt 1 1/2 Glas Wasser oder Kraftbrühe. Russische Hausfrauen bräunen die Körner noch etwas auf einer trockenen Pfanne, für die in Deutschland meist sehr hell erhältliche ist dies unbedingt zu empfehlen.
Gekocht werden kann wie bei Reis in einem Topf auf der Herdplatte oder in einem Tontopf im Backofen.
Wie gesagt, es ist einfach, wie beim Reiskochen, doch ein guter, trocken-körniger Reis gelingt auch mir nicht immer.

Da muß ich unseren afrikanischen Koch Issa loben, dessen Kunst beim Reis-Pilaw bestimmt aus der Schule indischer Köche kam. Obwohl ich mir eifrig Notizen gemacht habe und die gleichen Gewürze, vor allem Curry, benutzte, habe ich seine Meisterschaft nie erreicht. Deshalb blieb ich auch in Afrika lieber bei der russischen Küche.

Courtoisie unter Palmen

Um bei dem Begriff aus der russischen Küche zu bleiben: Präsident Karume brachte mit seinen Mannen eine »Kascha zum Kochen«. Sie ließ uns befürchten, daß wir sie mit auszulöffeln hatten. Hartnäckig hielten sich Gerüchte über die bevorstehende Vereinigung Sansibars mit Tanganjika. Von einem solchen Schritt versprachen wir uns wegen des dort herrschenden britischen Einflusses nichts Gutes.

Unsere Partner versicherten auf vorsichtiges Anfragen, daß es auf absehbare Zeit nicht dazu kommen werde. Gemeinsam mit ihnen flogen wir zu einer schon länger geplanten Inspektion nach Pemba, der zweiten Insel der Republik. Dort waren wir in einem Gästehaus des *Commissioners*, des Verwaltungschefs, einquartiert, und erstmalig wurden wir von unseren Begleitern Ibrahim und Hamid zu einem »Dinner« eingeladen.

Bevor es soweit war, besuchten wir ein Volksfest. Das muß man erlebt haben: Frauen und Kinder in wunderschönen bunten Gewändern, über allem der appetitliche Duft der Simbussa, in Öl gebackener scharfer, kleiner Plätzchen, dazu der des Schweißes unermüdlich tanzender Gruppen. Männer und Frauen natürlich getrennt. Eine der scheinbar in Trance versunkenen Frauengruppen war unschwer als Gruppe hochschwangerer Frauen auszumachen. Als DDR-Bürger erkannt, wurden wir in den Kreis der Tänzer gezogen und Dieter mußte den im Kehrreim wiederkehrenden Lobgesang auf unser Land und die Freundschaft übersetzen.

Unbeobachtet hatte Ibrahim ein Brathähnchen gekauft, Hamid einen dreischichtigen Biskuitkuchen. Beide ließen das Erworbene in ihren Hemden verschwinden. Im Gästehaus angekommen, breitete Ibrahim auf dem Tisch eine Zeitung aus. Beide zogen unter ihren Hemden die schweißgetränkten Zutaten für das Abendmahl hervor und forderten uns auf, es uns schmecken zu lassen. Als ich die erstarrten Blicke meiner deutschen Mitstreiter sah, war mir klar, daß uns eine harte Bewährungsprobe bevorstand. Die Gastfreundschaft durfte auf keinen Fall enttäuscht werden.

Als erster wurde Dieter grün im Gesicht, als nächster entschwand mein Gehilfe. Ich hatte mir ein Hühnerbein gegriffen, kaute mit langen Zähnen daran und hielt das Gespräch mühselig auf Englisch in Gang, bis der Dolmetscher, eine Entschuldigung murmelnd, wieder erschien. Da erreichte uns die Nachricht von der Unterzeichnung eines Vertrages über die Vereinigung beider Staaten zur Vereinigten Republik Tansania. Die unergründlichen Ratschlüsse weiser Staatsmänner bleiben eben das Geheimnis politischer Diplomatie.

Dabei hatten wir gute Beziehungen nicht nur zu unseren unmittelbaren Partnern, sondern auch zu den meisten Ministern und Mitgliedern des Revolutionsrates aufgebaut. So auch zu den beiden Vize-Präsidenten. Der eine, Dr. Hanga, hatte an der Moskauer Universität promoviert und galt als russophil, der andere, Babu, vom Äußeren mit arabischem Einschlag, als eher radikaler Revolutionär. Er gab sich als Anhänger der Lehre Mao Tse-tungs zu erkennen. Seine revolutionäre Überzeugung tat er auch dadurch kund, daß er bei Staatsempfängen des Präsidenten, die im ehemaligen Palast des Sultans stattfanden, mehrmals auf einem alten Grammophon die »Internationale« abspielte. Auf solchen Empfängen wurde uns Beratern ein Ehrenplatz zugewiesen, der nicht unbedingt mit unserer offiziell bekannten Stellung zu vereinbaren war.

Es war übrigens Babu, der mich bei einem Staatsausflug darüber aufklärte, daß meine Art, beim Essen mitzuhalten, auf Ortsansässige nicht gerade appetitanregend wirkte. Präsident Karume hatte das Diplomatische Korps, die ausländischen Berater und Honoratioren des Landes zu einem Picknick ins Innere der Insel geladen. In der Nähe einer kleinen Siedlung waren auf ebener Erde Matten ausgebreitet. Die Wedel der Palmen bewegten sich in der vom Ozean kommenden Brise wie Fächer, in den Zweigen der mächtigen Mangobäume sah man ab und zu die neugierigen Eichhörnchen ähnelnden Bushbabies, kleine Halbaffen, die darauf warteten, etwas von den gereichten Speisen zu erhaschen. Als Hauptspeise wurde *Pilaw ya nyama* gereicht. Dem Geschmack nach stammte das Fleisch von einer Ziege. Der Koch legte auf den Tellern vor. Es gab kein Besteck, also war Essen nach Landesbrauch angesagt.

Ich beobachtete, wie die Sansibaris und die schon längere Zeit ansässigen Ausländer Fleischstückchen geschickt zusammen mit Reis in einer Hand zu einer kleinen Kugel formten und ein Kügelchen nach dem anderen in den Mund schoben. Dazu wurde frische Kokosmilch aus Kokosnüssen getrunken. Die Nüsse dieser speziellen Sorte, wenig Fruchtfleisch, dafür viel Milch enthaltend, wurden vor unseren Augen von den Palmen geholt. In Windeseile waren nur mit einem Lendenschurz bekleidete Afrikaner die glatten Palmenstämme emporgeklettert, wieder am Boden angelangt und bereiteten die abgeschlagenen Kokosnüsse mit ihren Buschmessern trinkfertig zu.

Mir gelang es immer besser, den Pilaw auf die beobachtete Weise in den Mund zu befördern. Mit jedem Bissen schmeckte er mir besser. Babu, der mit mir ein angeregtes Gespräch über Kommunismus und Revisionismus führte und mich beim Essen beobachtete, meinte fast nebenbei, in der Welt des Islam werde Pilaw mit den Fingern gegessen. Da fiel mir die Geschichte mit Hodscha Nasr ed Din, dem Eulenspiegel des Orients, und dem Essen mit den Fingern ein. Als Hodscha einmal auf dem Markt gierig den wohlschmeckenden Pilaw in seinem Mund verschwinden ließ, wurde er von einem feinen Herrn gefragt, warum er dazu seine fünf Finger benutze. Darauf antwortete der immer schlagfertige Hodscha: »Weil ich keine sechs Finger habe.«

Von Babu wurde ich auf andere Weise über die unterschiedliche Bedeutung der fünf Finger beider Hände aufgeklärt. Als er mich fragte, weshalb ich die linke Hand zum Essen benutzte, antwortete ich wahrheitsgemäß, daß ich mein ganzes Leben lang Linkshänder gewesen sei. Darauf Babu: »Bei uns wird die Linke nur für unreine Verrichtungen benutzt. Wenn man sich mit einem Blatt oder Grasbüschel den Hintern abwischt zum Beispiel.« Ich sah etwas irritiert in die Palmenwedel.

Wir verlassen nun Sansibar und können dies unbeschadet tun. Denn trotz der Vereinigung der Insel mit Tanganjika ging meine erste Reise auf den afrikanischen Kontinent ohne dramatische Zwischenfälle zu Ende. »Dr. Kurt Werner« wurde dort nicht zum Leben erweckt und trat noch nicht in Aktion. Andere Reisen folgten ...

Das Geheimnis des afrikanisch-indischen Pilaw überlasse ich unserem Koch Issa, lüfte aber dafür nun das Geheimnis des usbekischen Plow unserer Moskauer Freundin Saja Lawrenjowa.

USBEKISCHER PLOW

Der Leser wird vermutlich genausowenig wie ich einen Kasan, den schweren Kessel mit dem dicken runden Boden, besitzen, den die Usbeken und viele russische Hausfrauen benutzen. Wir werden uns mit einem normalen großen Topf begnügen, mit dem übrigens auch unsere gute Mitköchin Lena in ihrer Moskauer Wohnung auf dem Gasherd einen hervorragenden Plow zauberte.

Zutaten (für 6 Personen): 500 – 700 g Fleisch. In Asien wird dafür meistens Schulter vom Hammel oder Lamm genommen. In meinem Bekanntenkreis ist Hammel nicht so beliebt. Deshalb bevorzuge ich meist ein entsprechend gutes Stück Rindfleisch, dazu eventuell ein Drittel Lamm. Das Fleisch wird in 3 cm große Würfel geschnitten. Ich verwende auch nicht das von den Usbeken aus dem Schwanzstück ausgelassene Hammelfett, sondern 300 g Speck und 4 El Pflanzenöl.

Dazu kommen 3 extra große Mohrrüben und 6 große Zwiebeln. Die Möhren und vier der Zwiebeln werden in etwa 5 cm lange Streifen geschnitten, 2 Tl Salz, 1/2 Tl Pfeffer.

600g Langkornreis, 1,5 l Wasser. Evtl. eine Handvoll Rosinen oder getrocknete und geschnittene Aprikosen, die vorher gewaschen und gewässert sind.

Den Speck in einer Pfanne auslassen. Eine Besonderheit der usbekischen Küche besteht darin, daß das Fett überhitzt wird. Die Fleischwürfel unter Wenden anbraten und auf den Boden der für den Plow vorgesehenen Kasserole (4 – 5 l) legen.

In einer flachen Pfanne die Möhren und Zwiebelstreifen im Fett anschmoren, danach in etwas Wasser gar

Zutaten:
500 – 700 g Fleisch,
300 g Speck,
4 El Pflanzenöl,
3 extra große Mohrrüben,
6 große Zwiebeln,
2 Tl Salz,
1/2 Tl Pfeffer,
600 g Langkornreis,
1,5 l Wasser,
evtl. eine Handvoll Rosinen oder getrocknete Aprikosen.

dünsten. Mit Salz und Pfeffer würzen, wenn gewünscht die Rosinen oder Aprikosenstückchen untermengen.
Das klassische usbekische Gewürz besteht aus einer variablen Mischung von Koriander, Berberitze, süßem Paprika und Sira, einer Art wildem Kümmel.
Nun wird das Gemüse mit dem angebratenen Fleisch vermischt. In dieser Form heißt das Gericht Sirwak und ist noch ohne Reis.
Nachdem der Sirwak auf dem Topfboden geschichtet ist, kommt der wichtigste und schwierigste Vorgang: Der in kaltem Wasser sorgfältig gewaschene Reis wird darüber geschüttet. Achten Sie darauf achten, daß Sirwak und Reis nicht miteinander vermengt werden. Der Topf wird etwa einen Finger breit über dem Reis mit Wasser aufgefüllt.
Dann wird das Ganze auf großer Hitze zum Kochen gebracht, bis sich auf dem Reis kleine Krater bilden.
Nun gibt es zwei Kann-, keine Muß-Regeln. Nach der ersten sollte der Reis mit einem Holzstäbchen mehrere Male bis zum Topfboden durchgestoßen werden. Nach der zweiten kann man mit einer Palette im Reis eine Mulde für eine ganze ungeschälte Knoblauchzwiebel ausheben und diese einbringen. Danach wird die Mulde wieder mit Reis geschlossen.
Auf jeden Fall wird der Topf nun mit einem Deckel gut verschlossen. 20 – 25 Minuten weiter köcheln lassen. Wenn Sie danach den Deckel vorsichtig abheben, müßte der Reis das ganze Wasser aufgesaugt haben, weich und schön locker sein. Das können Sie mit dem Holzstäbchen oder der Palette feststellen. Ist er noch zu hart, fehlt Wasser, das dann – und das ist für die Kochkiebitze die Zauberei – mit einem Löffel vorsichtig nachgefüllt wird. Ist der Reis noch zu feucht, muß weitergekocht und der Dampf abgelassen werden. Nach Abschluß der Prozedur muß der Plow noch 15 – 20 Minuten ziehen.
So oder so wird Ihnen ein russisch-orientalisches Gericht gelungen sein, das von Ihren Gästen nicht nur der Mühe wegen gelobt werden wird. Sie können nun ent-

scheiden, ob Sie den Plow gleich vermischt in die aufgewärmte Servierschüssel geben oder zunächst den Reis in die Mitte schütten und ihn dann rundherum mit dem Fleisch und den anderen Zutaten garnieren. Der Rest der frischen Zwiebeln wird in Ringe geschnitten und über das Gericht gestreut. In Mittelasien wird dazu das flache Fladenbrot gereicht. Bei mir gibt es frischen Salat dazu und als Abschluß unbedingt grünen Tee.

Auf Drängen der Moskauer Freunde Lena und Jascha, die ich während ihres Berlinbesuches mit einem Wildschwein-Krustenbraten überrascht habe, mußte ich mich dazu entschließen, das folgende Rezept in das Buch aufzunehmen. Es entstammt nicht direkt der russischen Küche, sondern eher meiner aus dieser Schule kommen-

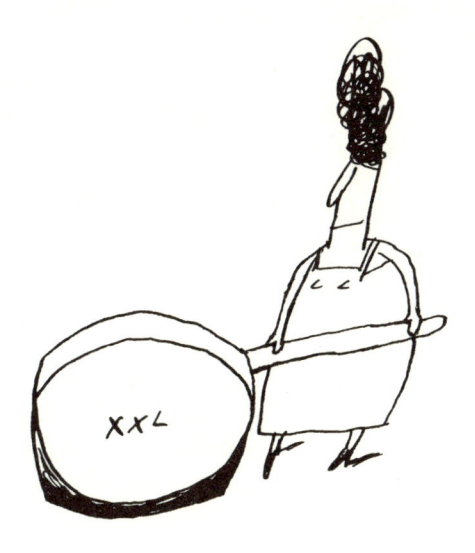

den Inspiration. Einige der schmackhaften Besonderheiten haben dort zum Teil ihren Ursprung. In der hier vorliegenden Fassung habe ich dieses über Jahre und zahlreiche Wiederholungen allmählich vervollkommnete Rezept während eines Besuches des Freundes Wassili Michejewitsch erprobt.

Sein Ausscheiden aus dem Dienst war schon in Sicht. Wir hatten beide Probleme in unserer Arbeit, unterschiedliche zwar, doch solcher Natur, daß wir uns ihretwegen zwei lange Abende und Nächte um die Ohren schlugen. In den Jahren unserer Zusammenarbeit waren wir uns durch die Arbeit, durch unsere Liebe zur Natur, durch Angeln und gemeinsames Jagen nahe gekommen. Er war einer jener russischen Partner, mit denen ich reden konnte, ohne ein Blatt vor den Mund zu nehmen. Das tat auch er in unseren Gesprächen und trug zu meinen tieferen Einblicken in die geheime Küche seines Dienstes bei.

Auf Gegenseitigkeit beruhte auch, daß der jeweilige Gastgeber als Sakuska oder als Hauptgericht etwas Eigenes, Besonderes zu reichlich angebotenen Getränken auftischte. Mit einer dreifachen Ucha hätte ich Wassili nicht beeindrucken können.

Der Wildschweinbraten fand sein allerhöchstes Lob. Vermutlich wäre das zarte Fleisch, wenn es in dem alten russischen Ofen gar gebrutzelt worden wäre, meinem im Römertopf zubereiteten sehr ähnlich gewesen. Das gehört zu den Mysterien des Römertopfs. Ich kenne keinen zarteren und wohlschmeckenderen Braten als den von einem guten Stück Wildschwein. Die Zeit, als ich noch selbst zur Jagd ging, liegt nun aus verschiedenen Gründen schon zurück. Ein gewichtiger Grund ist aber auch, daß ich Andrea zuliebe das Waidwerk aufgegeben habe, denn sie will nicht, daß ein Tier aus Schießwut oder für die Genußsucht der Menschen getötet wird. Zu der Zeit, als mich Wassili besuchte, konnte ich mir meinen Schützenanteil noch im Forstbetrieb selbst aussuchen. Damals bevorzugte ich den Rükken von einem frisch erlegten Überläufer. Dieser mußte in zwei Teile zerlegt werden, um im Römertopf zubereitet werden zu können. Seitdem meine Waffen ruhen, gelingt es manchmal, beim Fleischer dank seiner guten Beziehungen zur Försterei ein ähnliches Stück zu erstehen.

WILDSCHWEINRÜCKEN IM RÖMERTOPF

Hat das frische Stück Wild eine Speckschicht, ist es sehr gut. Dann wird diese durch diagonal verlaufende nicht zu tiefe Schnitte in Rhomben aufgeteilt. Das Fleisch wird mit 2 – 3 mm starken Knoblauchstiften gespickt, mit Narscharap begossen oder eingerieben und mit etwas Sojasauce beträufelt. Mit der Hälfte der in Scheiben geschnittenen Zwiebeln wird der Boden der Schüssel oder der Bratpfanne ausgelegt, in die das Fleisch über Nacht kommt. Die andere Hälfte der Zwiebeln beschichtet den Wildrücken, bevor alles mit einem Deckel oder Folie zugedeckt wird. Die getrockneten Pilze werden in Wasser geweicht und mit den anderen Zutaten für den nächsten Tag bereitgestellt.

Es brauchte einige Zeit, bis ich herausfand, daß Narscharap der im Orient gern benutzte Granatapfelsirup ist. Solange ich im Dienst war, besorgte mir ein in der Berliner KGB-Vertretung arbeitender Mitarbeiter diese Spezereien als Freundschaftsdienst aus Aserbaidschan. Sein Arbeitsfeld war die Türkei. Von guten Beziehungen nicht nur zu mir versprach er sich offenbar Hinweise auf die ein- und ausreisenden Türken. Ob er damit Erfolg hatte, bleibt sein Geheimnis. Kein Geheimnis ist, daß ich mir den Granatapfelsirup jetzt in einem der mir zugänglich gewordenen türkischen Geschäfte kaufen kann, daß diese wunderbare Zutat zu den verschiedensten Gerichten die meist benutzte Zitrone, Apfelsine oder auch den Rotwein voll vertritt und dem Gericht seinen unverwechselbar delikaten Geschmack verleiht. Man kann diesen Sirup auch pur zu Schaschlyk oder anderem gegrillten Fleisch und Geflügel servieren.

Vor der Zubereitung des Bratens wird der große Römertopf 3 – 3,5 Stunden vor dem Essen eine halbe Stunde lang gewässert. Dann kommen dünne Speckscheiben auf den Boden, das klein geschnittene Suppengrün, die vom Fleisch genommenen Zwiebeln, die Pfefferkörner,

Zutaten (für 4 – 6 Personen):
2,5 – 3 kg Wildschweinrücken.
Ist der Rücken ohne Speckschwarte, kommen
70 – 80 g in feine Scheiben geschnittener Speck dazu.
Außerdem
3 mittlere Zwiebeln,
4 Knoblauchzehen,
1 Bund Suppengrün,
schwarze Pfefferkörner,
ein paar Wacholderbeeren,
1 Lorbeerblatt,
evtl. fertiges Wildgewürz bzw. eine Mischung aus gemahlenen Nelken, rotem Paprika, schwarzem Pfeffer,
Lorbeerblatt,
eine Handvoll getrockneter Pilze,
2 Tl Salz,
Sojasauce und Narscharap.

Wacholderbeeren und das Lorbeerblatt. Die Pilze werden mit dem Pilzwasser (nicht mehr als 1 Tasse) dazugegeben.
Das Fleisch wird mit Salz und dem pulverisierten Wildgewürz eingerieben. Bei einer vorhandenen Speckschicht wird reichlicher gesalzen. Nachdem der Braten in den Römertopf gelegt ist, wird er wieder mit Narscharap und Sojasauce begossen. Hat das Bratenfleisch keine Schwarte, wird es mit dünnen Speckscheiben bedeckt.
Bei 225° C braucht der Rücken etwa 2,5 Stunden. Nach 2 Stunden mit dem Tranchiermesser zwischen Knochengerüst und Fleisch prüfen, ob es schon leicht eindringt. In der Regel ist der Braten bereits schön braun. Ist er das nicht, wird der Römertopf die letzten 10 Minuten ohne Deckel in die Röhre geschoben.
Ich serviere den wegen der Größe des Römertopfs leider halbierten Wildschweinrücken gern auf einer vorgewärmten Platte und tranchiere am Tisch. Solange die Sauce aus dem Römertopf genommen (die Ränder im Topf mit einem Pinsel unbedingt mitnehmen!) und die anderen Speisen zum Servieren vorbereitet werden, kann der Braten auf der Platte im Backofen warmgehalten werden. Die Bratensauce durch ein Sieb seihen, anschließend die Pilze aber wieder hineingeben. Man kann die Sauce mit etwas saurer Sahne binden.

Um den russischen Gästen dazu eine deutsche Spezialität zu bieten, zaubert Andrea grüne Klöße, wie sie im Erzgebirge zubereitet werden. Dazu kocht sie Sauerkraut, das nach ihrem Rezept mit ausgelassenem Speck, einer Möhre, einem Apfel, einem Lorbeerblatt und etwas Majoran verfeinert wird.

Sollten Sie in die Verlegenheit kommen, ein Stück von einem älteren Wildschwein verwenden zu müssen, das aus der Gefriertruhe kommt oder dessen Herkunft Sie nicht kennen, gebe ich Ihnen zum Schluß noch das Rezept für eine Beize, das von Jelena Molochowez,

ÜBER »ANDRIETTEN«, PLOW UND SANSIBAR

der Klassikerin der russischen kulinarischen Literatur, stammt:

Das Ganze kochen und abkühlen lassen. Den Braten 2 oder 3 Tage in die Beize legen. Da diese Mengenangaben anscheinend für die Versorgung einer großen Gesellschaft mit Wild berechnet sind, empfehle ich, den Rücken unter Zugabe von Lorbeer, Piment, Pfefferkörnern und Zwiebeln mit einer entsprechenden Menge Buttermilch zu bedecken. Ist das Wildfleisch auf diese Weise vorbereitet, entfallen natürlich der Granatapfelsirup und die Sojasauce. Fertig gleicht es eher einem Sauerbraten.

Zutaten:
4 – 5 Glas Essig,
6 – 7 Lorbeerblätter,
30 Pfefferkörner,
30 Wacholderbeeren,
2 Zwiebeln.

HOTE

Über die Pilze

Pilze wurden als unverzichtbare Zutat zur Sakuska und als wichtige Zugabe zu Fleischgerichten schon öfter erwähnt. Es wird höchste Zeit, sie in ihrer herausragenden Bedeutung für die russische Küche zu würdigen.

Jedes Volk mag sich in der langen Geschichte der Kochkunst die Entdeckung dieses oder jenes Gerichtes zuschreiben. Sicher mit vollem Recht. Die Kunst des Kochens der verschiedenen Völker ist das Ergebnis jahrhundertelanger Erfindungsgabe, verschiedenster Erfahrungen und unermüdlichen Ausprobierens. Möglicherweise hat die Kundschaftertätigkeit zum multinationalen kulinarischen Austausch beigetragen!

Unsere Vorfahren haben vor mehr als 40.000 Jahren, noch bevor sie sich dem Ackerbau widmeten, nach zuverlässigen Angaben historischer Aufklärer Speisefolgen aus wildwachsenden Pflanzen bevorzugt. Wenn wir unser Interesse derzeit wieder Brennessel, Gänseblümchen, Löwenzahn, Melde und anderen Naturpflanzen zuwenden, dann entdecken wir nach Kolumbus Amerika nicht aufs Neue. Wer denkt als Erwachsener nicht gern an die Erlebnisse seiner Kindheit im Wald, am Fluß oder am Meer? Nach stiller Beobachtung eines Sonnenaufgangs hing es allein von der eigenen Gewandtheit, Ausdauer und vom Können ab, einen Hecht zu fangen, einen Korb voller Pilze und Kräuter zu sammeln, um die Familie oder den Weggefährten später am Lagerfeuer mit einem wohlschmeckenden Gericht zu überraschen. Beeren, Früchte, Nüsse, Kräuter, eßbare Blätter von Sträuchern oder Bäumen, Blumen, Samenkörner, Wurzeln, all das sind unschätzbare Gaben von Mutter Natur. Sie können auf wunderbare Weise unsere Nahrung verbessern, wir dürfen sie nicht ignorieren!

Der Herrgott muß den Menschen eingegeben haben, daß Pilze zum Essen gut sind. Aus eigener Erfahrung in meiner Jugend in den Wäldern um Peredjelkino weiß ich zuverlässig, daß sich das Pilzesammeln in Rußland vom Sammeln in anderen Teilen der Erde wesentlich unterscheidet. Pilze werden in ihrer vorkommenden Vielfalt mit einer kaum vorstellbaren Hingabe gesucht und behandelt. Pilzarten werden genommen, nach denen sich kein deutscher Sammler umdrehen, geschweige denn bücken würde. Nur wenige werden ausgelassen. Bei der Pilzverarbeitung sind die Russen nicht zu übertreffen. Vom »schnellen Verzehr« zum Kochen oder Braten über das Trocknen und Einlegen bis hin zu dem uns wenig bekannten Einsalzen reicht die Palette der Möglichkeiten. Die Ausdauer der Pilzsammler übertrifft noch die der russischen Angler. Und das will etwas heißen!

Bekannte Schriftsteller wie Wladimir Solouchin haben dieser Leidenschaft Bücher gewidmet und durch ihre literarische Meisterschaft neue Anhänger in den Bann dieser Art des Jagens gezogen. Es gibt das Wort: »Die erste Jagd gilt dem Wild, die zweite den Fischen, die dritte den Pilzen«. Botanische Pilzbücher enthalten ausführliche Beschreibungen und Anschauungstafeln unserer Speisepilze, einschließlich der Beurteilungen ihres Nährwertes. Die deutschen Pilzsucher haben sich je nach Gegend mehrheitlich für einige bevorzugte Sorten entschieden, nicht so die russischen. Im russischen Norden, am Ural und in Sibirien werden die *Grusdi* (Milchlinge) und *Ryshiki* (Reizker) besonders geschätzt. Durch Einsalzen behalten sie ihre Festigkeit und bleiben knackig. Die besonders bevorzugten Milchlinge mit gekochten Kartoffeln, Zwiebeln und Pflanzenöl als Sakuska angerichtet, sind ein Festschmaus, die Reizker sind es ohne jede andere Zutat. Mir wurde erzählt, in Frankreich sei im 18. und 19. Jahrhundert der eingesalzene russische Edelreizker aus Kostroma höher bewertet worden als der Champagner. Der hochgeschätzte Pilz wurde als exotische Delikatesse in besonderen Flaschen nach Paris gebracht!

In den mittelrussischen Gebieten werden Steinpilze, Birkenpilze und Rotkappen bevorzugt. Beim Anpreisen der Pilze kommt der dort häufig vorkommende köstliche Butterpilz zu kurz. Gerade er bereitete uns in Peredjelkino, wie nun in unserem märkischen Wald, die angenehmsten Überraschungen. Hat man erst einmal einen der etwas schleimigen braun-rötlichen Hüte am Rande einer Lichtung im Kiefernwald entdeckt, findet man im Handumdrehen weitere. Trennt man das schleimige Häutchen von der Kappe und das weiße der Unterseite ab, sind die größeren Exemplare zum Braten und die kleinen zum Marinieren so gut wie fertig.

Im Fernen Osten dagegen werden durch den Einfluß chinesischer und koreanischer Pilzkenner auf der Erde wachsende Pilze überhaupt nicht gesammelt. Dafür werden mit eigens dafür hergerichteten Stöcken rotkappige Hallimasch von den Bäumen geschlagen, die mit unseren Pilzen dieses Namens nichts gemein haben. Dieser Pilz erinnert mich an den Chasan-See. Dort habe ich ihn auf einem Picknick mit Angehörigen der Pazifikflotte genußvoll verzehrt. Der Chasan-See ist für mich mit dem ersten Krieg verbunden, dessen Ablauf ich als Jugendlicher 1937 in Moskau bewußt verfolgt habe. Es war schon ein ungewöhnlicher Kontrast, der in der Erinnerung geblieben ist. Bei Wodka und Sakuska tauschte ich mit den russischen Freunden erst Anekdoten aus und setzte dann den Fuß auf den blutgetränkten Hügel Saosernaja, auf dem noch die Reste der von den Japanern erbauten Bunker zu sehen waren. Für die Rückeroberung dieses unscheinbaren Hügels haben auf Befehl von Stalin einige Zehntausend Sowjetsoldaten ihr Leben geopfert.

Das Tor der Grenzanlagen war für uns geöffnet worden, damit wir uns am Grenzstein des Dreiländerecks Sowjetunion-China-Korea fotografieren lassen konnten. Dieses Foto erinnert mich stets an eine von den japanischen Untersuchungsbehörden gemachte Aufnahme Richard Sorges an der mandschurischen Grenze. Vermutlich wollte der sowjetische Kundschafter Sorge damals durch eine Fahrt in das japanisch besetzte Gebiet Zeit gewinnen, um die Vollstreckung seines Todesurteils hinauszuzögern. Vergeblich. Am Jahrestag der Oktoberrevolution, am 7. November 1944, wurde er in Tokio hingerichtet.

Die Russen haben den Steinpilz zum »Zaren der Pilze« ernannt. Auch ich nenne ihn delikat, denn er hat den erlesensten Geschmack. Ganz gleich, wie man ihn zubereitet, ob mit Zwiebeln gebraten, im Tongefäß in saurer Sahne gedünstet oder als Zugabe zur Suppe, zum Braten, mit oder ohne Gemüse, sein Geschmack ist nicht zu verfälschen. Man kann ihn auch einsalzen oder trocknen. Eingesalzen steht er möglicherweise den Grusdi und den Ryshiki nach, gebraten vielleicht dem Pfifferling und eingelegt dem jungen Butterpilz, getrocknet aber übertrifft er sie alle.

In die Reihe der zu Unrecht verschmähten Pilze gehören der Frühlingstrichterling, der Riesenschirmpilz (Parasol), der Rasling, der Häubling, der rötliche Lacktrichterling, die verschiedenfarbigen eßbaren Schüpplinge, mit denen die am besten zum Trocknen geeigneten Stockschwämmchen verwandt sind, der Haselschwamm, der gemeine Leberpilz und der runde oder längliche Rebschneider. Ähnlich ergeht es dem Wiesenhallimasch und den wunderbaren Bovisten. Jung können sie es mit den meisten Pilzen aufnehmen. Als älterer Stäubling haben sie im Russischen verschiedene Spottnamen erhalten: »Teufelsapfel«, »Hasenkartoffel«, »Wolfstabak«. Auf einen Nenner bringt es ein Sprichwort: »Pilze mußt du kennen. Kennst du sie, kommst du zu deinem Genuß.«

Die Pilzjagd unterscheidet sich vom Sammeln anderer Früchte des Waldes wie die Aufklärung vom Militär- oder Beamtendienst. Ähnlich der Aufklärung steckt die Pilzjagd voller Überraschungen. Du weißt am Anfang nie, was herauskommt; ob all das vorher Durchdachte und Geplante, ob Ausdauer und Mühe Sinn gehabt haben oder nicht. Hat es sich aber gelohnt, ist erst einmal der Erfolg da, der Korb am Ende voll und mit unerwarteter Vielfalt gefüllt nach Hause gebracht, ist das Gefühl der Befriedigung und der Genugtuung kaum zu beschreiben. Beim Putzen fällt die letzte Entscheidung über die Verwendung. Ein schmackhaftes Sofortgericht wird man der Familie und sich selbst nicht versagen. Danach werden die Exemplare zum Einlegen und die zum Trocknen sortiert. Es wird schon an die nächste Unternehmung gedacht. Und nachts verfolgen dich die Pilze oder das Nachrichtenspiel bis in den Schlaf hinein. Immer wieder kehrst du zum Ort des Geschehens zurück, träumst von den verpaßten und vertanen Möglichkeiten.

Bei vielen russischen Familien hängen einer alten Tradition folgend Pilzschnüre und Pilzzöpfe in Küche oder Diele. Im Haus duftet es nach Gesundheit! Der Pilzzopf, oft ist es eher eine Girlande, ist zugleich ein origineller und dekorativer Raumschmuck. Weiß der Pilzsucher erst einmal, welche Pilze er nehmen will, braucht er zum Suchen wie zum Verwenden keine weitere Anleitung. Für das Einsalzen und Einlegen seien dennoch von den Geheimnissen der russischen Küche einige verraten.

Das Trocknen *ist die einfachste Methode zum Haltbarmachen vor allem von Röhrenpilzen, darunter der Steinpilz. Die würzig duftenden, getrockneten Pilze finden Verwendung für viele Saucen und Pilzsuppen sowie als Zutat zum Braten. Keiner meiner Braten kommt ohne getrocknete Pilze, die natürlich vorher gewässert wurden, in die Röhre. Wie und wo Pilze getrocknet werden, dürfte bekannt sein. Sollten sie sich für die Eigenfertigung von Pilzschnüren oder -zöpfen entschieden haben, ist es wichtig, den Zeitpunkt genau zu bestimmen, an dem der Trocknungsvorgang beendet ist. Gut getrocknete Pilze sind noch biegsam und lassen sich leicht brechen, sie krümeln nicht.*

ÜBER DIE PILZE

Eingesalzen *werden im allgemeinen nur Blätterpilze. Vom Grusd – den ich im Pilzbuch als Rotbraunen Milchling identifiziert habe – und dem Edelreizker war schon die Rede. Sie waren die Krönung jeder Sakuska in der altrussischen Küche. Doch auch bei den meisten meiner russischen Freunde, die in Deutschland dienten und Pilzsammler waren, gehörten diese Pilze eingesalzen zu jedem Festmahl. Auch wenn von uns Männern auf die Schnelle etwas Eßbares zum Wodka gebraucht wurde, waren diese Pilze gefragt. Die Russen wunderten sich über die deutschen Pilzsammler, die achtlos an dieser Delikatesse vorbeigingen.*
Verschiedene Milchlinge, wie der Rotbraune Milchling, der Blasse Fransen-Milchling oder der Birkenmilchling, werden mit Gewürzen eingesalzen. Zuvor kocht man die gewaschenen Pilze in schwach gesalzenem Wasser 10 – 30 Minuten lang, läßt sie durch ein Sieb abtropfen und gibt sie in 5 – 8 cm hohen Schichten mit den Hüten nach unten in größere Keramiktöpfe oder Gläser, wobei jede Schicht mit grobem Salz bestreut wird (2 – 3 g Salz auf 100 g Pilze). Auf die Pilze kommen Piment und Lorbeerblätter (1 – 2 g Gewürze auf 10 kg Pilze). Des weiteren können als Gewürze Knoblauchzehen, Dill und Blätter von Schwarzen oder Roten Johannisbeersträuchern genommen werden. Obenauf muß ein Preßgewicht gelegt werden. Der sich bildende Saft muß je nach der Pilzmenge von Zeit zu Zeit, etwa alle 1 bis 3 Tage, abgeschöpft oder abgegossen werden. Nach 35 bis 50 Tagen ist der Konservierungsprozeß abgeschlossen. Sie werden sehen, daß sich die Mühe gelohnt hat. Diese Pilze bekommen sie in keinem Delikatessengeschäft!

Das Marinieren. *Pro 1 kg Pilze gibt man in einen emaillierten großen Topf 1 bis 1,5 Liter Wasser, 1 El Salz und 50 ml Essig. Die Pilze werden in das kochende Wasser gegeben und auf schwacher Flamme 8 – 10 Minuten lang unter vorsichtigem Umrühren gekocht, dabei wird der Schaum abgeschöpft. Festere Steinpilze, Rotkappen,*

Butterpilze und Champignons benötigen 20 – 25 Minuten, Pfifferlinge, Bläulinge und Hallimasch 25 – 30 Minuten (bei Hallimasch ist an die sonst eintretende durchschlagende Wirkung zu denken!). Sobald die Marinade hell zu werden beginnt und die Pilze nach unten sinken, 1 Tl Zucker, 5 Pimentkörner und – je nach Geschmack – Knoblauchzehen, Lorbeerblatt, Nelken und einige Spritzer Zitronensäure hinzufügen. Nach 2 – 3 Minuten den Topf vom Herd nehmen und rasch abkühlen lassen.
Es macht Appetit, wenn verschiedenfarbige junge, eßbare Täublinge und violette Lacktrichterlinge mit den anderen Pilzen bunt durcheinander in Gläser eingelegt werden. Wenn alle Pilze im Gefäß liegen, wird die Marinade darübergegossen.

Das Anbieten gesalzener oder eingelegter Pilze bedarf wohl keiner weiteren Empfehlungen. Dennoch ein paar Ratschläge zur Verwendung getrockneter Pilze:
1. In gesalzener Milch aufgeweicht werden getrocknete Pilze wie frische.
2. Niemals scharfe Gewürze zu den Pilzen geben. Sie würden den echten Pilzgeschmack verderben.
3. Damit die Pilze geschmeidig bleiben und ihren Geschmack nicht verlieren, Suppen oder Saucen nie zu stark kochen lassen.

Übrigens: Frisch geputzte Pilze werden nicht so schnell dunkel, wenn sie in kaltes, leicht gesalzenes und mit Essig ein wenig gesäuertes Wasser getaucht werden.

Über den nützlichen Fliegenpilz

Vermutlich gab es die Jagd nach Pilzen vor der Jagd auf Wild und vor dem Angeln. Die Menschen erkannten aber auch bald, daß nicht jeder, der sich von Pilzen ernährte, eines natürlichen Todes starb. Daraus entstand die Praxis, keinen Pfeil oder eine Kugel zu verschwenden, wenn es auch ein Pilzgericht tat. Dieses Geheimwissen war im alten Griechenland wie in Rom bekannt. Vermutlich auch in China.

Als Kolumbus die Neue Welt entdeckte, stellte sich heraus, daß das Geheimnis der Pilze in Amerika schon längst bekannt war. Mehr noch: Ihnen waren Monumente errichtet worden, die als Zeichen der Fruchtbarkeit an die Phallussäulen der Antike erinnern und der Verbindung mit den Göttern dienten.

Wie dies das Volk der Maya tat, haben Forscher erkundet. Ich habe vermutlich ähnliche Zeremonien bei einer Sibirienreise auf Kamtschatka kennengelernt. Dort, wo während der Polarnächte die Sonne nicht untergeht und heiße Quellen aus der Erde sprudeln, ist der Eskimostamm der Korjaken beheimatet. Einmal im Jahr führt die Tradition diese Nomaden zu den Urzeiten zurück. Das geschieht beim Schlachten der Rentiere. Das Fest wird nach altem Brauch gefeiert, und ein Pilz spielt dabei eine besondere Rolle: der Fliegenpilz. Getrocknet und zu Pulver zerrieben, wird er, wie mir erzählt wurde, mit dem in Gefäße gefüllten frischen Rentierblut vermischt und von den zum Tanz angetretenen Korjaken getrunken. Zu den für unser Ohr eigenartigen Rhythmen wird der Tanz immer intensiver, das Stampfen der Füße härter und immer kürzer. Es nimmt fast kein Ende. Der Rausch aus Trank und Rhythmus kann drei bis vier Tage andauern. Die halluzinogene Wirkung der im Fliegenpilz enthaltenen Drogen Muskarin und Ibotensäure kann mit einem Schnaps wiederholt werden. Nur wer selbst vom Fliegenpilz gekostet hat, kann den Brauch der Korjaken verstehen. Nicht unbedingt, sagen die Pilzkenner, muß der Genuß des Fliegenpilzes zum Herzstillstand führen. Da uns jedoch die jahrhundertealten Erfahrungen der Naturvölker fehlen, sollten wir nicht mit ihnen experimentieren!

Tödlich ist der mit dem Fliegenpilz verwandte grüne Knollenblätterpilz. Der in einigen Gegenden Deutsch-

ÜBER DIE PILZE

lands gern genommene eßbare Perlpilz gehört zur selben Amanitafamilie. Er sollte nur bei solchen Pilzsammlern einen Platz im Körbchen finden, die ihn tatsächlich sicher von den giftigen Knollenblätterpilzen zu unterscheiden gelernt haben, darunter auch von dem ihm sehr ähnlichen Panterpilz!

Etwas haben wir bei diesem Ausflug in jedem Fall gelernt: Pilze sind Nahrung, Gift, Droge und Heilmittel zugleich. Den vielen vorzüglichen Pilzrezepten, die in den internationalen Kochbüchern zu finden sind, möchte ich nur eines hinzufügen. Es hat einen seltsamen, entfernt an den Schlachtbrauch mit dem Fliegenpilz erinnernden Namen:

KOLDUNY (ZAUBERER) MIT SAUERKRAUT UND PILZEN

Das Sauerkraut in Butter dünsten. Die Pilze kochen, das Wasser durch ein Sieb abgießen. Mit dem Kraut vermischen, etwas Pilzwasser dazugeben und bis zum völligen Garen des Krauts weiterdünsten.
Nudelteig wie für Pelmeni aus dem Mehl, den Eiern, einem 1/2 Glas Wasser und 1 Tl Salz kneten oder rühren.
Danach die Kolduny wie Pelmeni zubereiten, mit dem Unterschied, daß sie größer sein müssen. Den ausgerollten Teig (1 – 1,5 mm) etwa wasserglasgroß ausstechen, einen Eßlöffel Füllung darauf geben und den Teig halbmondförmig wie Piroggen zusammendrücken.
In kochendem Wasser garen. Deswegen werden Kolduny offensichtlich in manchen Kochbüchern profan als »gekochte Piroggen« aufgeführt.
In Speck, Öl oder Butter gebräunte Zwiebelringe darüber geben und servieren. Guten Appetit!

Zutaten:
50 g getrocknete Pilze,
200 g gehacktes Sauerkraut,
200 g Mehl,
2 Eier,
2 mittelgroße Zwiebeln,
Öl, Salz.

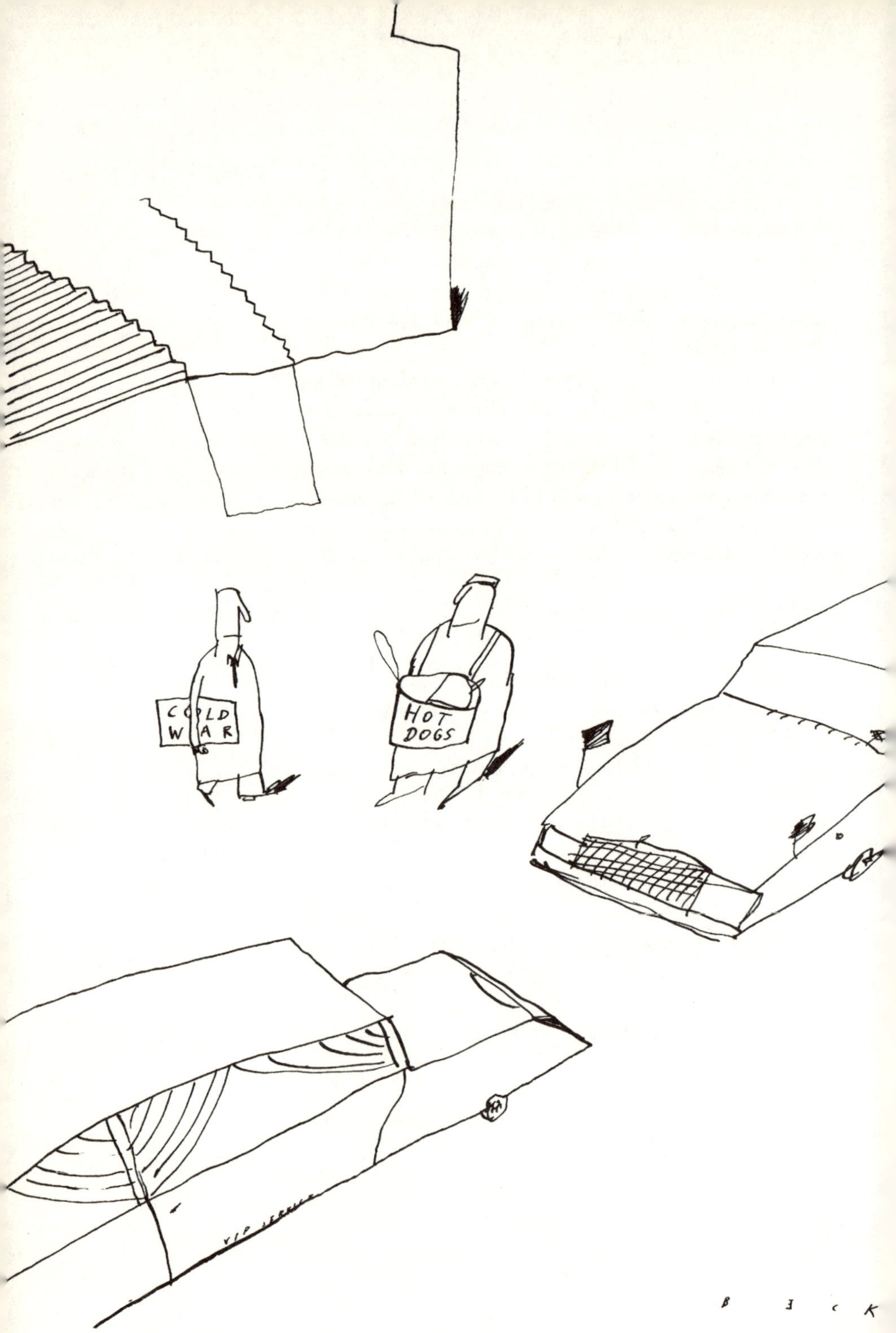
COLD WAR
HOT DOGS
VIP
BECK

Über »Wienerwald«, andere Hähnchen und Hühnchen

Ein Aufenthalt in der Gefängniszelle, das erwähnte ich schon, regt zum Nachdenken und zum Dialog mit sich selbst an. Als wir 1991 nach Deutschland zurückkehrten, bereitete der Zusammenbruch der DDR noch schlaflose Nächte, gaben das langsame Dahinsterben, der Zerfall der Sowjetunion keine Ruhe. Angst vor dem eigenen Schicksal hatte ich nicht. Vor den Gesetzen des Landes, das mich hinter Gittern halten wollte, fühlte ich mich nie schuldig. Die Haft und die anschließenden mit schikanösen Auflagen verbundenen Umstände wie auch der sieben Monate dauernde Prozeß gegen mich ließen aber nicht die innere Gelassenheit zu, die man braucht, um alles objektiv, gewissermaßen von der Seite her zu betrachten, über Ursachen, eigene Schuld und im Leben Versäumtes zu reflektieren. Wegschieben ließ es sich ohnehin nicht.

Nur schwer läßt sich das nächtliche Gedankenkaleidoskop der schlaflosen Stunden beschreiben. Gestalten aus vertrauten Büchern begegnen geliebten und gehaßten Personen der gerade erlebten Wirklichkeit, Bruchstücke von Musik kommen in den Sinn, Höhepunkte und Niederlagen im Dienst und Bilder von surrealen Hexentänzen und realer Hexenjagd lösen einander ab oder schieben sich ineinander. Das doppelt vergitterte Fenster meiner Zelle, das einzige in meinem Trakt, regte die Phantasie an. Dramen des Vaters, der Bauernkrieg, Thomas Müntzer ... Wie viele Kämpfer haben für Freiheit und Gerechtigkeit die eigene Freiheit und das Leben geopfert, für eine Utopie, im Glauben an eine gute Sache. Und wie viele wurden von den eigenen Leuten verfolgt und gequält ... Werden die kommenden Generationen aus unserer Niederlage lernen? »Immer wieder läßt Du Dich vom Thema des Buches ablenken«, ermahnt mich Andrea. Haben aber unsere Niederlagen nicht auch mit der russischen Küche zu tun, der anderen russischen Küche?

Lassen wir also die Politik! Zurück zu den Hähnchen vom Wienerwald, die für mich im Gefängnis zu keiner Realität wurden. Dafür sollen Hühnchen und Hähnchen bestimmter Art mit Rezepten zu Ehren kommen, von denen ich in mageren Zeiten manchmal geträumt habe.

HÄHNCHEN TABAKA

Zutaten:
4 junge Hähnchen
(je 500 – 600 g),
4 El saure Sahne,
125 g Butter,
1/4 l Tkemali-Sauce
(saure Pflaumensauce),
4 Knoblauchzehen.

Diese aus der georgischen Küche stammende Spezialität ist in russischen Restaurants wohlbekannt und beliebt. Das Besondere der Zubereitung besteht darin, daß bei jungen Hähnchen auf etwas ungewöhnliche Weise das Rückgrat entfernt, das Hähnchen flachgeklopft und dann unter einem Gewicht gebraten wird, damit es schnell braun und gar wird und die flache Form behält. Das Herauslösen des Rückgrats will geübt sein. Mit einem scharfen Messer muß das Hähnchen am Hals beginnend längs des Rückgrats geteilt werden. Dann wird an der Innenseite mit einem ähnlichen Schnitt das Rückgrat herausgelöst, zwischen den Brusthälften weggebrochen, Knochen und Knorpel werden herausgezogen, Haut und Beine anschließend von beiden Oberschenkeln gelöst und zurückgeschoben. Die Gelenke werden halb durchgeschnitten, danach geradegezogen, die Haut wieder darüber gestrafft. Unterhalb der Rippen einen Schlitz in jede Brustseite schneiden. Danach die Hähnchen flachklopfen, mit Küchenkrepp trocknen und die Beine durch die Schlitze in der Brust ziehen.

Die Hähnchen können für 2 -3 Stunden in eine Knoblauchmarinade gelegt werden. Oder sie werden einfach mit frischem Knoblauch eingerieben.
Den Backofen auf 125° vorheizen. Die Hähnchen salzen und die Fleischteile mit saurer Sahne bestreichen. 2 El geklärte Butter in eine schwere Pfanne (für 4 Hähnchen von 25 – 30 cm Durchmesser) geben, stark erhitzen und die Hähnchen mit der Hautseite nach unten auf die inzwischen braun gewordene Butter legen. Dann unter einem mit einem Gewicht beschwerten Kochdeckel unter mittlerer Hitze 10 – 15 Minuten braten, umdrehen, wieder mit saurer Sahne bestreichen und weitere 10 – 15 Minuten unter dem Gewicht braten. Das Fleisch muß dunkel goldbraun werden, darf aber nicht anbrennen.
Anschließend werden die Hähnchen mit der Hautseite nach oben auf eine feuerfeste Platte gelegt und im Backofen warm gehalten.
Jeder Gast erhält ein Hähnchen Tabaka, dazu in einem Schälchen die Sauce Tkemali oder eine andere saure Sauce, wie sie in Delikatessengeschäften erhältlich sind. Am besten paßt zu dem Gericht körniger Reis, evtl. Tomaten- und Gurkensalat mit Schafskäse. Ein guter Wein darf nicht fehlen. Zum Nachtisch Obst.

SAUCE »TKEMALI«

Die Pflaumen in kochendes Wasser geben, dann stehen lassen. Nach etwa 10 Minuten das Wasser mit den Pflaumen noch einmal zum Kochen bringen und 15 Minuten sprudeln lassen. Die Flüssigkeit durch ein Sieb abgießen, die Pflaumen entkernen und zusammen mit den Kräutern und dem Knoblauch kleinhacken oder in einem Mixgerät zerkleinern. Dabei die abgeseihte Flüssigkeit allmählich und so lange zugießen, bis die Sauce die Konsistenz von nicht zu dicker saurer Sahne erhält. Würzen und alles noch einmal kurz kochen. Danach die Zitrone dazugeben und die Sauce abkühlen lassen.

Zutaten:
14 saure (nicht ganz reife) Pflaumen,
4 geschälte Knoblauchzehen,
3 El Dill oder Petersilie,
2 El Zitrone,
1/4 Tl Salz,
1/8 Tl Cayenne-Pfeffer,
1/2 l Wasser.

Fehlen saure Pflaumen, kann man auch Backpflaumen nehmen.
Die Sauce »Tkemali« wird im Kaukasus gern auch zu anderen Grillgerichten serviert.

IM RÖMERTOPF GESCHMORTES HÄHNCHEN

Zutaten:
2 größere Brathähnchen,
10 dünne Speckscheiben,
10 – 15 mittlere Champignons oder 6 – 8 Steinpilze bzw. Maronen,
2 – 3 große Möhren,
1 Bund Petersilie,
Salz, Pfeffer.

Wir haben den Römertopf bereits als nahezu gleichwertig mit dem Steinguttopf des alten russischen Ofens anerkannt.
Die Brathähnchen waschen, mit Krepp abtrocknen, mit Salz und Pfeffer einreiben und vierteilen. Pilze blanchieren, Möhren grob raspeln, Petersilie waschen und kleinhacken.
5 dünne Speckscheiben auf den Boden des 30 Minuten gewässerten Römertopfs geben, darauf die Hähnchen. Über diese die Pilze, Möhren und etwas Petersilie verteilen, noch etwas salzen, die restlichen Speckscheiben dazugeben und den Deckel schließen.
Garzeit etwa 60 Min. bei 220°C. Nach etwa 25 Minuten die Hähnchenteile umdrehen, wieder mit etwas Petersilie bestreuen und weitergaren. Evtl. den Topf die letzten 7 – 10 Minuten öffnen und die Hähnchen bräunen lassen.
Im Unterschied zu den Hähnchen Tabaka machen die so geschmorten Hähnchen weniger Arbeit, schmecken aber ebenfalls ausgezeichnet.

Noch einfacher sind
IM RÖMERTOPF GEBACKENE HÜHNCHEN

Zutaten:
2 größeres Hühnchen,
4 El saure Sahne,
1 El Butter,
gehackte Petersilie,
Salz.

Hühnchen gründlich waschen, innen und außen trocknen, kräftig innen und außen salzen, dann einige Stunden ruhen lassen.
Die Hühnchen bzw. Hähnchen mit saurer Sahne bestreichen und in den gewässerten Römertopf legen, mit Butter in Flöckchen bedecken. Deckel schließen, bei

200°C ca. 75 Minuten braten lassen. Nach 40 Minuten umdrehen, die letzten Minuten den Deckel evtl. abnehmen. Dabei die Bräunung kontrollieren! Herausnehmen und frische Petersilie darüber geben. Zu beiden Rezepten wird Reis und frischer Salat empfohlen.

Diplomatie und Fisch

Sie erinnern sich, lieber Leser, die Anregung zum Nachdenken über Hähnchen und Hühnchen gab die Schlagzeile über das Brathendl vom »Wienerwald«, die mich in der Gefängniszelle erreichte. Ich will keinen unpassenden Vergleich zu dieser Hühnchenrestaurant-Kette ziehen, wenn ich noch einmal zu meiner ersten Residenz als Diplomat zurückkehre, dem Hotel »Metropol« in Moskau. Mir fällt es deshalb ein, weil es dort hervorragend zubereitete Hähnchen Tabaka und den besten Hühnereintopf mit Nudeln gab, den ich je in meinem Leben gegessen habe. Den Nudeleintopf bestellten wir mindestens zweimal in der Woche auf unser Zimmer, weil es so wesentlicher billiger, vor allem aber gemütlicher war als in der alten Pracht des Hotelrestaurants. Im Restaurant wurden allerdings in Teig fritierte Fischröllchen unter dem Namen *Zander orli* mit einer Sauce geboten, von der man nur träumen kann. Jeden mir anvertrauten Dienstreisenden aus Berlin, der im »Metropol« wohnte, verleitete ich zur gemeinsamen Bestellung dieses vorzüglichen Gerichts.

Nun haben wir in diesem Buch außer Sakuska noch kein echtes Fischgericht in unserem Speiseplan. Das wird sich gleich ändern, wenn ich auf meinen ersten »Berater« im Dienst und Lehrmeister beim Angeln Wassili Michejewitsch zurückkomme. Wie gerne würde ich ihn wieder treffen. Wäre es doch eine verrückte Idee, mich mit ihm in dem inzwischen mit Glanz renovierten Hotel »Metropol« zu verabreden und im feinsten aller Moskauer Restaurants an einem vorbestellten Tisch am Springbrunnen Platz zu nehmen. In das Hotel haben die neuen ausländischen Besitzer viel investiert. Die Zimmer werden zu Preisen angeboten, die selbst zahlungskräftige Devisenbesitzer erschauern lassen. Aber wir pensionierten Spione sitzen zwischen den mit Kreditkarten bestückten Gewinnern der von uns verlorenen Schlacht und bestellen *Sudak orli!* Natürlich erzähle ich Wassili (zum wievielten Male?), wie ich als junger Diplomat genau an dieser Stelle Stalin und Mao Tse-tung gegenüberstand und im benachbarten schmalen Raum als Chargé d'affaires, als Geschäftsträger, der Begegnung dieser beiden Halbgötter beiwohnte. Und alles wird wieder lebendig. Wassili wird noch einmal beichten, daß er selbst noch ein Neuling war, als er mir zu Beginn unserer Zusammenarbeit die Geheimnisse des mir unbekannten Gewerbes beibringen sollte. Mit und ohne Ehren ergraut würden wir uns der Zeit erinnern, als wir beide gerade dreißig waren.

Wenn sich zwei Freunde treffen, bedarf es keiner großen Trinksprüche und vieler Worte. Doch ein kurzer wäre wohl dem Anlaß gemäß: »Es ist seltsam«, sagte ein weiser Mann, »daß der Mensch einem verlorengegangenen Vermögen nachweint. Daß sein Leben vorbeigeht, bemerkt er gar nicht. So laß uns darauf trinken, daß jeder Tag des uns verbleibenden Lebens voller Inhalt und von Nutzen sein möge.« Als wir uns Anfang der siebziger Jahre auf meinem Waldgrundstück bei Berlin zum letzten Mal sahen, hatten wir gerade die 50 überschritten und wir kannten uns seit zwei Jahrzehnten. Wassili würde sich bestimmt an jenen Abschiedsabend erinnern, an den von mir zelebrierten *Zander à la diplomat*. Es gibt überhaupt keinen Zweifel, daß sich meine Schöpfung hinter dem im »Metropol« gebotenen Zander nicht zu verstecken braucht!

Vor jenem Abend hatten wir ein paar Urlaubstage zu einer Rundfahrt durch den Süden der DDR genutzt.

ÜBER HÄHNCHEN UND HÜHNCHEN

Nach drei mehrjährigen Einsätzen sollte Wassili nicht nur eine Erinnerung an die Angel- und Jagdgründe der Umgebung Berlins mitnehmen, sondern auch Eindrücke von Dresden, Leipzig, Weimar und Erfurt, von den dort bestaunenswerten Schätzen der Kultur und den landschaftlichen Schönheiten des Erzgebirges und des Thüringer Waldes. Während ich am letzten Abend auf meinem Grundstück bei Berlin den *Zander à la diplomat* zubereitete, ließ es sich mein Freund nicht nehmen, die Angelrute vom Bootssteg ins Wasser zu halten. Zum letzten Mal in Deutschland, wie er meinte. Auf sein Anglerglück war ich jedoch nicht angewiesen, den frischen Zander hatte ich beim Fischer abgeholt.

Ohne Anglerglück, doch mit guter Laune vom See zurückgekehrt, schnupperte Wassili den aus der Küche strömenden Duft des von mir noch geheimgehaltenen Gerichts. Wie es sich gehört, begannen wir mit einem Gläschen Wodka. Als Sakuska gab es dazu eingelegte Pilze aus unserem Wald. Der Schliff der Kristallkaraffe und Gläser spiegelte das Licht und veredelte den hochprozentigen Inhalt. Seit Mitte der fünfziger Jahre dienen sie mir zu derartigen Anlässen. Die Gläschen sind richtige *Stopki*, in dieser Größe werden sie in Rußland so genannt. Sie liegen so schön in der Hand mit ihrem Inhalt von 50 Gramm, wie dort die in deutschen Gaststätten mit 5 cl bezeichnete Menge umschrieben wird, und sie können auf russische Art bequem mit einem Schluck geleert werden. Wenn ich auch sonst kein großer Freund von Kristall bin, seit diesem letzten Abend mit Wassili bewahrt es auch sein Andenken und ist in unserer Familie bei Feiern gern in Gebrauch.

Dies hat aber noch einen weiteren Grund. Die Karaffe gab an jenem Abend Anlaß, an einen Mann zu denken, dessen spektakulärer Übertritt in die DDR sich während unserer ersten gemeinsamen Dienstjahre abgespielt hatte. Sie war ein Geschenk des früheren CDU-Bundestagsabgeordneten Karlfranz Schmidt-Wittmack, das er mir nach dem Einzug in sein neu eingerichtetes Haus am Stadtrand von Berlin zur Erinnerung überreicht hatte. »Was ist aus dem geworden? Was macht er heute?« fragte Wassili. Ja, was wäre aus ihm geworden, wenn wir 1954 den aufstrebenden Politiker aus Hamburg nicht ohne zwingenden Grund in die DDR geholt hätten, fragten wir uns beide. Hätte dieser von gewichtigen Größen der Kohle und Stahlindustrie geförderte, begabte Mann in der Bundesrepublik nicht mindestens so gute Aufstiegschancen wie Helmut Kohl oder Gerhard Stoltenberg gehabt? Einen Sitz in den wichtigsten Ausschüssen des Bundestages und der CDU-Führung hatte er bereits erreicht.

ÜBER HÄHNCHEN UND HÜHNCHEN

Nach dem kurz zuvor erfolgten Übertritt von Otto John, dem ersten Präsidenten des Bundesamtes für Verfassungsschutz, in die DDR, hatten die politischen Größen in Moskau und Berlin die völlig irreale Vorstellung, mit Enthüllungen des CDU-Verteidigungsexperten Schmidt-Wittmack der deutschen Wiederaufrüstung und schließlich der Einbeziehung der BRD in ein westliches Militärbündnis den letzten Stoß versetzen zu können. Natürlich war dies Unsinn, die Bundeswehr wurde mit amerikanischem Segen zügig aufgebaut und in die NATO eingegliedert. Die Ratschlüsse politischer Führungen sind aber oft nicht nur unergründlich, sie sind für den Leiter eines Nachrichtendienstes auch unumstößlich. Wassili ist mein Zeuge, daß ich nur schweren Herzens diesen Ast abgesägt habe, auf dem eine ergiebig sprudelnde Spitzenquelle saß und noch lange hätte sitzen können.

Noch der verpaßten Chance nachtrauernd, erzählte ich dem Freund auf seine Frage, daß Schmidt-Wittmack schon einige Jahre Vizepräsident der Außenhandelskammer der DDR war. Seiner in Hamburg geborenen und aufgewachsenen Frau und ihm, dem Hanseaten, war es nicht leicht gefallen, sich an die ungewohnten neuen Lebensumstände im Osten zu gewöhnen. Ganz ist dies wohl nie geschehen. Es war das selbst bei großzügiger Unterstützung und Betreuung schwer zu tragende Los vieler aus dem Westen zurückgezogener Kundschafter. Der Sprung in eine andere Welt war groß, der Verlust der engeren Heimat ein tiefer Einschnitt in das Leben der Zurückgerufenen. Den Eindruck hatte ich noch dreißig Jahre später, als ich Schmidt-Wittmack in Berlin zu seinem 70. Geburtstag gratulierte. Freundschaftlich wie immer, aber mit den Jahren doch offener geworden, sprachen wir über seine und die schwierigen Probleme unseres Landes.

Nun bin ich dem Leser endlich das Rezept des Fischgerichts schuldig, dem wir inzwischen eifrig zugesprochen hatten und das auch das rückhaltlose Lob des Kenners Wassili fand.

ZANDER À LA DIPLOMAT

Zutaten:
1 großer Zander,
8 Kartoffeln,
2 mittelgroße Zwiebeln,
4 frische Tomaten,
1/2 Zitrone,
50 g Butter,
2 El Öl,
30 g Tomatenmark,
etwas Ketchup,
Fischgewürz (Dill, Wacholder, Lorbeerblatt, Pfeffer, Piment- und Senfkörner),
200 g Hartkäse,
4 El saure Sahne,
2 Eier,
2 El feingehackter frischer Dill,
1 Bund frische Petersilie,
Pfeffer, Salz.

Der frische Zander wird filetiert, aus Kopf, Schwanz und Gräten, wie unter Ucha beschrieben, mit einer Zwiebel und dem Fischgewürz ein kräftiger Sud gekocht. Inzwischen werden die Filets mit Zitrone beträufelt bereitgestellt, die zweite Zwiebel kleingehackt in Öl gedünstet, das Tomatenmark mit Ketchup dazugegeben. Die Filets, der Größe des Kochgeschirrs angepaßt, in den Fischtopf geben, mit durchgeseihtem Sud und etwas Dill bedecken und bei mittlerer Hitze kurz garen. Der Fisch soll etwa halb, keinesfalls ganz gar sein. Danach vorsichtig herausheben und in ein anderes passendes Kochgeschirr geben, dessen Boden mit Butter eingerieben ist. Darüber kommen die in Scheiben geschnittenen, mit wenig Salz und Pfeffer gewürzten Tomaten.
Der Käse ist natürlich schon gerieben, wird zu zwei Dritteln mit dem Eigelb, saurer Sahne, den Zwiebeln, Tomatenmark, Ketchup vermengt. Diese dicke Sauce wird über Fisch und Tomaten verteilt und mit dem Rest des geriebenen Käses bestreut.
Nun wird die Backröhre auf 220° C vorgeheizt, die geschälten Kartoffeln werden aufgesetzt. Kurz bevor die Kartoffeln gar sind, wird der Zander in die vorgeheizte Röhre geschoben, um nach wenigen Minuten als von einer goldbraunen Kruste überbackener Zander à la diplomat wieder zum Vorschein zu kommen. Die inzwischen ebenfalls garen Kartoffeln werden in Butter leicht geschwenkt, anschließend mit Petersilie bestreut und mit dem Zander serviert.

Wassili war begeistert, wollte natürlich die Zubereitung und die Herkunft des Namens erfahren. Das verriet ich ihm in dem Maße, wie ich es jetzt dem Leser verrate: Mit der russischen Küche hat es nur insofern zu tun, als ich über meine russischen Lehrmeister zum Angeln, zur Ucha und zum Umgang mit Fisch und Fischgerichten kam. Ansonsten ist dieses Gericht eine Schöpfung der Wolfschen Küche.

Das Geheimnis der Entstehung des Namens kann ich nur so weit lüften, daß dieser tatsächlich mit einem hochrangigen westlichen Diplomaten zu tun hat. Der Diplomat war nicht sehr lange vor der geschilderten Begegnung mit Wassili mit seiner Familie mein Gast. Ob er damals den tatsächlichen Hintergrund meiner Tätigkeit kannte oder ahnte, bleibt sein Geheimnis. Auf jeden Fall trug das Wissen über seine Vorliebe für Fisch zur aufgelockerten Gesprächsatmosphäre zwischen uns bei. Als ich ihm ein Fischgericht nach eigenem Rezept angekündigt hatte, warnte mich der weitgereiste Gast, er sei auf diesem Gebiet Experte und ein strenger Richter.

Das damals noch namenlose Mahl bereitete ich auf dem Backblech in der Ofenröhre aus Filets von 4 großen Zandern zu. (Wir waren 7 Personen. Sie brauchen die oben angegebenen Zutaten nur zu verdoppeln, um eine Gesellschaft bis zu 8 Personen mit dieser Delikatesse zu überraschen.) Meine Gäste saßen direkt neben der Küche auf einer Veranda mit Blick auf die ruhige Ostsee. Ab und zu vermischte sich eine frische Brise mit dem Duft des werdenden Gerichts. Der Anblick war nicht minder betörend, als ich den goldbraun überbackenen Fisch in der Mitte des Tischs plazierte. Der gestrenge Richter war beim Abschied, als wir ein neues Treffen vereinbarten, des Lobes voll. Seitdem hat das Gericht seinen Namen: *Zander à la diplomat*.

Sollte der ehemalige Diplomat, heute außer Dienst, dieses Buch in die Hand bekommen, wird er sich bestimmt an den vorzüglichen Fisch, an den trockenen Weißburgunder und unsere Gespräche erinnern. Der Wein war für ihn ebenfalls eine Überraschung, denn er wußte damals nicht, daß aus den Keltereien von Meißen an der Elbe vorzügliche Weine kamen.

So erfuhr Wassili schließlich die Herkunft des ungewöhnlichen Gerichts, seines Namens und seines Zusammenhangs mit der russischen Ucha. Auch Männer, die sonst große Worte nicht mögen, versichern sich an einem solchen Abend ihrer Sympathie. Ausdruck dafür war neben lieben Worten ein von Wassili hinterlassenes Rezept, mit dem wir allerdings noch einmal zu den Piroggen und Suppen zurückkehren müssen.

RASTEGAI VON DER WOLGA

Zutaten:
400 g Mehl,
1/4 l Milch,
200 g getrocknete Pilze,
1 Zwiebel,
2 – 3 El Margarine,
100 g Reis,
20 g Hefe,
gemahlener Pfeffer,
Salz.

Es wird ein normaler Hefeteig vorbereitet. Die Pilze kochen und in einem Sieb abtropfen lassen. Die Zwiebel kleinschneiden und mit den Pilzen 5 – 7 Minuten im Fett dünsten. Den Reis normal kochen, danach mit den Pilzen und Zwiebeln vermengen, dann salzen und pfeffern. Damit ist die Piroggenfüllung fertig.
Eine andere schmackhafte und verbreitete Füllung besteht aus einer Farce, die aus durchgedrehtem Fisch und kleingehacktem, hartgekochtem Ei gefertigt wird.
Der Hefeteig wird in nicht ganz eigroße Kugeln geteilt, die zu etwa 3 mm starken Plätzchen ausgewalzt werden. In die Mitte wird ein reichlicher Teelöffel Füllung gegeben, dann werden die Teigränder hochgezogen und so zusammengepreßt, daß über der Füllung eine Öffnung bleibt. Bei Fischfüllung kann die Öffnung mit einer dünnen Scheibe Lachs oder anderen geeigneten Fischs bedeckt werden. Der so geformte Rastegai kann rund oder oval sein.
Anschließend kommen diese Plätzchen auf ein mit Butter eingeriebenes Blech und werden eine halbe bis eine Stunde an warmer Stelle stehengelassen. Danach werden sie mit Eigelb bepinselt und wie Piroschki in der Ofenröhre gebacken. Sie eignen sich als Sakuska und Zugabe zur Ucha und jeder anderen Suppe.

Nachdem ich außerhalb der Reihe Erzähltes und Gekochtes gemischt habe, möchte ich dieses Kapitel mit einem Trinkspruch beschließen, der wie die meisten dieser Sprüche mit den Worten beginnt: »Erheben wir dieses kleine Glas auf die Krone der Schöpfung: die Frau.

Eines Tages erschien der Mann vor dem Allmächtigen und bat, ihm eine Frau zu erschaffen. Der Herrgott griff umsichtig zu einigen Sonnenstrahlen, nahm etwas von der Melancholie des Mondes, der Empfindsamkeit einer Hirschkuh, dem zärtlichen Blick eines Rehs, der Sanftmut einer Taube, der Schönheit des Schwans, der Anschmiegsamkeit von Daunenfedern, der Leichtigkeit der Luft, der Frische des Quellwassers. Damit die Schöpfung nicht zu süßlich bliebe, nahm er noch etwas von der Unbeständigkeit des Windes, der Schwatzhaftigkeit der Elster, dem Tränenreichtum der Wolken und etwas vom durch Blitz und Donner verbreiteten Schrecken hinzu. Dieser Mischung entstammt das göttliche Wunder: die Frau. Der Herrgott hauchte ihr den Odem des Lebens ein und sprach zu dem Mann: Nimm sie und quäle dich!

So laßt uns auf ewige Qualen und die gelungene Mischung trinken!«

ПРОДУКТЫ

Über Feste, wie sie kommen

In den zwölf Jahren unserer Emigration waren der 1. Mai, der Jahrestag der Oktoberrevolution (7. November) und das Neujahrsfest die großen Feiertage, an denen in Moskau auf den Straßen, in den Klubs und Parks und natürlich in den Familien ordentlich gefeiert, gegessen und getrunken wurde. Erst im nachhinein wurde mir bewußt, daß kein Fest tiefer im russischen Volk verwurzelt ist als das Osterfest.

Anders als in der DDR, in der Ostern und das Weihnachtsfest staatlich anerkannte Feiertage blieben, waren die christlichen Feste in der Sowjetunion aus dem offiziellen Kalender gestrichen. Doch präsent waren sie immer. Lange konnte ich mir nicht erklären, weshalb Mehl, Zucker, Eier, sonst Mangelware oder im Handel nicht vorhanden, zu einer bestimmten Zeit im Frühjahr in den Geschäften plötzlich ohne Einschränkung verkauft wurden. Schließlich klärte mich Jelisaweta Michailowna auf, daß dies die erforderlichen Zutaten für den *Kulitsch* und die *Paßcha*, die Osterkuchen sind, für die vor Ostern der Priestersegen ebenso obligatorisch ist wie für die Ostereier. Offenbar wollte sich die politische Führung mit solcher Steuerung des Mangels Sympathiepunkte bei der Bevölkerung holen.

In Moskau konnte man selbst zu Lebzeiten Stalins zur Osterzeit sehen, wie ältere und jüngere Frauen mit Taschen, Körben und von Tüchern bedeckten Schüsseln die meist in kleinen Nebenstraßen liegenden Kirchen betraten und nach einiger Zeit mit freudiger Miene wieder verließen.

Obwohl atheistisch erzogen, mißbrauchten wir im Jünglingsalter einen orthodoxen Osterbrauch. Wir küßten Mädchen, die am Ostersonntag aus der Kirche kamen, ganz ungeniert. An diesem Tag gilt der Gruß *Christos woskres!*- »Christus ist auferstanden«. Die Antwort lautet: *Woistinu woskres!* – »Wahrlich, er ist auferstanden!« und wird von einem dreifachen Kuß auf beide Wangen begleitet.

In den letzten Jahren hat die Feier des Osterfestes in Rußland, auch nach außen sichtbar, wieder den seit tausend Jahren angestammten Platz eingenommen. Es hat dort etwa den Rang und die Bedeutung des Weihnachtsfestes bei uns. Das ganze Jahr wird in Rußland nicht so viel gegessen wie in der Osterwoche, die kurz *Swjataja*, »die Heilige«, genannt wird. Für die Gläubigen ist mit ihr die lange Fastenzeit beendet. Am Ostersamstag wird in allen Familien in aller Frühe der Festtagstisch mit einem blütenweißen Tischtuch gedeckt. Reichere Familien boten ihren Gästen bis zu 48 Gerichte für den ersten wieder zugelassenen Fleischgenuß nach genau so vielen Tagen des Fastens. Den Ehrenplatz auf der Tafel nahmen die geweihten *Kulitsch* und *Paßcha* und die meist bunt bemalten Ostereier ein. Erst dann kamen Lammbraten, Schinken, Kalbfleisch, gefüllte Hühnchen, Gänse, Ente und Truthahn, kalte und heiße Würstchen und so weiter und so fort. Um dem Magen zwischendurch etwas Ruhe zu gönnen, gab es Radieschen, eingelegte Gurken, frischen Salat. Da mit der Marktwirtschaft jetzt auch in Rußland ungeachtet der Jahreszeit Obst und Gemüse jeder Art aus aller Herren Länder im Angebot sind, kann zu Ostern praktisch alles auf den Tisch kommen, was der Geldbeutel hergibt. Jeder freie Platz auf der Festtafel wird von Flaschen und Karaffen mit Wodka, Likören, Wein, verschiedenen Sorten Kwas, Limonade und Mineralwasser besetzt.

Nach der Messe und anschließenden Prozession, meist um das Gotteshaus herum, geht am Sonntag das Feiern erst richtig los. Glückwünsche und Trinksprüche lösen einander ab. Zwischen den einzelnen Gerichten werden immer wieder Pausen eingelegt, manch Müder macht zwischendurch ein Schläfchen, denn das Speisen zieht sich bis weit in den Abend hinein.

Widmen wir uns nun der Beschreibung der wichtigsten Speisen zum Osterfest. Da sind zunächst die Ostereier. Das Ei hat als Symbol des sich erneuernden Lebens in den Frühlingsfesten fast aller Völker eine besondere Bedeutung. Die Hirten nahmen zum Austrieb ihrer Tiere Eier in ihrem Proviantbeutel mit, damit die Kühe mit runder werdenden Flanken gesunden Nachwuchs bringen. Eier an den Osterbäumen sollten Glück fürs Haus bescheren. Durch die Darbringung von nach Ostern auf den Feldern in die Höhe geworfenen Eiern versprachen sich die Bauern eine gute Ernte. Die gesegneten Eier gehören zum Ostergruß der engen Verwandten und werden auch zu den Gräbern der Verstorbenen getragen, weil nach russischem Brauch etwas vom Festtagsmahl gemeinsam mit den Toten verzehrt wird.

In den Pausen des Festessens finden auch in Rußland die in manchen deutschen Landen bekannten Wettkämpfe mit bemalten Eiern statt. So muß man darauf achten, mit dem spitzen Oval des eigenen hartgekochten Eis das des Gegners zu treffen. Derjenige, dessen Ei ganz geblieben ist, hat gewonnen und fordert den nächsten zum Wettkampf heraus. Pfiffige Jungen kommen auf diese Weise in den Besitz eines Korbes angeschlagener Ostereier, die im Familien- oder Freundeskreis fröhlich verspeist werden.

Manche Riten des Osterfestes gehen auf die vorchristliche Zeit zurück, wie zum Beispiel der Brauch, Eier rot zu färben. Rot galt als Symbol der Sonne, die als Spenderin von Wärme und Licht mit dem Erwachen der Natur im Frühling gepriesen wurde. Aber auch in Rußland, wie in der ganzen Christenwelt, werden verschiedene Farben, Verzierungen und Methoden zur kunstvollen Gestaltung der Ostereier verwendet. Bei den Gläubigen tauchen neben dem Kreuzsymbol auch häufig die kyrillischen Buchstaben »X« und »B« auf – stellvertretend für »Christus ist auferstanden« oder für Alpha und Omega, »Christus ist Anfang und Ende«.

Diese Buchstaben finden sich auch auf der Paßcha. »Paßcha« ist das russische Wort für Ostern. Eingedenk der Zeit des Feierns steht es zur Erinnerung an das jüdische Passah-Fest, das des Auszugs aus Ägypten gedenkt. Aber es bezeichnet auch die österliche Quarkpyramide, die auf der orthodoxen Ostertafel unverzichtbar ist.

PASZCHA

Zutaten
(für 6 – 8 Personen):
800 g Magerquark,
2 Glas süße Sahne,
1½ Glas Zucker,
300 g Butter,
4 Eigelb,
1 Tl Vanille,
100 g kandierte Früchte,
Orangeat und Zitronat,
30 g feingehackte blanchierte Mandeln.
Zum Garnieren:
30 g ganze, geröstete und blanchierte Mandeln,
50 – 80 g kandierte Früchte.

Die Flüssigkeit wird aus dem Quark ganz herausgepreßt (am besten ein Sieb mit Gaze auslegen). Dann den Quark stehen lassen. Die kandierten Früchte, Orangeat und Zitronat mit dem Vanilleextrakt vermischen und etwa 1 Stunde stehenlassen. Die Butter unter den Quark schlagen und wieder ruhen lassen. Die Sahne in einem kleinen Topf erhitzen, bis sich kleine Blasen bilden. Beiseite stellen. Eigelb mit dem Zucker gründlich vermischen. Die Sahne langsam dazugießen, vermengen und alles wieder in den Topf geben. Auf niedriger Hitze so lange rühren, bis eine zähflüssige Creme entsteht (nicht kochen lassen!). Dann die Zutatenmischung unterrühren und den Topf samt Inhalt gut abkühlen lassen (am besten in einem größeren Topf mit eiskaltem Wasser). Währenddessen ständig umrühren. Schließlich mit der Quark-Butter-Mischung verrühren und die gehackten Mandeln dazugeben. Die Masse wird – wenn vorhanden – in eine spezielle Paßchaform getan. Das ist eine Holzform, die an eine Stufenpyramide erinnert. Sie ist aber heutzutage meist nur noch in Babuschkas Truhe oder in Museen zu finden. Wir ersetzen sie durch einen eckigen Blumentopf mit entsprechendem Fassungsvermögen, legen diesen mit Mull aus, der über den Topfrand hängen muß. Die Paßchamasse hineingießen, den Mull sorgfältig darüber schlagen, dann mit einem Gewicht von 2 – 3 kg

*beschweren. Dafür wird ein auf den Blumentopf passendes Tellerchen, Brettchen oder Töpfchen genommen, das entsprechend belastet werden kann. Dieser Aufbau wird über Nacht in den Kühlschrank gestellt.
Zum Stürzen den Mull zurückschlagen, einen großen Teller auf den Topf setzen und ihn dann umdrehen.
Die Paßcha-Pyramide kann nun mit den Zutaten und den Mandeln beliebig verziert werden. Bei gläubigen Christen sollten auch die Buchstaben »X« und »B« vorkommen. Paßcha kann wie eine Cremetorte aufgeteilt und gegessen oder auf trockenen Kuchen gestrichen werden.*

Mit Rezepten für Osterkulitsch und für alle möglichen typisch russischen Kuchen wie etwa *Prjanniki*, das sind Plätzchen, Brezeln oder Kringel, können Bände gefüllt werden. Ich beschränke mich auf eine Form des Kulitsch, eine *Baba* aus Lena Sacharowas Backröhre. Das russische Wort *Baba* heißt eigentlich Weib. Wie der Kuchen dazu gekommen ist, bleibt sein Geheimnis.

PETERSBURGER BABA

*Das Eigelb vom Eiweiß trennen und mit Zucker schaumig schlagen. Zerhackte Mandeln mit geriebener Zitronenschale und Zitronensaft mischen, mit weicher Butter vermengen und mit dem gezuckerten Eigelb verrühren. Die Hefe in warmer Milch auflösen. Das Eiweiß kräftig schlagen.
In die mit dem Eigelb entstandene Mischung unter ständigem Rühren Hefe, saure Sahne, Mehl und zuletzt das geschlagene Eiweiß geben. Den Teig in eine Kuchenform (oder mehrere) so geben, daß sie zu einem Drittel gefüllt ist (sind). Mit einer Serviette oder einem Tuch zudecken und an einem warmen Platz gehen lassen. Sobald der Teig die Höhe von 2/3 der Form erreicht hat, kann der Kuchen in die vorgeheizte Röhre geschoben werden. Bei 200° C ist die Baba nach einer Stunde fertig.*

Zutaten:
400 g Mehl,
200 g Butter,
18 Eier,
150 g Zucker,
35 g Hefe,
1 Zitrone,
15 Mandeln,
0,4 l saure Sahne,
1/3 Glas Milch,
Salz.

Mit den Eiern, der Paßcha und der Baba wollen wir es bei den Osterspezialitäten bewenden lassen. Natürlich gibt es während der drei Feiertage, an denen man nicht mehr kocht, viel Sakuska und andere Gerichte, und auch ein zünftiger Trinkspruch gehört dazu:
  Das Bauernmädchen Mascha stöß beim Umgraben im Garten auf etwas Festes. Beim Weitergraben kommt ein Kasten zum Vorschein. Mit aller Kraft öffnet sie den Deckel, und ein junger bildschöner Pharao liegt darin. Aber er ist tot. Mascha wird traurig, Tränen rollen über ihre Wangen. Ein paar fallen auf das schöne Gesicht. Da geschieht das Wunder. Der junge Mann öffnet die Augen und sagt:
  – Oh, du wunderbare Maid. Wie kann ich Dir für Deine Tränen danken?
  Da Mascha in ihrer Verwirrung keine Antwort weiß, hält er ihr ein buntes Ei entgegen und fragt:
  – Möchtest Du, daß ich Dir damit zehn Wünsche erfülle? Sage mir welche.
  – Wozu zehn? fragte Mascha errötend. – Lieber einen Wunsch, und den zehn Mal ...
  Nach dem siebenten Mal sank der Pharao wieder tot um.
  So trinken wir auf das einfache Bauernmädchen Mascha, welches die Wiederkehr der Sklaverei nach Rußland verhindert hat!
  Dieser Trinkspruch wird hoffentlich keinen Christen beleidigen können, denn der Pharao ist nach christlichem Verständnis schließlich ein Heide.

1000 Schritte oder 48 Tage fasten

»Nach dem Essen sollst du ruhn oder tausend Schritte tun«, dieser Spruch paßt natürlich zu den Eßgewohnheiten der Osterwoche. Eigentlich wäre eine Fastenzeit fällig. Diese hat aber schon 48 Tage lang vor dem russischen

Osterfest stattgefunden, so lange währen die tausend Schritte für die Gesundheit in der orthodoxen Fastenzeit. Sie folgt der *Massleniza* der »Butterwoche«, auf die ich zurückkommen werde.

Die strikten Regeln der großen Fastenzeit werden heute von den russischen Christen nicht mehr so streng befolgt wie von gläubigen Mohammedanern oder den Juden. Gehungert wird nur noch von Mönchen und Anhängern fanatischer Sekten. Doch beim Kochen werden bestimmte Regeln eingehalten, teils aus Tradition, teils im Kampf um die Gesundheit und die schlanke Linie. Das zunehmende Drängen ehemaliger Sowjetfunktionäre in die Kirchen hat deshalb nicht unbedingt etwas mit der Bereitschaft zu Reue und Buße zu tun. Eine Folge der mit Perestroika eingezogenen Freiheiten ist, daß manche aus christlichem Glauben herrührende Bräuche wieder offen gepflegt werden.

Sieben Wochen Fastenzeit müssen nicht Entbehrungen bedeuten, denn Fisch, Gemüse und Obst sind erlaubt. Die fleischlose Kost, das kann ich aus der eigenen, durch vegetarische Ernährung bestimmten Kindheit bestätigen, muß keineswegs weniger schmackhaft sein als die Vollkost. Man muß nur wissen, was alles eßbar ist und wie es zubereitet wird.

Beginnen wir mit dem Einfachsten, den Pilzen, die in der Tradition der russischen Küche zur Fastenzeit das Fleisch am häufigsten vertreten. Im Sommer und im Herbst des vorangegangenen Jahres sind ausreichende Vorräte eingesalzen, mariniert und getrocknet worden und ermöglichen viele Variationen schmackhafter Gerichte.

STSCHI MIT PILZEN

Die Zwiebeln kleinhacken, mit Öl dünsten, das Sauerkraut dazugeben und weiter dünsten. Aus den Pilzen und dem Suppengrün eine Pilzbrühe kochen, das Gedünstete hineingeben und auf kleiner Flamme weiter-

ÜBER FESTE, WIE SIE KOMMEN

Zutaten:
800 g Sauerkraut,
3 Handvoll
getrocknete Pilze,
2 Zwiebeln,
Suppengrün,
Olivenöl,
etwas Mehl, Salz.

kochen. Vor dem Servieren das Mehl mit Öl anrösten, in etwas Pilzbrühe lösen, den Stschi mit einigen kleingehackten gekochten Pilzen hinzufügen, kurz aufkochen lassen, mit Pfeffer und Salz abschmecken.

Zu den variantenreichen Fleisch- und Fischgerichten zählt in Rußland auch die beliebte Soljanka. Sie wird nicht nur als Suppe gekocht, sondern auch mit Fleisch oder Fisch in der Pfanne geschmort. Holen wir dies nach, in der Fastenzeit natürlich ohne Fleisch.

FISCHSOLJANKA IN DER PFANNE

Zutaten:
600 g Fischfilet,
500 g Sauerkraut,
1/2 Glas Speiseöl,
3 mittelgroße
Salzgurken,
2 mittelgroße
Zwiebeln, 1 El Mehl,
1/2 Glas Fischsud
oder Wasser,
Gewürze,
Pfeffer, Salz.

Die kleingehackten Zwiebeln mit dem Sauerkraut vermengen, würzen und in Öl langsam dünsten. Die Gurken in kleine Stücke schneiden, das Mehl in Wasser oder Fischsud einrühren, beides in die Pfanne mit dem Sauerkraut geben und weiter dünsten. Die Hälfte des Pfanneninhalts in eine eingeölte Bratpfanne oder ähnliches Geschirr geben, darauf den portionierten Fisch verteilen und mit dem Rest des Krauts zudecken. Mit dem übriggebliebenen Speiseöl begießen und ohne Deckel in die vorgeheizte Backröhre schieben. 30 – 40 Minuten bei mittlerer Hitze garen lassen.

Die strengen Regeln der religiösen Fastenzeit vor Ostern schreiben vor, daß kein tierisches Produkt gekocht und gegessen werden darf. Dazu gehören tierisches Fett und Milcherzeugnisse. Statt dessen dürfen aber Fische aller Arten verwendet werden, auch Krebse, Langusten, Muscheln, Krabben. Sie alle sind ohne Blut. Deshalb wird auch jenes Gemüse verbannt, dessen Farbe an Blut erinnert, etwa rote Bete, Tomaten, roter Paprika u.ä. Selbst wenn sich diese Regel von der vegetarischen Küche unterscheidet, in der Ablehnung von Blut treffen sich beide. Vom Ursprung her gehen Vegetarier von der Überzeugung aus: Wer Tiere tötet, ist auch bereit, Menschen zu töten.

Der Weg meines Vaters zum Vegetariertum wurzelt u. a. in den schrecklichen Erlebnissen, die er als Frontarzt während des Ersten Weltkrieges durchmachte. Er entsprach aber auch der Überzeugung des Mediziners. So *Unbedingt*, wie der Titel eines seiner ersten expressionistischen Dramen lautet, waren seine aufklärerischen Schriften. Der russische Journalist und Schriftsteller Sergej Tretjakow, später Opfer der Stalinschen Säuberungen, schrieb darüber nach einem Besuch in unserem Haus in Stuttgart 1933: »Ein Schriftsteller und Arzt, dessen dynamische publizistische Stücke fordernd sind wie Rezepte. Ein Arzt und Schriftsteller, dessen medizinische Bücher an Agitationsschriften oder Abenteuerdramen erinnern.« Die handelnden Personen: ein Tölpel von Magen, nicht durch die eigene Schuld vollgestopft mit versalzenen Suppen, vitaminlosem Konservengemüse und zu stark gepfeffertem Fleisch mit viel zu viel Senf; mit Bier überschwemmt; der Unhold Krebs; der edle Held und Retter – Rohkost. Auf einem Einband sind die Umrisse eines geöffneten Bauches zu sehen. In dem roten Magen sitzt ein Dickwanst und verschlingt ein Huhn. Ein fettes Frauenzimmer, das gierig eine Torte in sich hineinstopft, klammert sich unten an den Magen und zieht ihn herab. Der Magen wölbt sich unter dem Gewicht des Säufers, von dessen Bierkrug Schaum herabläuft. In der Gegend des Dickdarms sitzt aber ein sieches, ausgemergeltes hungerndes Halbskelett. Über all dem steht: »Dein Magen kein Vergnügungslokal, sondern eine Kraftzentrale!«

Für den vegetarischen Tisch gibt es strengere und weniger strenge, jedenfalls andere Regeln als für das aus religiösem Glauben praktizierte Fasten. Ein Unterschied besteht in der Speisefolge wie in der Zubereitung. Der vegetarische Koch kann braten und brutzeln nach Leibeslust, der Gläubige wird in der Fastenzeit nur leise dünsten. Als Beispiel für die russische Küche zur Fastenzeit beschreibe ich ein Rezept unserer Freudin Lena, die dieses wiederum von ihrer Freundin Lida übernommen hat.

LIDAS KOHLROULADEN

Zutaten:
1 mittlerer Kohlkopf (Lida nimmt diesen von einem auf dem Moskauer Markt erhältlichen eingelegten ganzen Kopf Sauerkraut), 200 g Reis, 50 g eingeweichte und gewaschene Rosinen, 1 große Zwiebel, Öl, Pfeffer und Salz.

Den vom Strunk befreiten Kohlkopf blanchieren, d.h. kurz in wallendes Wasser legen, bis sich die äußeren Blätter lösen. Der Reis wird gekocht, bis er halb gar ist. In einem Sieb abtropfen lassen und mit den Rosinen vermengen. Die kleingeschnittenen und in Öl goldgelb gedünsteten Zwiebeln dazugeben, gut vermengen und nach Geschmack würzen.
Die so entstandene Farce in die Kohlblätter zu Rouladen wickeln, evtl. mit einer Nadel oder Faden festmachen, in eine flache Kasserolle legen und mit Wasser bedecken. Mit geschlossenem Deckel auf kleiner Flamme ca. 30 Minuten dünsten.
Zum vegetarischen Tisch kann saure Sahne gereicht werden, die der orthodoxe zur Fastenzeit verbietet.

Dazu noch ein russisches Fischrezept aus der Fastenzeit, das der Wolfschen Küche, in der es freitags meist Fisch gab, ebenfalls sehr nahe kommt:

IM TOPF GEDÄMPFTER FISCH

Zutaten:
1 kg Fischfilet, 7 – 8 Kartoffeln, 1/2 Glas Mehl, 1 Glas saure Sahne, 1 Glas Fischbrühe, 2 Zwiebeln, Öl, 4 – 5 gekochte Steinpilze, Maronen oder Birkenpilze, 1 Knoblauchzehe, 1 Bund Petersilie oder Dill, Pfeffer, Salz.

Den Fisch portionieren, salzen, in Mehl wälzen und in Öl kurz braten. Die kleingehackten Zwiebeln mit den kleingeschnittenen Pilzen in Öl dünsten. Die Kartoffeln schälen, in Scheiben schneiden und in den Steingut-, Römer- oder in einen anderen geeigneten Topf legen. Darüber kommen die Zwiebeln mit den Pilzen, dann der Fisch und der mit Salz zerriebene Knoblauch. Das Ganze wird mit Fischbrühe bedeckt (für den vegetarischen Tisch kann es auch Hühnerbrühe sein), zuletzt mit der sauren Sahne übergossen. Soweit vorhanden, mehrere kleine Steingut- oder Porzellantöpfchen pro Portion benutzen. Bei 180° C in der Ofenröhre garen.

Das Leben hat die fast fundamentalistische Strenge, mit der unser Vater die gesunde Lebensweise und das Vegetariertum nicht nur predigte, sondern auch vorzuleben strebte, einer harten Prüfung unterzogen. Emigration, Internierung am Rande der Pyrenäen und der Krieg brachten ganz andere Dogmen ins Wanken. Nach Kriegsende ereignete sich in Lehnitz bei Oranienburg, wo unsere Eltern nach der Rückkehr aus dem Exil lebten, folgendes: Koni und ich waren mit unseren Familien zu Besuch. Zur Mittagszeit hatten alle ein kleines Gemüsesüppchen zu sich genommen. Annemarie, die Haushälterin, hatte jedem ein Schnitzel auf den Teller gelegt und frischen Spargel mit Salzkartoffeln und brauner Butter aufgetragen, als es an der Haustür klingelte. Kurz darauf erschien Annemarie und sagte zum Vater, daß eine Frau aus Leipzig ihn sprechen wolle. Sie sei extra aus Leipzig angereist und müsse bald zurück zur Bahn. Sie wurde hereingebeten und blieb wie versteinert in der Tür stehen, denn sie sah die Schnitzel auf den Tellern.

Wie sich herausstellte, hatte sie ihr ganzes Leben nach dem Arztbuch Friedrich Wolfs vegetarisch gelebt und war fest überzeugt, mit Hilfe der streng befolgten Regeln Erbschäden überwunden und die Gesundheit ihrer Familie erhalten zu haben. Dafür wollte sie dem Autor danken. Nun schien eine Welt zusammenzubrechen, der Wohltäter erschien wie der Pfaffe, der öffentlich Wasser predigte und heimlich Wein trank. Unsere Mutter hat dann bei einer Tasse Pfefferminztee auf ihre Weise die Situation gerettet.

Von der Überwindung der Ernährungsdogmen in unserer Familie zum beruflichen Umgang mit kirchlichen Dogmen muß ich einen kühnen Gedankensprung wagen. Denn diese spielten eine Rolle während der hochinteressanten Begegnungen mit dem Benediktinerpater Dr. K., mit dem ich ein Vierteljahrhundert im Nachrichtendienst verbunden war. Es würde hier zu weit führen, die Geschichte der inneren Konversion dieses hochgebildeten Theologen zur Weltanschauung des wissenschaftlichen Sozialismus und zu der gemeinsam angestrebten Tätigkeit beim Vatikan zu schildern. In den leider viel zu seltenen Gesprächen mit diesem Mann nahm die nachrichtendienstliche Küche den geringeren Raum ein. Philosophische Fragen, Literatur und andere schöngeistige Themen fesselten uns Stunden. Dadurch konnte ich meine Kenntnisse der Bibel, der Deutung der Fastenzeit, des Oster- und des Pfingstfestes und der dazugehörenden Bräuche erweitern. So erschloß sich mir etwa die Spruchweisheit: »Will er essen, will sie fasten; will er gehn, so will sie rasten« in ihrer ganzen Hintergründigkeit durch diesen frommen Mann.

Übrigens habe ich nie die Scheu mancher Anhänger unserer Lehre vor der Berührung mit der Religion oder einem Gang in die Kirche verstanden. Zur Überraschung mancher Mitarbeiter versäumte ich bei Besuchen der Leipziger Messe nie die wunderbaren Konzerte des Thomanerchores in der Thomaskirche. Diese Neigungen kannten auch meine russischen Partner, die Andrea und mir nach meinem Ausscheiden aus dem Dienst 1987 einen unvergeßlichen Besuch in Sagorsk ermöglichten. Dort befand sich der Sitz des Moskauer Patriarchats. Unvergeßlich bleiben uns die herrlichen Kirchen des im 14. Jahrhundert gegründeten Dreifaltigkeitsklosters Troize-Sergijewa. Die Pracht der elf Kirchen des Klosterkomplexes mit der Uspenski-Kathedrale muß man gesehen, die Andacht der Gläubigen erlebt haben, um die Wirkungsgeschichte des orthodoxen Glaubens in Rußland verstehen zu können. Heute heißt Sagorsk, das erst unter der Sowjetmacht diesen Namen erhielt, wieder *Sergijew Possad* nach seinem Begründer, dem Mönch Sergius von Radonesch. Über Umbenennungen von Städte- und Straßennamen in und nach der Zeit politischer Umwälzungen könnte man nach den jüngsten Erfahrungen in Deutschland eine längere Betrachtung anstellen. Auch die russische Küche gäbe dafür einiges her.

Der Ausflug zu diesem sehenswerten Ort fand unmittelbar vor Ostern statt. Er galt nicht schlechthin einer touristischen Besichtigung des Klosters, wir folgten der Einladung des *Wladyka*, des Erzbischofs, der gleichzeitig Leiter der Priesterakademie der russisch-orthodoxen Kirche war. Zu dem gastlich hergerichteten Tisch ergaben sich nach der sehr freundlichen Begrüßung fast zwangsläufig Erläuterungen über die Regeln der großen Fastenzeit. Diese Regeln hinderten uns nicht daran, während des mehrstündigen Gesprächs über die Haltung der Kirche zur Perestroika und die Beteiligung junger Priesterschüler an den hitzigen Debatten, von der Vielzahl der gebotenen Gerichte zu kosten und sogar mit einem Gläschen Cognak anzustoßen. Ob der Kirchenfürst davon auch getrunken hat, bleibt unser Geheimnis.

Dem Leser dürfte nicht entgangen sein, daß ich von gesunder Lebensweise und guten Vorsätzen viel, von dogmatischer Befolgung wenig halte. Vermutlich haben sich die Regeln und der Rhythmus religiöser Feiertage der Lebenserfahrung und dem Umgang mit menschlichen Schwächen angepaßt. Sicher wäre ein regelmäßig vernünftiges Leben das gesündeste. Dies scheint indessen wider die menschliche Natur zu sein. Deshalb folgen Weihnachten, Ostern und anderen mit viel Essen verbundenen Feiern das große Stöhnen und das Formulieren guter Vorsätze. Die mageren Jahre wurden durch die fetten abgelöst und umgekehrt. Im Nachrichtendienst folgt auf eine Strähne erfolgreicher Anwerbungen und zutreffender Analysen unweigerlich ein Rückschlag, auf einen Wechsel in der Führung eine Panne nach der anderen. Verabschieden wir uns bei der nun bevorstehenden Rückkehr zur Völlerei der Massleniza also von den guten Vorsätzen, wie die Dame in dem folgenden Trinkspruch:

»Spät abends stürmt eine junge Frau zum Schalter des noch geöffneten Telegrafenamtes und bittet mit vor Erregung bebender Stimme um Formulare für Telegramme. Der Beamte beobachtet, wie sie ein Formular beschreibt, danach zusammenknüllt und es wegwirft. Mit einem zweiten Formular geschieht dasselbe. Schließlich gibt sie das dritte beschriebene Formular als dringendes Telegramm auf.

Der neugierige Postbeamte nimmt die zerknüllten Formulare aus dem Papierkorb und liest auf dem ersten:
- Es ist Schluß. Will dich nicht mehr sehen.
Auf dem zweiten steht:
- Versuche nicht zu antworten und mich noch einmal zu sehen.
Auf dem dritten ist zu lesen:
- Komm sofort. Teile dringend deine Ankunft mit.
So laßt uns auf die Beständigkeit des Charakters der Frauen trinken!«

Erheben wir also das Fasten nicht zum Dogma und kommen zu einem der beliebtesten russischen Feste, der *Massleniza*.

Bliny sind wie Sonne im Frühling

Die Massleniza, mit »Butterwoche« oder auch Fastnacht übersetzt, geht der großen Fastenzeit vor Ostern voraus und ist eine Mischung aus christlichen und vorchristlichen Traditionen. Heute bemühen sich marktwirtschaftlich Interessierte, den vor der Revolution in dieser Woche üblichen Karneval wiederzubeleben. Wie meine literaturinteressierten Mitschüler wußte ich aus Schilderungen der russischen Erzähler, vor allem der alten Bylinen, einiges über die rustikalen, teils sehr rauhen Bräuche der Vergangenheit. Von den Festen des Adels, den Jahrmarktvergnügungen in Städten und Dörfern, den Schlittenfahrten mit der Troika, dem Rodeln von eisbedeckten Hügeln, dem Kräftemessen der Dorfjugend bei Faustkämpfen und den siebentägigen Gelagen von früh bis in die Nacht war bis in die jüngste Gegenwart als schwacher Abglanz allerdings nur das Blinyessen übriggeblieben.

Bei den *Bliny*, zu deutsch Plinsen, einer Abart der Pfannkuchen, dem Abbild der Sonne, die allmählich wieder steigt und die Winternacht verdrängt, lohnt es sich zu verweilen. Das Blinyessen gehört zu den einzigartigen Kulthandlungen russischer Festlichkeiten und zu den Höhepunkten bei der Bewirtung teurer Gäste. Als ganz besondere Leckerbissen werden sie mit schwarzem oder rotem Kaviar angeboten, aber auch mit Lachs, Hering, saurer Sahne und vielen anderen schmackhaften Beigaben.

Mit diesem so einfachen Gericht der russischen Küche verhält es sich wie in der Zirkuskunst oder beim Lesen eines Spionageromans. Beim Zugucken sieht es ganz einfach aus, der mehrfache Salto auf dem Flug zum Trapez gelingt ohne Wackler, in der Fabel des Romans überwindet der Held die abenteuerlichsten Klippen mit Bravour. In der Wirklichkeit beider Küchen gehen jedem Handgriff auf dem Weg zur Vollendung viele Mißgriffe voraus, jedem Schritt auf dem Weg zum Erfolg das Stolpern über Steine und andere Unebenheiten. Das alles soll Sie, lieber Leser, nicht vom Üben auf dem Weg zur Meisterschaft in der hohen Kunst des Blinybackens abhalten.

Diese Sonnenplätzchen haben einen von unseren Eierkuchen völlig abweichenden Geschmack, weil der Teig mit Hefe zubereitet wird. Deswegen sollte mit der Zubereitung mindestens 6 Stunden vor dem Essen begonnen werden. Erfahrene Hausfrauen lassen den Teig die Nacht über gehen. Wenn der Teig fertig ist, müssen die Bliny sofort gebacken und nach kurzem Warmhalten auch sofort gegessen werden.

Heute werden Bliny meist aus Weizenmehl gebacken, die echten allerdings aus Buchweizenmehl. Denn eine derart locker-luftige Beschaffenheit der Plinsen wird mit keinem anderen Mehl erreicht. Dazu ist die richtige Vorbereitung des Hefeteigs besonders wichtig. Mir wurde als Kompromiß eine Mischung empfohlen.

BLINY (BUCHWEIZENPLINSEN)

Zutaten:
1¼ Glas lauwarmes Wasser,
25 g frische oder 1½ Päckchen Trockenhefe,
1 Prise Zucker,
75 g Buchweizenmehl,
300 g Weizenmehl,
2½ Glas lauwarme Milch mit Wasser verdünnt,
1/2 l saure Sahne,
3 Eigelb,
250 g zerlassene abgekühlte Butter,
1 Tl Zucker,
1/2 Tl Salz,
3 Eiweiß.

Die Plinsen können auch im Verhältnis 1:1 Weizen- und Buchweizenmehl oder aus reinem Buchweizenmehl gebacken werden. Dann muß etwas mehr Hefe genommen werden. Ist gerade kein Buchweizenmehl aufzutreiben, kann Buchweizengrütze oder ganzer Buchweizen in der Kaffeemühle gemahlen werden.

Die Hefe in Wasser mit der Prise Zucker lösen, etwas stehenlassen, noch einmal umrühren und weitere 10 Minuten an eine warme zugfreie Stelle stellen, bis sich das Volumen der Lösung verdoppelt hat. Besonders locker werden die Plinsen beim Backen, wenn der Teig mit Wasser angesetzt wird, mit Milch schmecken sie aber besser. Deshalb einigen wir uns für die Flüssigkeit auf eine »goldene Mitte« und geben mit Wasser verdünnte Milch ins Mehl (einige Hausfrauen nehmen auch Sahne, Kefir, Buttermilch). In die zum Anrühren des Teigs vorgesehene Schüssel schütten wir die Hälfte des Buchweizenmehls sowie das Weizenmehl, geben in eine in der Mitte gedrückte Mulde die Hefelösung und die Hälfte der Flüssigkeit. Mit einem Holzlöffel wird das Mehl mit der Flüssigkeit vermischt und geschlagen, bis der Teig glatt ist. Die Schüssel wird mit einem Tuch bedeckt und 3 Stunden an dem warmen Platz stehengelassen.

Danach den Teig umrühren und das restliche Buchweizenmehl darunter schlagen. Dann noch einmal 2 Stunden stehen lassen, wieder umrühren, die restliche Flüssigkeit mit den anderen Zutaten hineinschlagen und noch einmal 30 Minuten stehen lassen.
Der Teig müßte nun gut sein. Gestandene Blinybäcker bereiten den Teig in zwei Etappen mit Vorteig zu, das hat Vor- und Nachteile. Wir lassen es bei dem einfacheren Verfahren.

Die allerbesten Bliny wurden natürlich im alten russischen Ofen gebacken, in dem das trockene Birkenholz knisterte. Zwar gehört der Ofen der Geschichte an, doch die Bliny sind geblieben. Gewußt wie, gelingen sie auch auf dem Elektro- oder Gasherd. Nun verfügt eine auf das Blinybacken eingerichtete russische Küche über einen Satz kleiner Pfannen. Wenigstens eine etwa 8 cm im Durchmesser große, möglichst schwere Pfanne sollte vorhanden sein. Größer darf der Blin nicht werden, sonst ähnelt er zu sehr einem deutschen Eierkuchen. Zur Not behelfen wir uns mit einer normalen Pfanne und backen darin mit je 3 El Teig pro Plinse gleichzeitig 3 Stück. Damit eine schon gebrauchte Pfanne wirklich rein ist, wird sie vor dem Gebrauch auf heißer Platte mit Salz ausgebrannt und mit einem trockenen Lappen ausgerieben. Danach werden die Plinsen nicht anbrennen und sich nach dem Backen leicht lösen.

Zum Einfüllen des Teigs wird ein möglichst portionsgerechter Schöpflöffel benutzt. Ist der Teig zu fest, wird zunächst ein kleiner Teil mit Milch verdünnt und dieser dann zum Verdünnen des Restes benutzt. Nun kann das Backen beginnen! Das Blinyessen während des Backens ist verpönt!

In die mit der zerlassenen Butter, Öl oder Speckfett stark aufgeheizte Pfanne bzw. in die Pfannen wird der Teig gefüllt. Sobald die untere Seite braungelb wird, mit einem Spachtel oder den Fingern auf die andere Seite wenden. Beim Hochwerfen zum Drehen kann Zirkusfertigkeit entwickelt werden. Die fertigen Bliny werden mit Butter bestrichen, übereinander gestapelt und auf eine feuerfeste Platte in dem auf 100° C vorgeheizten Backofen warmgehalten.

Es ist kaum zu glauben, welche Gefühle auch einen nüchtern veranlagten Russen schon bei dem Wort »Bliny« überfallen. Bei ihrem frischen Duft wird er poetisch. Was ist schon besonderes an diesen einfach zu backenden Teigplätzchen? So kann doch nur einer fragen, der diese gebräunten Wunder von kleinen Sonnen noch nicht auf der Zunge zergehen ließ. Schon der Gedanke an den Genuß jedes einzelnen mit Kaviar, saurer Sahne (oder Crème fraîche), Stör oder Lachs ... Feinschmecker genießen jeden Blin, lassen sich aber dadurch nicht vom richtigen Zulangen abhalten. Burschen sollen es während der alten Massleniza auf 30 – 40 Stück, die kräftigsten auf 50 – 60 gebracht haben.

So war es auch, als eine Nachbarin bei der Bliny backenden Hausfrau erschien und sagte:

- Laß doch mal kosten.

Sie kostet und ist des Lobes so voll, daß die Hausfrau mit dem Backen kaum nachkommt.

- Die Bliny sind schon gut, aber etwas zu dick, meint die Nachbarin schließlich.

- Ja, wenn du immer zwei auf einmal in den Mund steckst, antwortet die Hausfrau, dann müssen sie ja zu dick sein.

Essen sehen macht nicht satt, mag die Nachbarin gedacht haben.

Völlig zu Unrecht sind *Oladi* bisher noch nicht erwähnt worden. Gerade diese 2 – 2,5 mal kleinere Abart der Bliny hat bei meinen früher regelmäßigen Besuchen im Gästehaus unserer Moskauer Partner bleibende Spuren im Gedächtnis hinterlassen. Nirgends schmeckten sie so gut wie bei dem in den Anfangsjahren dort beschäftigten Koch Kolja. Als ich die Wirtin Stepanida Iwanowna bat, den Koch zu loben und nach dem Rezept zu fragen, bemerkte sie nur: »Der ist noch jung, gibt sich aber Mühe«. Kolja hatte die Fünfzig schon überschritten.

KOLJAS APFEL-OLADI

Das Rezept sagt über den Teig nichts anderes als das für Bliny bereits beschriebene. Einzig, daß er als Variante zum Frühstück Apfelstückchen in die heiße Pfanne gab und dann 1,5 – 2 El Teig darübergoß. Die in der Pfanne gebratenen Apfel-Oladi wurden mit Puderzucker bestreut und heiß serviert.

Wollte ich jetzt noch das Rezept für Kartoffel-Oladi (oder *Dranniki*) hinzufügen, wären wir wieder bei der Wolfschen Küche gelandet, nämlich bei Menis Reibekuchen oder den Kartoffelpuffern. Denn die Zutaten und die Zubereitung sind gleich. Der Unterschied besteht nur in den Variationen der Zutaten. Gab es bei unserer Mutter stets Preißelbeeren (in Berlin ist es meist Apfelmus), werden in der russischen Küche saure Sahne (Schmand) oder Fett mit Grieben bevorzugt.

»Überfluß macht Überdruß« zitierte Freund Jascha ein ihm bekanntes deutsches Sprichwort, fügte aber gleich ein, dies würde sich für Russen keinesfalls auf *Pelmeni, Bliny* oder *Oladi* beziehen. Vom Fasten inzwischen wieder oder noch weit entfernt, müssen wir uns darüber Gedanken machen, auf andere Weise die Völlerei unbeschadet zu überstehen. Dafür gibt es manchmal schwer zu vereinbarende Möglichkeiten. Viele Russen schwören auf das Trinken. Dieses kann allerdings auf wieder recht verschiedene Art vor sich gehen.

Vom »Sabantui« zum Tee

An der Spitze der Möglichkeiten der russischen Küche, ein gutes Essen außerhalb der Fastenzeit mit Getränken zu begleiten, steht mit Abstand der *Wodka*. Dieses »Wässerchen« kann in unterschiedlicher Konzentration, klar oder in allen Farben mit den verschiedensten Kräutern und Beeren angesetzt und angereichert sein. Die bekannten Marken *Moskowskaja* oder *Stolitschnaja* sind 40prozentig, in Sibirien wird unter 56 Prozent nichts eingegossen. Beliebte Variationen sind der leuchtend orangerote, auf Beeren der Eberesche angesetzte *Rjabinowaja*, der mit einer scharfen Paprikaschote in echtes Feuerwasser verwandelte *Perzowka* oder der mit Büffelgras aromatisierte *Subrowka*. Diese Aufzählung würde kein Ende finden, wollte man die mit Erfindergeist immer neu entwickelten russischen Kreationen hochprozentiger Alkoholika aufzählen. Die unter mehreren Generalsekretären unter der Devise »Kampf dem Alkoholismus« unternommenen Versuche, mit einer Art Prohibition das Volk trockenzulegen, hatten nur die Folge, daß im Kaukasus und auf der Krim wertvolle Weinberge abgeholzt wurden und in Rußland die private Schwarzbrennerei ein nie dagewesenes Ausmaß annahm. Der Selbstgebrannte unterschiedlichster Provenienz kam wieder zu Ehren.

Vom sinkenden Ansehen mancher Parteifunktionäre zeugt folgender Trinkspruch:

»Erheben wir unser Glas auf den Parteisekretär.

Wir trinken nicht deshalb, weil er eine Luxuslimousine fährt. Wir gehen schließlich auch nicht zu Fuß zur Arbeit.

Wir trinken auch nicht, weil er gerade eine Villa mit westlichem Komfort für sich und seinen Clan errich-

ten ließ. Wir haben schließlich auch ein Dach überm Kopf.
Wir trinken auch nicht, weil er wieder eine neue Geliebte aushält. Genau betrachtet sind wir alle keine Heiligen.
Wir trinken auf das Wohl des Sekretärs, weil er ein wahrer Kommunist ist.«
Dieser Spruch konnte nur mit Wodka heruntergespült werden.

Ansonsten gehören auch andere hochprozentige Getränke auf die Tafel, ein Gläschen werden auch die meisten Frauen nicht verwehren, die im übrigen meist lieber süßen Wein vorziehen.

Zur Erläuterung der *Sakuska* habe ich auf die verschiedenen Möglichkeiten der russischen Sprache hingewiesen, das Trinken von Alkohol in Gesellschaft differenziert zu beschreiben. Von der relativ gemäßigten *Wypiwka* bis zur *Pjanka*, der Sauferei. Nun muß ich aber noch ein weiteres Wort einführen, das ich in meinem russischen Wörterbuch nicht entdecken konnte, das mich aber seit meiner Moskauer Zeit begleitet hat. Es heißt *Sabantui* und bezeichnet eine ausgelassene Fete. Natürlich mit Essen und reichlichem Trinken, anders geht es nicht. Wie vieles andere auch, kommen diese Art zu feiern und auch das Wort aus dem Osten. Im Tatarischen heißt *saban* Pflug, und *tui* bedeutet Feier. Nach drei Jahrhunderten mongolisch-tatarischer Fremdherrschaft haben sich die Russen das Wort angeeignet, ohne es mit seinem ursprünglichen Sinn zu verbinden, der Feier zum Abschluß der Frühjahrsbestellung.

Ähnlich verhält es sich übrigens mit dem aus dem Jiddischen übernommenen Wort *Zimmes*. Für meine russischen Freunde bedeutete es einfach: Klasse! Etwas Feines war *zimmes*! Über ein schön anzuschauendes Mädchen hieß es: »Die ist einfach *zimmes*!« Und wenn über ein Essen gesagt wurde: »Das war *zimmes*!«, dann bedeutete dies keineswegs, daß es *Zimmes* zu essen gab, sondern daß das Essen gut geschmeckt hatte. Inzwischen

VOM »SABANTUI« ZUM TEE

weiß ich, daß *Zimmes* auch von Juden in ähnlichem Sinn verwendet wird, es aber gleichzeitig der Name eines beliebten einfachen Gerichtes der jüdischen Küche ist. Bei dieser Küche angelangt, die nicht Gegenstand dieses Buches ist, soll wenigstens die Frage beantwortet werden, womit die jüdische Küche beginnt. Die Antwort in dem jiddischen Witz lautet: Man borge ein Ei!

Das Rezept für *Zimmes*, wie es von Jascha beschrieben wird, soll nicht verschwiegen werden.

ZIMMES

Die gesäuberten Möhren in Scheiben schneiden, in dem Öl auf kleiner Flamme etwa 5 Minuten dünsten, dabei nicht braun werden lassen. Mit Wasser und Zucker zum Kochen bringen, die anderen Zutaten hinzugeben und 2 Stunden zugedeckt auf kleiner Flamme leise weiterdünsten. Nicht anbrennen lassen, evtl. etwas abgekochtes Wasser dazugeben. Danach ohne Deckel den Kochvorgang auf kleiner Flamme 20 Minuten fortsetzen. Zimmes darf danach nicht trocken, aber auch nicht dünn wie Suppe sein.

Zutaten:
750 g Möhren,
2 El Öl,
1/2 Tl Salz,
1 Glas Wasser,
100 g kernfreie Rosinen,
200 g Backpflaumen (ohne Kerne),
6 El möglichst kandierter Zucker,
1/2 Tl Zimt,
1/4 Tl gemahlene Nelken,
1 El Zitronensaft,
2 El geriebene und gezuckerte Apfelsinenschale,
2 El Honig.

So sind wir dank der schon mehrfach festgestellten Verflechtung von Geschichte und Sprachen vom *Sabantui* zum *Zimmes* gelangt. Nun müssen wir wieder zurückfinden. Das ist nicht schwer, denn der *Sabantui*, zu dem ich einladen möchte, ist einfach *zimmes*!

Eigentlich sollte diese russische Art zu feiern einem Mann gewidmet sein, dessen Name meinen deutschen Lesern geläufig sein dürfte. Es gibt kaum einen größeren Ort in Deutschland, in dem nicht der Name »Porst« von einem Geschäft des Fotohandels leuchten würde. Hannsheinz Porst gehörte zu den Zeugen, die in meinem Prozeß gegen mich aussagen sollten. Der kleine Mann mit inzwischen schneeweißem Haar und Vollbart konnte nur bestätigen, was jedem, der sich dafür interessierte, ohnehin bekannt war. Tatsächlich hatten wir uns seit Mitte der fünfziger Jahre mehr als ein Jahrzehnt an verschiedenen Orten konspirativ getroffen und nach Wegen gesucht, wie wir gemeinsam die Welt sicherer machen und den Ost-West-Konflikt entschärfen könnten. Medien haben den erfolgreichen Großunternehmer nach seiner Verhaftung wegen Spionageverdachts als Traumtänzer bezeichnet. Wenn das stimmt, waren wir es beide. Seine Aussage während meines Prozesses endete mit der Feststellung, er habe in meiner Person die Hoffnung gesehen, zur Entspannung der Beziehungen zwischen beiden deutschen Staaten beizutragen. Auch er frage, welches Land Herr Wolf verraten haben könne. Unmöglich die Bundesrepublik. Dann müßte man auch Herrn Kinkel vor Gericht stellen. Das war ernst gemeint und gefiel meinen Richtern in Düsseldorf ganz und gar nicht.

Dreißig Jahre jünger, beide noch mit dunklem Haar, würzten wir unsere oft bis weit in die Nacht dauernden Gespräche gern mit Spaß. Bei einem Treffen in Ungarn amüsierten wir uns nach dem Besuch eines Weinkellers in Eger über unsere hübsche Begleiterin Anetschka, die uns die Stunden der Rückfahrt nach Budapest ohne Pause mit Witzen und Anekdoten verkürzte. Als ich Hannsheinz auf dem Rückflug von einer Geschäftsreise aus Japan in Moskau erwartete, waren zwei Tage Zwischenaufenthalt geplant. Nach den zu erwartenden Gesprächen über die Sowjetunion und Diskussionen über die sozialistische Planwirtschaft, deren Vorteile er hartnäckig bestritt, wollte ich ihm ein paar muntere Stunden der Entspannung im Kreis von Moskauer Altersgefährten bereiten, einen *Sabantui*, wie er in keinem Restaurant oder Gästehaus vorstellbar ist.

Natürlich hatte ich mir überlegt, wo ich dies unter Beachtung der Regeln der Konspiration bewerkstelligen könnte. Also rief ich meinen besten Schulfreund Wolodja K., inzwischen angesehener Professor der Mathematik an der Moskauer Lomonossow-Universität, an und stellte ihm die etwas überraschende Frage, ob ich an dem bezeichneten Tag mit ein paar guten deutschen Freunden auf seiner Datscha, dem Sommerhaus seiner Familie, willkommen sei. Dort hatten wir in unserer stürmischen Jugend manchen Sabantui veranstaltet, obwohl seine Mutter Ehrenvorsitzende der »Gesellschaft zur Bekämpfung des Alkohols« war. Auch als hochangesehener Wissenschaftler hat sich Wolodja von den irdischen Freuden nicht weit entfernt. »Frag nicht so lange. Wieviel seid ihr?« war die Rückfrage. Sie erinnern sich, lieber Leser, »Brot mit Salz« – ein Geheimnis der russischen Küche und russischer Freundschaft.

In Moskau konnte ich meist die Bürde meines Amtes und die Würde der offiziellen Stellung immer dann abwerfen, wenn ich mich mit Freunden aus der Schul- und der Hochschulzeit traf. Keine Männerfreundschaft war mir später je so nah wie diese. Mein Gott, wie lange ist das her!

Es sollte alles so sein, wie ich es von früher her kannte. Altersgefährten aus der Nachbarschaft bedeuteten keine Gefahr. Recht allgemein hatte ich angedeutet, wes Geistes Kind einer meiner Gefährten sein würde. Die Sache hatte allerdings einen Haken. Mein junger Mitarbeiter Eberhard, der Porst bei dessen Eintreffen nachts auf dem Flughafen begrüßt hatte, teilte mir mit, dieser müsse noch am selben Abend weiterfliegen. Was tun? Der Sabantui am Abend war vorbereitet, ich wußte, welche Mühe Wolodja darauf verwenden würde. Zunächst blieb nichts übrig, als den Tag für das Treffen mit Hannsheinz intensiv zu nutzen. Irgendwann nahm mich Eberhard zur Seite und fragte, ob er nicht seinen Bekannten aus der Hotelbar vom vergangenen Abend zur Feier bei meinem Freund mitnehmen könne. Der Mann könne interessant werden.

Nachdem wir uns von Porst verabschiedet hatten, wurde mir der neue Kontakt vorgestellt. Er war Abgeordneter einer Regierungspartei, etwa Ende Dreißig, machte einen nicht aufdringlichen, intelligenten Eindruck. Als wissenschaftlicher Berater des Ministerrats der DDR vorgestellt, bot ich ihm an, er könne mich am Abend zu Bekannten in der Nähe von Moskau begleiten.

Es wurde ein Abend, wie ich ihn mir vorgestellt hatte. Ich konnte nur bedauern, daß Hannsheinz nicht dabei war. Das Wetter war wie auf Bestellung. Dazu die herrliche Gegend: Nikolina Gora – ein berühmter Vorort von Moskau, wie Peredjelkino. Der Moskwa-Fluß hat an dieser Stelle noch seine natürliche Schönheit, das eine Ufer, an dem wir badeten, fällt steil ab, das gegenüberliegende ist flach und weitet sich über Wiesen und Felder bis an den Horizont. Die Datschensiedlung verschwindet im Grün der Bäume und Sträucher, die Luft auf den riesigen Grundstücken war voller Blütenduft und dem Aroma der Nadelbäume. Da hinein mischt sich der appetitanregende Geruch des bereits angeworfenen Grills, neben dem in einem Eimer das kühle, kristallklare Wasser aus dem Ziehbrunnen stand.

Der *Sabantui* war so enorm vorbereitet, daß sich der Gastgeber weder vor einem Minister noch vor einem Millionär hätte zu verstecken brauchen. Entsprechend wurden wir empfangen, zwar ohne Millionär, aber voller Erwartung. Der auf der luftigen Veranda gedeckte Tisch versetzte uns einen leichten Schock, der neue Bekannte machte riesengroße Augen. Es fehlte wohl keine der in diesem Buch beschriebenen Sakuska, umrahmt von frischen Tomaten, Gurken, Paprika, Frühlingszwiebeln und allem Obst, das der Moskauer Bauernmarkt her gab. Die scheinbar zwanglos chaotische Anordnung bot einen prächtigen Anblick.

Eberhard, viel später zum Oberstleutnant avanciert, erinnerte sich oft an die Art der Versorgung mit Getränken, die ihn besonders beeindruckt hatte. Wolodja fuhr von Zeit zu Zeit mit einer Schubkarre zu einem hinter dem Haus liegenden kleinen Erdbunker und brachte sie beladen mit Flaschen aller Art zurück. Mit Hilfe einiger hinzugekommener Nachbarn schafften wir es in der Tat, die Schubkarre in Bewegung zu halten. Das verlockende

Angebot an Sakuska und Schaschlyk vom Grill sorgte dafür, daß unser Kopf in der Lage blieb, diesen Abend unvergeßlich in Erinnerung zu behalten. Außerdem hielt ich mich stets an die sprichwörtliche Regel: »Trinken ist nicht Saufen!«

Wolodjas Mutter erschien zu später Stunde. Ihre Freude, mich einmal wiederzusehen, verdrängte vermutlich jede Bemerkung über den Berg leerer Flaschen. Mein Interesse an den Erfolgen ihrer gesellschaftlichen Bemühungen, den Alkoholkonsum zurückzudrängen, war an diesem Abend auch nicht besonders groß. Eberhard, Junior in diesem Kreis, hat sich den ihm gewidmeten Trinkspruch besonders gut gemerkt:

»Für einen alten Dieb kam die Zeit, sich zur Ruhe zu setzen. Da beschloß er, seinen Sohn, dem er das Handwerk beigebracht hatte, einer Prüfung zu unterziehen.

- Siehst Du, mein Sohn, die Krähe auf dem Wipfel jener Kiefer? Wenn es Dir gelingt, ihr eine Feder unter dem Flügel herauszuziehen, ohne daß sie auffliegt, kann ich beruhigt die Augen schließen.

Gesagt, getan: Der Junge erklimmt die Kiefer, zieht der Krähe eine Feder heraus, doch der Vogel fliegt auf, läßt sich ein paar Bäume weiter nieder.

- Man muß doch alles selber machen, stöhnt der Alte. Ächzend klettert er auf den Baum, holt die Feder, der Vogel ist sitzengeblieben.

- Siehst Du, sagt er zum Sohn, so wird es gemacht!
- Gut, Papa, doch wo sind Deine Hosen?

So laßt uns auf den Nachwuchs trinken, auf den wir uns in jeder Lage verlassen können!«

Und was wurde aus unserem neuen Bekannten, der in folgenden Jahren oft vom Abend unseres Kennenlernens schwärmte? Da mag es vorläufig bei dem Satz bleiben, mit dem viele Märchen enden: Und wenn er nicht gestorben ist, dann ...

Zum Wohlbefinden der Gäste an einem gelungenen *Sabantui* wie jenem trägt nicht in erster Linie der Alkohol bei, sondern das wohl populärste russische Nationalgetränk, der *Kwas*. Wolodja füllte dieses bekömmliche Naß immer wieder aus den sich schnell leerenden, großen Krügen nach.

Über Kwas in Plastiktüten

Dem Liebhaber echter russischer Küche muß ich das einfache Geheimnis dieses spezifisch russischen und mit Abstand meistverbreiteten Getränks erklären.

Es ist belegt, daß dieser Vorläufer des inzwischen nicht weniger beliebten Biers lange vor Gründung des Kiewer Reiches der Russen bei den ostslawischen Völkern verbreitet war. Es ist verbrieft, daß Großfürst Wladimir zur Feier seines Sieges über die Petschenegen und der Einweihung der Kirche zur Verklärung Christi im Jahr 996 u.Z. befahl: »Es sei Met in Fässern und Kwas in anderen durch die Stadt zu fahren.« Mag es bei den Ägyptern schon tausend Jahre vordem ein ähnliches, von Herodot, Plinius und Hippokrates beschriebenes Getränk gegeben haben, das Wort *kwas* kommt zweifelsfrei aus dem Slawischen und bedeutet »saures Getränk«.

Als früher in den Bauernfamilien nach getaner Feldarbeit der Steinguttopf mit Stschi oder Borstsch aus dem Ofen geholt und die Mahlzeit mit viel Brot verzehrt wurde, hob das dazu genossene Getränk die Stimmung der Familie. Kwas löschte den Durst und machte das Essen leichter verdaulich. Lange war er das Bier des kleinen Mannes, wurde aber auch in gehobener Gesellschaft gepflegt. Selbst am Tisch manches Zaren soll dieses Getränk ausländischen Weinen vorgezogen worden sein.

Seit den dreißiger Jahren hat es im Gerstensaft west- und mitteleuropäischer Provenienz einen Konkurrenten gefunden. Als wir mit Moskau unsere erste Bekanntschaft machten, wurden beide Getränke, Kwas und Bier, in Kiosken feilgeboten. Daß es an den Kiosken nur drei oder vier Krüge gab, die nach Gebrauch kurz in einem

Wasserbottich geschwenkt wurden, störte die durstige Schlange nicht.

In den Nachkriegsjahren kamen dann kleine Kesselwagen auf, auf denen mit großen Buchstaben *Kwas* oder *Piwo* (Bier) geschrieben stand. Da Bier vielerorts Mangelware war, gehörten kopfkissengroße dünne Plastiktüten, zusammengefaltet in Akten- oder Manteltaschen, zur ständigen Ausrüstung wartender Anwärter. Man konnte doch in der meist vergeblichen Hoffnung auf das

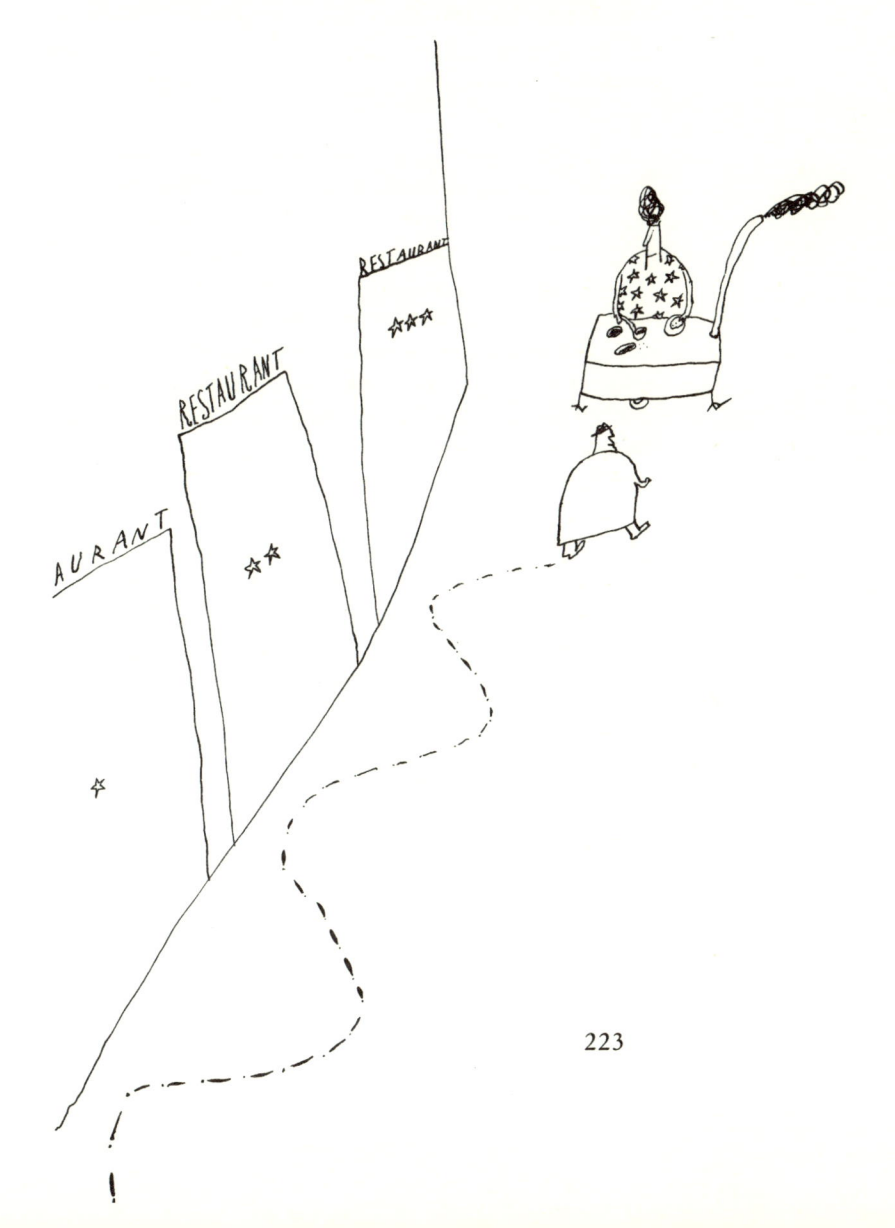

223

Erscheinen des Bierwagens nicht ständig Krüge oder Kannen mit sich herumtragen.

Zum ersten Mal beobachtete ich in Petropawlowsk auf Kamtschatka, dem Stützpunkt der sowjetischen Atom-U-Boote im Pazifik, das mir bis dahin noch unbekannte Schauspiel. Ein Zisternenwagen mit der Aufschrift »Piwo« hielt an einer Straßenkreuzung. Im Nu bildete sich eine Schlange. Solange der Vorrat reichte, konnte ein glücklicher Käufer nach dem anderen mit seinem 5 oder 10 Liter fassenden, wenig vertrauenerweckenden durchsichtigen Behältnis voll schäumenden Inhalts von dannen ziehen. Not und Mangel machen erfinderisch!

Mit dem Schaum hatte es allerdings eine Bewandtnis. Bei dem Erzeugnis der meisten russischen Brauereien erreichte die Blume des Biers nie die Höhe und Konsistenz der in den Großstädten populär werdenden tschechischen oder deutschen Biere, je weiter nach Osten, desto weniger. So entstand diese oft gehörte Anekdote:

In Sibirien haben tschechische Fachleute eine Brauerei gebaut. Gründlich wurden die russischen Ingenieure und Arbeiter in das Geheimnis der Verwandlung von Wasser mit Gerste und Hopfen in das edle Getränk eingeweiht. Zwei Jahre später besuchen die Tschechen das Werk wieder. Wie alte Freunde werden sie empfangen und gefeiert. »Nun, wie seid ihr zufrieden?« fragen sie die russischen Kollegen. »Alles läuft bestens«, lautet die Antwort. »Wir können nicht genug liefern. Nur mit einem Problem hatten wir zu kämpfen, dem Schaum. Durch anhaltende Bemühungen ist es aber gelungen, den Schaum auf dem Bier zu beseitigen.«

Beim Kwas dürfte ein solches Problem schon wegen der jahrhundertealten Erfahrung und der Einfachheit seiner Herstellung nicht auftauchen. Von den zahlreichen Kwas-Rezepten, die im Laufe vieler Jahrhunderte ihren festen Platz erobert haben, stelle ich ein ganz einfaches an die Spitze. Diesen Brotkwas ziehe ich jeder Cola oder Fanta vor.

KWAS

Das Brot in Scheiben schneiden und in der Ofenröhre trocknen, bis es eine braune Färbung annimmt (man kann auch trockene Brotreste verwenden). Zerkleinert in einen Topf geben und mit heißem Wasser (80° C) überbrühen. Den Topf zudecken und 6 – 8 Stunden stehenlassen.
Dann das Ganze durch ein feines Sieb seihen, dabei das Brot ausdrücken. Die in warmem Wasser aufgelöste Hefe und den Zucker zugeben. Das Gefäß zudecken und an einem warmen Ort 5 – 6 Stunden stehen lassen. Sobald sich auf dem nun fast fertigen Kwas Schaum zu bilden beginnt, erneut durch ein feines Sieb seihen und mit einem Trichter in Flaschen füllen. Dort sind bereits die Rosinen verteilt. Die Flaschen fest verschließen und an einem kühlen (nicht zu kalten) Ort aufbewahren.
Nach 2 – 3 Tagen, wenn die Rosinen aufgestiegen sind und der Satz auf den Boden gesunken ist, wird die klare Flüssigkeit abgegossen und in die ausgespülten Flaschen zurückgegeben. Der Kwas ist fertig und wird nun liegend richtig kalt aufbewahrt.

Zutaten für
5 – 6 Liter Kwas:
heißes Wasser,
1 kg Roggenbrot,
25 g Hefe,
200 g Zucker,
50 g Rosinen.

Ich mag den Kwas auch ohne Rosinen. Dann schmeckt er herber und löscht den Durst noch besser. Für die Okroschka (Kwassuppe) sollten die Rosinen auf jeden Fall wegbleiben. Dafür geben Lena und andere Hausfrauen dem für die kalte Suppe bestimmten Kwas Eigelb hinzu, in das Senf, Meerettich, Salz und Zucker (nach Geschmack) untergerührt werden.

In den zum Trinken bestimmten Kwas können vor Beginn des Gärprozesses 2 – 10 Pflänzchen Minze und/ oder 3 – 4 Blätter vom Strauch schwarzer Johannisbeeren gegeben werden.
Wer ihn süßer mag, kann dem Kwas im Verhältnis 1:1 eine Mischung aus Honig, Konfitüre und einem Saft in gleichen Teilen hinzugeben. Das Ergebnis 1,5 Stunden stehenlassen, durchseihen und kühl servieren.

Ein etwas extravagantes Gemisch entsteht, wenn auf ein nicht ganz gefülltes Glas Kwas etwa 20 g Honig und ein Teelöffel Zucker gegeben und verrührt werden. Dann grob geriebenen Meerrettich zufügen, 4 – 5 Stunden gären lassen, durchseihen und kühl servieren.

Außer dem am meisten verbreiteten Brotkwas wurde in russischen Familien diese Art Getränk auch aus Obst und Beeren gekeltert.

Hier seien zwei Beispiele beschrieben:

Zutaten für Apfelkwas: 4 l Wasser, 1 kg saure Äpfel, 100 g Zucker, 200 g Honig, 1 Tl Zimt, 30 g Hefe.

Die kleingeschnittenen Äpfel in einen Emailletopf legen, das Wasser aufgießen und zum Kochen bringen. Den Topf vom Herd nehmen und 2 – 3 Stunden stehen lassen. Den Saft durch ein Gaze- oder anderes Seihtuch pressen, dann den Zucker, Honig, die Hefe und den Zimt hineingeben und zugedeckt an einem warmen Platz zum Gären stehen lassen. Nach 2 – 3 Tagen noch einmal durchseihen und wie den Brotkwas in Flaschen abfüllen. Die Flaschen fest verschließen und im Kühlschrank verstauen. Nach 3 – 4 Tagen ist ein vorzüglicher Kwas trinkbereit.

Zutaten für Kirschkwas: 8 l Wasser, 4 kg reife Kirschen, 300 g Zucker, 35 – 40 g Rosinen.

Die gewaschenen und entkernten Kirschen in einen Emailletopf geben und die im Volumen doppelte Menge Wasser darüber gießen. So lange kochen, bis das Wasser eine dunkelrote Färbung annimmt. Den heißen Saft durch einige Lagen Gaze oder ein Seihtuch filtern und in ein Emaille-, Glas- oder Holzgefäß abgießen. Den Zucker und die Rosinen dazugeben, mit einem Tuch abdecken und zum Gären stehen lassen. Nach Beginn des Gärens wird genauso verfahren wie mit dem Apfelkwas.

Der Phantasie sind beim Experimentieren keine Grenzen gesetzt! Der Leser sollte vor allem den auf der Grundlage einfachen Roggenbrots gekelterten Kwas ausprobieren, um den Unterschied zu den bei uns bekannten Erfrischungsgetränken und Säften festzustellen. Neben Kwas war in Rußland, wie bei den alten Germanen, der aus Honig gewonnene *Met* populär, der bei keinem großen Fest fehlen durfte. Erst unter Peter dem Großen wurde dieses berauschende Getränk Opfer der vom Zaren favorisierten westlichen Zivilisation und von diversen Wein- und Schnapssorten verdrängt. Doch nur die hochgestellten Kreise konnten sich solchen Luxus leisten, und so sorgte das mit den unterschiedlichen Beerensorten angesetzte Honiggetränk noch lange Zeit mit seinem geringeren oder höheren Gehalt von Alkohol für Stimmung in feiernden Runden.

Während meiner Begegnungen mit Rußland war Met in den Familien nicht mehr verbreitet. Nur während eines Ausflugs zu den alten russischen Städten Wladimir und Susdal, berühmt durch zahlreiche Kirchen, konnte ich in einem für Touristen zum Restaurant umfunktionierten Klosterkeller zu diversen in Steinguttöpfen servierten Speisen verschiedene Sorten Met, Kwas und sogar Sbiten verkosten, ebenfalls ein Honiggetränk, auf das sich die Klöster spezialisiert hatten und das heute in Rußland fast vergessen ist. Schade, daß diese Getränke nur noch als exotische Zugabe in Spezialitätenrestaurants und für Touristen erhalten geblieben sind.

Das Rezept von *Klostermet* habe ich mir aufgeschrieben. Ich verzichte aber auf die Wiedergabe, da *Met* aus der normalen russischen Küche so gut wie verschwunden ist, zudem für das Brauen auch der bei uns nicht überall erhältliche Hopfen benötigt wird.

Rezepte für *Kompott* lasse ich aus einem anderen Grunde aus. Die in russischen Haushalten, Kantinen oder Restaurants angebotenen unterscheiden sich nämlich von den in Deutschland aus frischem oder getrocknetem Obst hergestellten Kompotten nur dadurch, daß diese Nachspeise, auch als Getränk, in großer Vielfalt angeboten und aufgetischt wird.

Kissel muß ich dagegen einen Platz einräumen. Es ist ein typisch russischer Nachtisch, der ähnlich dem Kompott sowohl in die Reihe der Getränke als auch in die der Nachspeisen eingeordnet werden kann. In einem alten Wörterbuch wird es als »säuerlicher, gallertartiger Mehlbrei« vorgestellt, in einigen Kochbüchern als »Fruchtgelee« oder »kompottartiges Getränk«.

Lange mußte ich meine Abneigung gegen Kissel überwinden. Das lag einfach daran, daß ich gleich im ersten Jahr unserer Ankunft in Moskau von meinen Eltern in ein Ferienlager der deutschen Karl-Liebknecht-Schule geschickt wurde. Es war noch die Zeit allgemeiner Knappheit, in der Lebensmittelkarten die kargen Zuteilungen bestimmten. Es war für mich, den verwöhnten Jungen aus dem Westen, nicht so einfach, sich an den eintönigen Speiseplan und die fremdartigen Gerichte zu gewöhnen. In meiner Erinnerung blieben die Tag für Tag unvermeidliche Buchweizenkascha und Milchkissel haften. Beides schmeckte abscheulich, so schien es mir.

Nachdem ich verschiedene hausgemachte Variationen kennengelernt hatte, mußte ich dem Kissel Abbitte tun. Es gehört zu den beliebten Nachspeisen, die russisch als *slastj* bezeichnet werden. Dieses Wort wird nicht nur für Süßigkeiten benutzt, sondern ebenso für »Wonne« und »Vergnügen«. Auf ein gut gemachtes Kissel kann dies durchaus zutreffen.

Ausgangspunkt ist wiederum Honig, der bis zur Einführung des Zuckers in Rußland zum Süßen aller Speisen und Getränke diente. Als Zutaten werden sämtliche frischen und getrockneten Obst- und Beerensorten, Säfte, Sirupe und auch die bei mir unangenehme Erinnerungen weckende Milch genutzt.

KISSEL

Zutaten für Honigkissel:
300 g Honig,
1/4 Glas Zitronensaft,
1/3 Glas Zucker,
3 El Kartoffelmehl (Stärke),
6 ½ Glas Wasser.

Die Hälfte des Honigs in Wasser auflösen und mit Zucker zum Kochen bringen. Das Kartoffelmehl in kaltem abgekochtem Wasser lösen und dem kochenden Honigsirup unter ständigem Rühren zugeben. Vom Herd nehmen und den Rest vom Honig mit dem Zitronensaft hineinrühren. Weiter gut umrühren und abkühlen lassen.

Für Fruchtkissel *benötigen wir beliebiges Obst, das in einer 3 l fassenden Kasserolle mit Wasser zum Kochen gebracht wird. Danach wird es auf schwacher Flamme 10 – 15 Minuten fertig gekocht. Das Obst wird durch ein Sieb gepreßt und mit Zucker vermengt. Wieder in den Topf getan, wird der Obstsirup einige Minuten auf mittlerer Hitze mit dem aufgelösten Kartoffelmehl vermengt, bis er fast kocht und andickt. Vom Herd nehmen, etwas abkühlen lassen und in Schälchen, Gläser oder Tassen gießen. Vor dem Servieren einige Stunden im Kühlschrank lassen.*
Möchten Sie das Kissel nicht als Gelee, sondern eher flüssig haben, ist die Menge Kartoffelmehl zu reduzieren.

Zutaten für Apfelkissel:
1 kg saure Äpfel, geschält, entkernt und in Scheiben geschnitten,
etwas mehr als 1/2 l Wasser (3 Glas),
125 g Zucker,
8 El Kartoffelmehl.

Zutaten für Aprikosenkissel:
250 g Aprikosen,
etwas mehr als 1 l Wasser (5 ½ Glas),
60 g Zucker,
8 El Kartoffelmehl.

Sehr beliebt ist in bestimmten Gegenden Rußlands, in denen die Eberesche mit den großen schwarzen Beeren vorkommt, das *Ebereschenkissel*. Da ich diese Art Vogelbeerbaum bei uns noch nicht gesehen habe, erspare ich dem Leser das Rezept.

Dafür schließen wir diese russische Abart des Kapitels Getränke mit Marmeladenkissel ab.

Zutaten für Rhabarberkissel:
750 g Rhabarber in Stücke schneiden,
etwas mehr als 1/2 l Wasser (3 Glas),
225 g Zucker,
8 El Kartoffelmehl.

Die Marmelade im Wasser auflösen und zum Kochen bringen, durch ein Sieb pressen und den Zucker sowie die Zitronensäure dazugeben. Danach im Topf wieder zum Kochen bringen und das in Wasser gelöste Kartoffelmehl allmählich unterrühren. Das fertige Kissel, wie oben beschrieben, abkühlen lassen, aufteilen und im Kühlschrank bis zum Servieren aufbewahren.

Zutaten für Marmeladenkissel:
300 g beliebige Marmelade (Konfitüre),
2 El Zucker,
6 ½ Glas Wasser,
3 El Kartoffelmehl,
1 Messerspitze Zitronensäure oder einige Spritzer Zitronenessenz.

Tschai – der Tee

Mit einem Dessert könnte das Mahl beendet werden, würde nicht nach altem Brauch zum Abschluß noch einmal der Faden für ein ruhiges Gespräch über all das aufgenommen, was beim Essen nicht ausreichend behandelt werden konnte. Und das natürlich beim Tee, möglichst begleitet vom Singen oder Summen des Samowars.

Jeder Einwohner Rußlands würde auf die Frage, welchem Getränk er im Laufe seines Lebens am meisten zugesprochen habe, mit großer Wahrscheinlichkeit antworten: Tee.

Der aus China stammende schwarze oder grüne Tee wurde zwar erst Mitte des 17. Jahrhunderts eingeführt, als dieses von dem Bojaren Wassili Starkow als Geschenk mitgebrachte Getränk entgegen allen Erwartungen das Wohlwollen des Zaren Michail Fjodorowitsch fand. Doch schon lange davor wurde in Rußland, wie anderenorts auch, Tee aus den Früchten des Waldes und den Kräutern der Wiesen gekocht und als Getränk wie als Heilmittel verwendet. Wie überall, wo Teesträucher nicht bekannt waren und nicht wachsen, war der »feine« Tee unerschwinglich teuer. Also blieb man beim hausgemachten. Den guten Tee gab es, wie früher bei uns den echten Bohnenkaffee, nur zu Feiertagen und in Wirtshäusern. Am Hof des Zaren bürgerte sich allerdings schon bald die Sitte ein, den Tag mit Tee zu beginnen und einige Stunden nach dem Abendessen, dem Diner, mit dem Abendtee, dem *wetscherny tschai*, zu beschließen. Eingegossen wurde zunächst ein kräftiger Extrakt von schwarzem Tee aus einer Porzellankanne in Tassen aus feinem Porzellan oder Teegläser, die in filigran verzierten Metallhaltern mit Henkel standen. Mit Wasser aus einem noch reicher verzierten Samowar wurde der Tee auf die gewünschte Stärke verdünnt. Dazu wurden Gebäck und Konfitüre in kleinen Schälchen gereicht, die Stückchen Zucker zum Süßen wurden mit einer Zange vom Zuckerhut gebrochen.

Diese Art des Teetrinkens hat sich bei den meisten russischen Familien eingebürgert, in der Stadt wie auf dem Lande. Bei Moskauer Bekannten durfte ich selbst die Silberzange zum Abbrechen von Zuckerstückchen bedienen, die dann beim Teetrinken so lange im Mund verbleiben, bis sie aufgelöst sind. Die Schälchen mit selbstgemachter Marmelade fehlten natürlich nicht. Liebhaber fügen dem schwarzen Tee durch einzelne Blätter von Minze, schwarzer Johannisbeere, Himbeere, Lindenblüten oder anderen aromatisierenden Pflanzen ein selbstgewähltes Aroma hinzu. Geschirr und Samowar, der Herkunft und dem Geldbeutel entsprechend, sind in der Regel Schmuckstücke im Haushalt, die zum Abschluß eines Gastmahls hervorgeholt werden. So geschieht es auch bei uns mit den von unserer Mutter in Moskau erworbenen Einsätzen für Teegläser. Diese sind zwar nicht so reich verziert, wie andere, in Museen gezeigte, werden aber als teures Andenken bewahrt.

Allerdings gab unsere Mutter auch in Moskau ihre Vorliebe für Kaffee nicht auf. Das Kaffeetrinken hat in Rußland eigentlich erst in den dreißiger Jahren Fuß gefaßt. Im allgemeinen fanden die Päckchen mit den aufgedruckten Kaffeebohnen in den Geschäften noch wenig Zuspruch. Die Frauen deutscher und besonders ungarischer Emigranten besserten die Qualität der Bohnen durch nachträgliches Rösten auf, so auch unsere Mutter. Als uns der Krieg zu einer Zeit, als es in den Geschäften auf Lebensmittelkarten nur wenig und ohne Karten so gut wie nichts zu kaufen gab, ins ferne Kasachstan verschlug, konnte ich den Kaffeedurst der Liebhaberinnen durch ein ungewöhnliches Erfolgserlebnis stillen helfen. Am Stadtrand von Alma Ata stand an einem Holzpavillon eine Menschenschlange nach Nudeln an, die es auf Lebensmittelkarten gab. Ich stellte mich dazu. Als die Nudeln alle waren, begannen die Leute auseinanderzugehen. Auf den Regalen sah ich die mir bekannten Päckchen mit den Kaffeebohnen und fragte, ob dies Attrappen seien. Die Verkäuferin meinte, ich könne so viele haben, wie ich wolle. Eine Sensation! Als ich hörte, daß die edle Ware zum Vorkriegspreis verkauft wurde, stopfte ich meinen Rucksack voll. Im Nu versammelten sich aufgeregte Frauen um mich, die schwarze Geschäfte vermuteten und fragten, wofür ich das Zeug brauche. Kaffee und seine Verwendung waren nicht bekannt. Das war mein Glück.

Dafür war Tee in Mittelasien während des Krieges Gold wert. Er hatte enormen Tauschwert in all seinen Formen, zu kleinen, flachen Ziegeln hart gepreßt, als minderwertiger Staub und so, wie wir ihn kennen. Schwarz und natürlich auch grün. Der gepreßte schwarze Tee wird als Genußmittel wie Tabak gekaut, während der grüne von jung und alt täglich in großen Mengen, zu jeder Mahlzeit und auch dazwischen in Gesellschaft getrunken und sogar gegessen wird.

In Kasachstan hörte ich zum ersten Mal den Spruch: *Tschai ne pjosch – kakaja sila, tschai pjosch – sila jest.* Sinngemäß übersetzt: »Erst der Tee gibt Dir Kraft!« Bei meinem Ausflug mit Wassili ins sibirische Altaigebirge habe ich dort als Gast der mongolischen Einwohner solchen Tee »mit Kraft« vorgesetzt bekommen. Er war mit Maismehl, Hammelfett und anderen undefinierbaren Zutaten angereichert.

Vom Nutzen des reinen grünen Tees nach fetten Gerichten wie dem Plow war schon die Rede. Überhaupt ist jedem Besucher ferner Länder zu empfehlen, sich den Gewohnheiten der Einwohner nicht nur aus Höflichkeit anzupassen. Die tonisierende Wirkung des grünen Tees hilft bei der Anpassung an die klimatischen Besonderheiten des Landes. Die Vorteile des grünen Tees hatten meine ehemaligen sowjetischen Kollegen schon vor Jahren entdeckt. Vor, während und nach einem Saunabesuch wurde nicht mehr dem Bier, sondern diesem gesundheitsfördernden Getränk zugesprochen. Weil es heißt, es sei besonders schönheitsfördernd, hat der grüne Tee auch in unserer Familie Einzug gehalten. Nach den Regeln der seit Jahrhunderten in China geltenden Teeriten soll der grüne Tee in 90° C heißem Wasser nur 1 Minute ziehen und ungesüßt getrunken werden. Bei seiner Zubereitung haben wir chinesisches Niveau aber noch lange nicht erreicht.

Tee bereiten ist eine besondere Kunst. Die Engländer haben die Zubereitung auf ihre Weise zur Meisterschaft entwickelt, die Chinesen viel früher auf eine andere. Die japanische Tradition der Zubereitung geht auf buddhistische Mönche zurück, die sie im 6. Jahrhundert aus dem Reich der Mitte auf die Insel brachten. Als mein Bruder Konrad 1972 seinen Film *Goya* in Japan vorstellte, fand er in all dem Trubel ruhige Stunden in der Nähe von Teegärten. Seitdem war er ein Liebhaber des grünen Tees.

Für den Tee am russischen Tisch ist wichtig, daß ein harmonisch wirkendes »Paar« zur Zeremonie gehört. Der eine Teil des »Paares« ist ein kleines Porzellankännchen, das nur für diesen Zweck bestimmt ist. In ihm wird ein kräftiger Extrakt aus einem guten schwarzen Tee bzw. einer erprobten Mischung angesetzt. Dieses Kännchen hat seinen Platz auf dem Samowar oder dem Teekessel, der anderen Hälfte des »Paares«. Bei Abwesenheit eines Samowars kann das Kännchen mit dem Extrakt seinen Platz auf einem Stövchen mit Teelicht finden.

Vor dem Ansetzen des Tee-Extrakts wird das Kännchen mit kochend heißem Wasser ausgespült und so angewärmt. Dann werden 1 – 2 Tl Tee pro Tasse oder Glas hineingegeben und mit kochendem Wasser überbrüht. (Einige Hausfrauen geben noch ein Stück Zucker dazu und behaupten, der Tee gebe dabei besser sein Aroma und seine nützlichen Spurenelemente ab.) Schaum, der sich dabei bildet, darf keinesfalls abgeschöpft werden. Das geschlossene oder zugedeckte Kännchen muß vor Gebrauch mindestens 5 Minuten auf dem Samowar, Kessel oder Stövchen stehen. Dann wird zunächst der Extrakt je nach gewünschter Stärke in die Tassen oder Gläser gegossen, um diese daraufhin mit nicht mehr kochendem, sondern heißem Wasser aufzufüllen. Tee muß immer frisch gebrüht sein, denn es heißt: »Frischer Tee ist Balsam; hat er eine Nacht gestanden, wird er einer Schlange gleich.« Für die stattliche Größe des Samowars gilt das russische Sprichwort: »Ein großer Kessel kocht langsam«. Die Größe und die ausgewogene Form verströmen schon bei ihrem Anblick Behaglichkeit und Ruhe.

Die Güte des Tees hängt von der Qualität des Wassers ab. Russischer Tee sollte in weichem Wasser zubereitet werden. Leitungswasser entspricht meist nicht den Anforderungen. Für die Bewirtung besonders teurer Gäste benutze ich ein bestimmtes salzarmes Mineralwasser. Zu Quellwasser gibt es absolut widersprüchliche Aussagen. Dieses Geheimnis müssen Sie für sich selbst enträtseln.

Bleiben wir bei der traditionellen russischen Küche und dem schwarzen Tee am Samowar, verfeinert durch einige heimische Blätter aus dem Garten. Jede Frau oder jeder Herr eines russischen Haushalts wird es sich nicht nehmen lassen, Sie mit seiner eigenen Methode der Zubereitung und einer eigenen Mischung zu überraschen. Andrea war stets beeindruckt, wenn beim Besuch unserer Freunde Lena und Jascha nach üppiger Sakuska und mindestens zwei Hauptgerichten (in den Geschäften gab es 1991 nichts zu kaufen!), die freundschaftliche Atmosphäre in dieser geschmackvoll mit alten Stilmöbeln eingerichteten Wohnung beim Tee einen weiteren Höhepunkt fand. Aufgefordert, an dem kleinen Tischchen am Sofa Platz zu nehmen, wurden wir Zeugen der sich immer in gleicher Folge wiederholenden Zeremonie.

Während Lena liebevoll das feine Teegeschirr aus dünnem Porzellan und viele Schälchen mit Konfekt und mehreren Sorten Konfitüre auf dem viel zu kleinen Tisch unterzubringen suchte, verschwand der ansonsten wortreiche Jascha schweigend in der Küche. Nur einmal gelang es Andrea, ihn dabei zu beobachten, wie er sich einem Schamanen gleich um eine große bauchige Porzellankanne bewegte. Zuerst wurde in diese, wie es sich gehört, das sprudelnd kochende Wasser gegossen, um sie kurz anzuwärmen. Dann wischte er sie aus und begann aus mehreren Dosen und Tüten eine Teemischung direkt in die Kanne zu komponieren. Aus der einen Dose nahm er nur eine Prise, aus der anderen mehrere, aus einer weiteren nur ein Blatt. Auf unsere Frage nach der Mischung antwortete er nicht, sie blieb sein Geheimnis. Andrea konnte nur ahnen, daß er mehrere Sorten schwarzen Tees mit Kräutern, darunter Minze, gemischt hatte. Entgegen der russischen Regel wurde kein Extrakt gebrüht, sondern das heiße Wasser aus dem Kessel direkt in die Teekanne gegossen. Wenige Minuten später erschien Jascha im Wohnzimmer und schenkte jedem in seine Tasse einen sehr hellen, wunderbar aromatisch duftenden und ebenso schmeckenden Tee ein. Mit diesem Getränk fanden unsere Zusammenkünfte immer einen besonders harmonischen Abschluß.

Nun ist die Zeit gekommen, alle um den Samowar zu versammeln, die mich in der abenteuerlichen Idee zu diesem Buch bestärkt und mir bei der Arbeit unter die Arme oder gar selbst zum Kochlöffel gegriffen haben.

Dabei muß ich eingedenk der Weisheit einiger zitierter Trinksprüche bei Andrea beginnen, die mir den entscheidenden Rippenstoß versetzte und mir dabei, wie immer, helfend und mit strenger Kritik nicht von der Seite wich. Mit gutem Gespür hatte sie den Tip unseres Konsultors Michel aufgegriffen, kontrastierend zu unserer Lebenslage eine alte Idee zu verwirklichen, die vom täglichen Ärger ablenkt und Spaß macht. Ohne Lena und Jascha hätten wir nicht diesen Spaß beim Kochen und Schreiben, vielleicht auch nicht den Mut zum Weitermachen gehabt. Auch ohne Aune nicht, die mit ihrer Phantasie und Strenge auf guten Geschmack, die Reinheit der Zutaten und die Sprache achtete. Nicht zu vergessen Uwe, der dafür sorgte, daß dem Autor als Laien nicht zu grobe kulinarische Schnitzer unterliefen, außerdem Lilly, Sonja, Tanja, Viktor und all die anderen, die mit guten Ratschlägen und beim Verkosten zum Gelingen beitrugen. Alle sind zur Teerunde eingeladen. Andrea hat dazu einen Kuchen mit Moosbeeren gebacken, die vom Moskauer Markt mitgebracht wurden. Die Moosbeeren gehören für mich zu Rußland wie Kwas, das einfache Rezept für den Teig hat Andrea von ihrer Oma aus dem Erzgebirge geerbt:

ANDREAS MOOSBEERKUCHEN

Zutaten:
1 kg Moosbeeren;
für den Teig:
6 El Mehl,
6 El Zucker,
6 El Öl, 3 Eier,
1 Tl (knapp)
Backpulver,
150 – 200 g Butter.

Alle Zutaten ohne die Beeren verrühren, eine runde Backform mit Butter oder Fett einreiben, den Teig hineingeben. Darüber kommen die Beeren, auf diese Streusel aus 125 g Butter, 100 g Zucker und 150 g Mehl (locker legen).
Im auf 180° C vorgeheizten Backofen 45 Minuten backen.
Dazu gibt es Tee, manchmal auch Sahne und Vanilleeis.

Wie viele Gespräche über Gott und die Welt, den Sozialismus, wie er war und wie er hätte sein können, über Geheimnisse der russischen und anderer Küchen haben wir in der Runde um den Samowar begonnen und nicht zu Ende geführt. Erinnerungen an Moskau, an Menis Gemüsegarten in Peredjelkino, an Saja und Lenotschka und an Koni ... Wir beide hatten unseren kulinarischen Streit, und wir hatten die erklärte Absicht, dieses Turnier an einer Berliner Straßenkreuzung in zwei von uns betriebenen, sich gegenüberliegenden Wirthäusern auszufechten. Dazu ist es nicht gekommen. Wir werden in der Runde noch viel zu erzählen haben, zum Beispiel über den wahren Borstsch mit und ohne Kohl, Pelmeni mit und ohne Öhrchen und all das andere, vielleicht noch Wichtigere.

Der Leser wird sicher bemerkt haben, daß ich nicht die Absicht hatte, ein Lehrbuch für perfektes Kochen zu verfassen. Das Buch soll unterhalten und dazu anregen, Freunde und Bekannte mit Gerichten der russischen Küche zu überraschen und ihnen eine Freude zu machen. Liebe und Freundschaft gehen durch den Magen, wenn das Essen Spaß macht. Gibt es eine schönere Äußerung als Liebe, ein höheres Gut als Freundschaft?

Kosma Prutkow, ein von russischen Dichtern zum Spaß erfundener Autor, pflegte einen Aphorismus stets zu wiederholen: »Du kannst das Unumfaßliche nicht umfassen.« Wie wahr! Allein die Cuisine, die Kochkunst, bietet mit ihren Geheimnissen schon unendlich viele Überraschungen. Erinnerungen, Namen, Begegnungen, die tief verschüttet schienen, wurden beim Schreiben von Begebenheiten, die mir für dieses Buch wieder einfielen, zum Schwingen gebracht. Unser einziges Leben ist so einmalig und so vielfältig, daß trotz aller Fülle in den Regalen der Buchhändler viel mehr von ihm durch uns erzählt und aufgeschrieben werden müßte. Nur das Aufgeschriebene zählt zu den sichtbaren Spuren, die unser Tun hinterlassen kann.

Laßt uns also weiter beim Singen des Samowar zusammenkommen, Tee trinken und die noch nicht geschriebenen Geschichten erzählen.

Darauf möchte ich noch ein Gläschen füllen und den Toast ausbringen:

»Trinken wir auf unsere Särge. Mögen diese aus guten Bohlen vom Holz einer hundertjährigen Eiche gezimmert sein. Diese Eiche habe ich heute früh aus Anlaß unseres Treffens gepflanzt!«

Zum Wohle!

Na sdorowje!

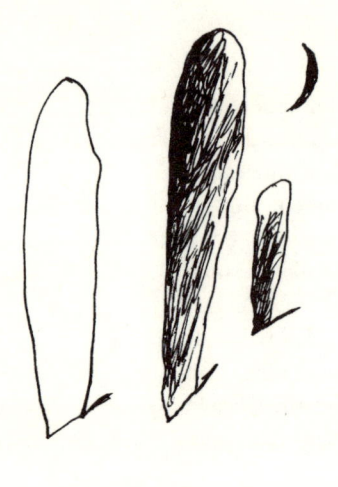

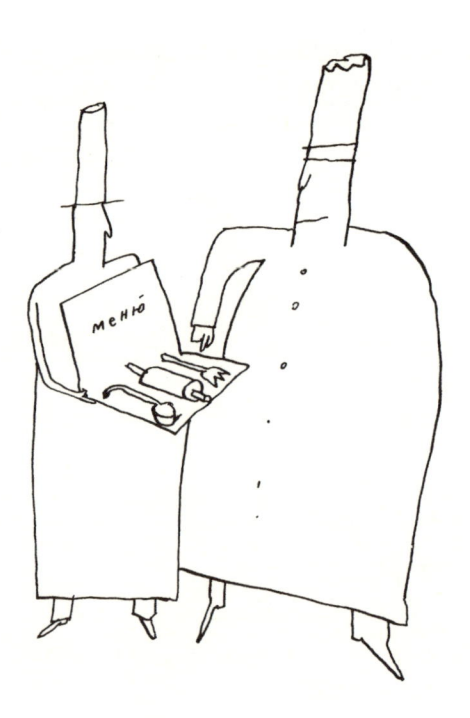

Verzeichnis der Rezepte

Wenn nicht anders angegeben, sind alle Rezepte für 4 Personen gedacht.

Andreas Moosbeerkuchen 236
Andrietten 138
Apfelkwas 226
Äsche auf Jägerart 120
Beef Stroganoff 139
Beljaschi 134
Bliny (Buchweizenplinsen) 210
Borstsch 112
Buchweizenkascha 158
Doppelte Ucha 95
Dreifache Ucha 92
Eiersalat 38
Fisch in Aspik 58
Fisch in Marinade 58
Fisch, im Topf gedämpft 204
Fischsalat 59
Fischsoljanka in der Pfanne 202
Forelle auf Jägerart 120
Forschmak (gehackter Hering) 36
Gebratene Apfelscheiben 138
Gefüllte Tomaten 40
Geriebener Rettich mit Kwas 38
Grüne Stschi (Kohlsuppe mit Sauerampfer) 103
Hähnchen, im Römertopf gebacken/geschmort 184
Hähnchen Tabaka 182
Hering unterm Pelz 47
Ikra aus Eierfrüchten (Auberginenkaviar) 32
Kirschkwas 226
Kissel 228

VERZEICHNIS DER REZEPTE

Kolduny (Zauberer) mit Sauerkraut und Pilzen   *179*
Koljas Apfel-Oladi   *213*
Kwas   *225*
Lenas vegetarischer Borstsch   *114*
Lenas Schmorbraten mit Backpflaumen   *157*
Lidas Kohlrouladen   *204*
Malyschew-Pirogge   *78*
Möhrensalat   *41*
Moskauer Salat   *37*
Okroschka (Kwassuppe)   *114*
Paßcha   *198*
Pelmeni   *128 ff.*
Petersburger Baba   *199*
Pilze:
    Einsalzen   *176*
    Marinieren   *176*
    Trocknen   *175*
Piroschki   *80*
Rastegai von der Wolga   *192*
Rettich mit Schmalz   *38*
Rinderbraten auf Kaufmannsart   *155*
Russischer Hering mit Kartoffeln   *35*
Salat aus roter Bete   *41*
Salat Vinaigrette   *46*
Salzgurken auf Bauernart   *40*
Sauce »Tkemali«   *183*
Schaschlyk   *142*
Seljodka pod Schuboi   *47*
Soljanka   *109*
Stschi (Kohlsuppe)   *109*
Stschi mit Pilzen   *201*
Sülze nach Art der Iwanows   *55*
Ukrainische Warenniki   *133*
Usbekische Manty   *132*
Usbekischer Plow   *163*
Wildschweinrücken im Römertopf   *167*
Zander à la Diplomat   *190*
Zimmes   *217*